Kommunale Wirtschaftsförderung
in Brandenburg

Europäische Hochschulschriften
Publications Universitaires Européennes
European University Studies

Reihe V
Volks- und Betriebswirtschaft

Série V Series V
Sciences économiques, gestion d'entreprise
Economics and Management

Bd./Vol. 2625

PETER LANG
Frankfurt am Main · Berlin · Bern · Bruxelles · New York · Oxford · Wien

Joachim Weber

Kommunale Wirtschaftsförderung in Brandenburg

Regionale Handlungsfähigkeit durch kooperativen Staat?

PETER LANG
Europäischer Verlag der Wissenschaften

Die Deutsche Bibliothek - CIP-Einheitsaufnahme

Weber, Joachim:

Kommunale Wirtschaftsförderung in Brandenburg : regionale Handlungsfähigkeit durch kooperativen Staat? / Joachim Weber. - Frankfurt am Main ; Berlin ; Bern ; Bruxelles ; New York ; Oxford ; Wien : Lang, 2000
(Europäische Hochschulschriften : Reihe 5, Volks- und Betriebswirtschaft ; Bd. 2625)
Zugl.: Potsdam, Univ., Diss., 2000
ISBN 3-631-36227-7

517
ISSN 0531-7339
ISBN 3-631-36227-7

Inhaltsverzeichnis

Verzeichnis der Abkürzungen

a.a.O.	am angeführten Ort
ABM	Arbeitsbeschaffungsmaßnahme
Abs.	Absatz
AfK	Archiv für Kommunalwissenschaften
AöR	Archiv des öffentlichen Rechts
Art.	Artikel
Aufl.	Auflage
BIP	Bruttoinlandsprodukt
BMWi	Bundesministerium für Wirtschaft
BRAHA	Brandenburgische Außenhandelsagentur GmbH, Potsdam
DDR	Deutsche Demokratische Republik
ders./ dies.	derselbe/ dieselbe(n)
Difu	Deutsches Institut für Urbanistik, Berlin
DIW	Deutsches Institut für Wirtschaftsforschung, Berlin
DÖV	Die Öffentliche Verwaltung
DtA	Deutsche Ausgleichsbank, Berlin
DVBl.	Deutsches Verwaltungsblatt
ebd.	ebenda
EFRE	Europäischer Fonds für regionale Entwicklung
EG	Europäische Gemeinschaften
EGC	Entwicklungsgesellschaft Cottbus mbH
ERP	European Recovery Program
EU	Europäische Union
f., ff.	folgende Seite(n)
Fn.	Fußnote

GA	Gemeinschaftsaufgabe "Verbesserung der regionalen Wirtschaftsstruktur" gem. Art. 91a GG
GG	Grundgesetz
GO	Gemeindeordnung für das Land Brandenburg
GVBl.Bbg	Gesetz- und Verordnungsblatt für das Land Brandenburg
HWK	Handwerkskammer
IHK	Industrie- und Handelskammer
IIC	New German Länder Industrial Investment Council GmbH, Berlin
ILB	Investitionsbank des Landes Brandenburg, Potsdam
k.A.	keine Angabe
KMU	Kleine und mittlere Unternehmen
LEG	Landesentwicklungsgesellschaft Brandenburg mbH, Groß Glienicke
LEP eV	Gemeinsamer Landesentwicklungsplan für den engeren Verflechtungsraum Brandenburg/ Berlin
LEP I	Landesentwicklungsplan Brandenburg – Zentralörtliche Gliederung
LEPro	Gemeinsames Landesentwicklungsprogramm Berlin/ Brandenburg
LKrO	Landkreisordnung für das Land Brandenburg
MUNR	Ministerium für Umwelt, Naturschutz und Raumordnung des Landes Brandenburg
MWMT	Ministerium für Wirtschaft, Mittelstand und Technologie des Landes Brandenburg
NRW	Nordrhein-Westfalen
o.J.	ohne Jahresangabe
PPP	Public Private Partnership
PVS	Politische Vierteljahresschrift
REZ	Regionales Entwicklungszentrum
S.	Seite

SenSUT	Senatsverwaltung für Stadtentwicklung, Umweltschutz und Technologie, Berlin
sog.	sogenannte(r)
T.IN.A.	Technologie- und Innovations-Agentur Brandenburg GmbH, Potsdam
VerwArch.	Verwaltungsarchiv
VwVfG	Verwaltungsverfahrensgesetz
WFB	Wirtschaftsförderung Brandenburg GmbH, Neu Fahrland

Verzeichnis der Tabellen und Abbildungen

Tabellen

Abbildungen

Einleitung

In dieser Studie wird die kommunale Wirtschaftsförderung in den Kreisen und kreisfreien Städten im Land Brandenburg untersucht.

Im Land Brandenburg müssen unter den Voraussetzungen ausgeprägter Strukturschwäche und großer struktureller Disparitäten sowohl zwischen den Teilregionen des Landes als auch innerhalb der einzelnen Landkreise die Grundlagen für eine tragfähige wirtschaftliche Entwicklung geschaffen werden. Vor dem Hintergrund der Konsequenzen einer zunehmenden Globalisierung der Wirtschaftstätigkeit für die regionale und lokale Entwicklung lautet die Hypothese dieser Untersuchung: In der kommunalen Wirtschaftsförderung haben sich auf der Ebene der Landkreise kooperative Formen des Verwaltungshandelns entwickelt. Es haben sich Organisationsstrukturen und Handlungsformen entwikkelt, die auf eine Kooperation zwischen der Verwaltung und verschiedenen wirtschaftsnahen Akteuren im Kreis angelegt sind.

Obwohl der Staat und die öffentliche Verwaltung wohl nie *Max Webers*[1] reinem Typus der legalen Herrschaft mit bürokratischem Verwaltungsstab entsprochen hat,[2] ist ein nach außen souveräner und nach innen hierarchisch integrierter Staat dennoch zumindest als Idealvorstellung präsent. Die Politik- und Verwaltungswissenschaft betreibt die Relativierung des klassischen Staatsbegriffs und versucht ein realitätsnäheres Bild des Staates zu zeichnen.[3]

1 *Weber, Max:* Wirtschaft und Gesellschaft. Grundriß der verstehenden Soziologie, 5. Aufl., Tübingen 1980, S. 124 ff.

2 Vgl. *Dose, Nicolai:* Kooperatives Recht. Defizite einer steuerungsorientierten Forschung zum kooperativen Verwaltungshandeln. In: Die Verwaltung 27, 1994, S. 95; *Ellwein, Thomas:* Kooperatives Verwaltungshandeln im 19. Jahrhundert. In: Dose, Nicolai/Rüdiger Voigt (Hrsg.): Kooperatives Recht, Baden-Baden 1995, S. 43 ff.; *Benz, Arthur:* Kooperative Verwaltung. Funktionen, Voraussetzungen und Folgen, Baden-Baden 1994, S. 13.

3 Programmatisch: *Willke, Helmut:* Entzauberung des Staates. Grundlinien einer systemtheoretischen Argumentation. In: Ellwein, Thomas/Joachim Jens Hesse/Renate Mayntz (Hrsg.): Jahrbuch zur Staats- und Verwaltungswissenschaft, Bd. 1, Baden-Baden 1987, S. 285 ff.; *Voigt, Rüdiger (Hrsg.):* Abschied vom Staat - Rückkehr zum Staat?, Baden-Baden 1993.

Seit den 70er Jahren wurden unterschiedliche Formen des Zusammenwirkens zwischen dem Staat und gesellschaftlichen Akteuren thematisiert. Eine Ebene ist die Analyse der Zusammenarbeit zwischen unterschiedlichen Akteuren vor allem bei der politischen Willensbildung im kooperativen Staat.[4] Beispiele sind das System des kooperativen Föderalismus, das sich als Folge der europäischen Einigung zu einem europäischen Mehrebenensystem entwickelt oder die Kooperation des Staates mit den organisierten Interessen. Die andere Ebene ist die kooperative Verwaltung.[5] Hier geht es um die Analyse der Beziehungen zwischen der Verwaltung und ihren Adressaten im Gesetzesvollzug. In letzter Zeit stehen Politiknetzwerke als informelle Interaktions- und Kooperationsbeziehungen zwischen staatlichen und gesellschaftlichen Akteuren im Mittelpunkt der Diskussion.[6]

Kooperative Handlungsformen der Verwaltung wurden bislang schwerpunktmäßig unter dem Aspekt von veränderten Bedingungen für den Anspruch auf staatliche Steuerung betrachtet.[7] Die Analyse der kommunalen Wirtschaftsförderung muss aber unter einer veränderten Fragestellung erfolgen. In diesem Politikfeld geht es offensichtlich nicht um die Durchsetzungsmacht einer hierarchisch übergeordneten öffentlichen (Ordnungs-) Verwaltung. Investitions- und Ansiedlungsentscheidungen der Wirtschaft können im Rahmen einer marktwirtschaftlichen Ordnung nicht staatlich angeordnet werden. Im Politikfeld Wirtschaftsförderung verfügt die Verwaltung über kein Mittel, um gegen den Widerstand der Betroffenen ein Handeln oder Unterlassen zu erzwingen. Im Politikfeld Wirtschaftsförderung geht es nicht um Vollzugsdefizite bei der Umsetzung des Anspruchs auf staatliche Steuerung, sondern es ist vielmehr danach zu

4 Begriffsbildend: *Ritter, Ernst-Hasso:* Der kooperative Staat. Bemerkungen zum Verhältnis von Staat und Wirtschaft. In: AöR 104, 1979, S. 389 ff.; *Voigt, Rüdiger (Hrsg.):* Der kooperative Staat. Krisenbewältigung durch Verhandlung?, Baden-Baden 1995.

5 Vgl. *Benz* (Fn. 2).

6 *Pappi, Urban:* Policy-Netze: Erscheinungsform moderner Politiksteuerung oder methodischer Ansatz? In: Héritier, Adrienne (Hrsg.): Policy-Analyse. Kritik und Neuorientierung, Opladen 1993, S. 84 ff. Im Politikfeld kommunale Wirtschaftsförderung: *Berg, Frank/Bärbel Möller/Rolf Reißig:* Regionale Akteursnetze. Wirtschaftsförderung in einem ostdeutschen Landkreis, Baden-Baden 1998.

7 Vgl. *Benz, Arthur:* Kooperativer Staat? Gesellschaftliche Einflußnahme auf staatliche Steuerung. In: Klein, Ansgar/Rainer Schmalz-Bruns (Hrsg.): Politische Beteiligung und Bürgerengagement in Deutschland. Möglichkeiten und Grenzen, Baden-Baden 1997, S. 90 f.; grundsätzlich: *Mayntz, Renate:* Politische Steuerung und gesellschaftliche Steuerungsprobleme – Anmerkungen zu einem theoretischen Paradigma. In: Ellwein, Thomas/Joachim Jens Hesse/Renate Mayntz (Hrsg.): Jahrbuch zur Staats- und Verwaltungswissenschaft, Bd. 1, Baden-Baden 1987, S. 89 ff.

fragen, ob und ggf. wie es gelingt, regionale Handlungsfähigkeit erfolgreich herzustellen. Die unter dem Stichwort kooperatives Verwaltungshandeln beschriebenen Handlungsweisen der Verwaltung bieten dafür den Ansatzpunkt.

Regionale Politik gewinnt unter dem Eindruck der abnehmenden Problemlösungskompetenz der Nationalstaaten angesichts eines sich schnell entwickelnden globalen Marktes von Waren, Dienstleistungen, Kapital und Informationen an Bedeutung. Dies vor allem deshalb, weil sich wirtschaftliches Handeln unter den Möglichkeiten eines globalen Marktgeschehens zunehmend dem Zugriff nationalstaatlicher Steuerungsversuche entzieht. Obwohl Steuerungskompetenzen auf der Ebene der Nationalstaaten abnehmen, bleiben Einwirkungsmöglichkeiten auf regionaler Ebene erhalten. So können die Regionen die konkreten Standortbedingungen auch dann noch gestalten, wenn nationalstaatliche Steuer- und Sozialsysteme unter dem Druck der Universalisierung durch den globalen Markt ihre spezifische Steuerungskraft verlieren. Regionale Wirtschaftspolitik gewinnt vor dem Hintergrund der fortschreitenden Globalisierung der Wirtschaft deshalb an relativer Relevanz. Kommunen und Kreise sehen sich in dieser Frage zwar wachsenden und beschleunigten Handlungsanforderungen gegenüber, beklagen gleichzeitig aber ihre abnehmenden faktischen Handlungsmöglichkeiten vor allem aufgrund der fortdauernden Krise der öffentlichen Haushalte. "Traditionelle" Reaktionsweisen wie beispielsweise die weitere Ausdehnung der Staatstätigkeit verknüpft mit einem quantitativen Wachstum des Verwaltungsapparats scheiden unter diesen Bedingungen aus. Eine neue regionale Handlungsfähigkeit ist deshalb nur abseits der ausgetretenen Pfade des routinemäßigen Verwaltungshandelns denkbar.

Als konkreter Anwendungsfall für die Frage nach der regionalen Handlungsfähigkeit wurde für die vorliegende Studie die kommunale Wirtschaftsförderung auf der Ebene der Kreise und kreisfreien Städte im Land Brandenburg ausgewählt. Der Grund dafür liegt in der kommunalen Struktur des Landes Brandenburg. Die kommunale Ebene ist extrem kleinräumig strukturiert. Nur wenige Räume in Brandenburg sind städtisch geprägt.[8] Aufgrund der Handlungsschwäche der Kommunen sind allein die mit der Kreisreform entstandenen neuen

8 Im Land Brandenburg beträgt die durchschnittliche Gemeindegröße 1.500 Einwohner, der Bundesdurchschnitt liegt bei 5.000 Einwohner. 20% aller brandenburgischen Gemeinden haben weniger als 200 Einwohner; zwei Drittel der Gemeinden Brandenburgs haben weniger als 500 Einwohner (Quelle: *Ministerium für Umwelt, Naturschutz und Raumordnung des Landes Brandenburg/ Senatsverwaltung für Stadtentwicklung, Umweltschutz und Technologie des Landes Berlin (Hrsg.):* Raumordnungsbericht 1998, Potsdam 1998, S. 100.)

Großkreise und die kreisfreien Städte strukturell überhaupt in der Lage, eigenständige Konzepte zu entwickeln und umzusetzen.

Die vorliegende Untersuchung lässt sich vor diesem Hintergrund von folgenden Fragen leiten:

- Wird im Politikfeld kommunale Wirtschaftsförderung in den Kreisen und den kreisfreien Städten in Brandenburg versucht, regionale Handlungsfähigkeit zu erreichen? Wenn ja, ist die Herstellung regionaler Handlungsfähigkeit einer Entwicklung unterworfen?

- Gibt es eine spezifisch brandenburgische Form des kooperativen Verwaltungshandelns? Lassen sich spezifische kooperative Organisationsformen identifizieren? Wenn ja, durch welche Merkmale sind diese bestimmt?

- Können aus der analytischen Bestandsaufnahme der kommunalen Wirtschaftsförderung in den Kreisen und kreisfreien Städten Empfehlungen für die weitere Entwicklung der kommunalen Wirtschaftsförderung in Brandenburg abgeleitet werden?

Methodisch stützt sich die empirische Aufnahme der kommunalen Wirtschaftsförderung zum einen auf explorative Interviews mit Vertretern überregional tätiger Akteure in der brandenburgischen Wirtschaftsförderung. Zum anderen wurde eine fragebogengestützte schriftliche Vollerhebung aller auf Landkreisebene tätigen Wirtschaftsförderämter, Wirtschaftsförderungsgesellschaften und Wirtschaftsfördervereine durchgeführt. Im Rahmen der Fallstudien wurden leitfadengestützte Interviews mit ausgewählten lokalen Akteuren geführt und anschließend transkripiert.

Die vorliegende Untersuchung hat folgenden Aufbau: Die Diskussion über den kooperativen Staat und das informale bzw. kooperative Verwaltungshandeln bildet den konzeptionellen Rahmen (Abschnitt A). Daraus werden Hypothesen und Untersuchungsfragen abgeleitet. Das kooperative Verwaltungshandeln bietet später auch den Ansatzpunkt für eine Erklärung der empirischen Befunde über die kommunale Wirtschaftsförderung in den Brandenburger Landkreisen. Im darauf folgenden Abschnitt wird das Politikfeld kommunale Wirtschaftsförderung skizziert (Abschnitt B). Hier stehen neben der Frage nach der Zuständigkeit der Kreise für die kommunale Wirtschaftsförderung mögliche Ansatzpunkte für Wirtschaftsförderungsmaßnahmen sowie Strategien und Entwicklungen in diesem Politikfeld im Vordergrund. Im Abschnitt C wird schließlich eine Bestandsaufnahme der kommunalen Wirtschaftsförderung im Land Brandenburg vorgenommen. Dazu werden zunächst die wirtschaftlichen Rahmenbedingungen im Land Brandenburg analysiert und die Vorgaben der Landesplanung und Raumordnung für die kommunale Wirtschaftsförderung aufgezeigt.

Auf dieser Basis werden die Ergebnisse der schriftlichen Befragung aller Landkreise und kreisfreien Städte und den auf Kreisebene tätigen Wirtschaftsförderungsgesellschaften bzw. Wirtschaftsfördervereinen dargestellt. In diesem Zusammenhang wird auf die Akteure, die Struktur und Organisation sowie die Ziele und Instrumente in der kommunalen Wirtschaftsförderung in den Kreisen eingegangen. Weitere Fragen gehen der Zusammenarbeit der Akteure in der kommunalen Wirtschaftsförderung untereinander, mit den Akteuren auf der Landesebene und mit der ortsansässigen Wirtschaft nach. Vertiefend wird die Praxis der kommunalen Wirtschaftsförderung am konkreten Einzelfall beispielhaft an vier Fallstudien aufgezeigt. An Beispielen aus der kreisfreien Stadt Cottbus und den Landkreisen Ostprignitz-Ruppin (Neuruppin), Oberhavel und Oder-Spree (Fürstenwalde) soll nach neuen Modellen für die Herstellung regionaler Handlungsfähigkeit geforscht werden. Am Ende der Untersuchung stehen Schlussfolgerungen und Empfehlungen für die Weiterentwicklung der kommunalen Wirtschaftsförderung im Land Brandenburg (Abschnitt D).

A. Kooperativer Staat

Der Begriff des kooperativen Staates ist bereits Ende der 70er Jahre geprägt worden.[1] In der Debatte stand jedoch zunächst das informale Verwaltungs- und Regierungshandeln im Vordergrund.[2] Die Beachtung, welche dem informalen Verwaltungshandeln bzw. verschiedenen Formen des kooperativen Verwaltungsvollzugs entgegengebracht wird, kann darauf zurückgeführt werden, dass "sich die Verwaltungspraktiker viel offener als noch vor einigen Jahren zur Verhandlungs- und Kooperationspraxis bekennen."[3] Verwaltungsgeschichtliche Analysen legen jedoch den Schluss nahe, dass es sich beim informalen bzw. kooperativen Verwaltungshandeln nicht um ein neues Phänomen handelt, sondern dass diese Handlungsformen schon immer praktiziert worden sind.[4] Hinter der aktuellen Beschäftigung der Politik- und Verwaltungswissenschaft mit dem informalen und kooperativen Verwaltungshandeln steht die Frage nach der Funktions- und Wirkungsweise der öffentlichen Verwaltung, seit insbesondere von der Implementationsforschung der Blick auf Vollzugsdefizite und die Steuerungsschwäche des Staates gelenkt wurde.[5] Seitdem wird gefragt, inwieweit Ordnungsverwaltungen überhaupt noch vollziehen und welchem Modell die Verwaltung folgt jenseits dem bürokratisch-hoheitlichen.[6] Im folgenden

1 Begriffsbildend: *Ritter, Ernst-Hasso:* Der kooperative Staat. Bemerkungen zum Verhältnis von Staat und Wirtschaft. In: AöR 104, 1979, S. 389 ff.

2 *Bohne, Eberhard:* Der informelle Rechtsstaat. Eine empirische und rechtliche Untersuchung zum Gesetzesvollzug unter besonderer Berücksichtigung des Immissionsschutzes, Berlin 1981.

3 *Benz, Arthur:* Verhandlungen, Verträge und Absprachen in der öffentlichen Verwaltung. In: Die Verwaltung 23, 1990, S. 84.

4 Vgl. *Ellwein, Thomas:* Über Verwaltungskunst. Oder: Grenzen der Verwaltungsführung und der Verwaltungswissenschaft. In: Staatswissenschaften und Staatspraxis 1, 1990, S. 89 ff.

5 Die Debatte wurde ausgelöst und bestimmt durch die Analyse von Vollzugsdefiziten im Umweltschutz. (Beispielhaft: *Mayntz, Renate/Eberhard Bohne/Beate Hesse/Jochen Hucke/Axel Müller:* Vollzugsprobleme der Umweltpolitik, Stuttgart u.a. 1978.)

6 Vgl. *Dose, Nicolai:* Verhandlungen mit der öffentlichen Verwaltung. Herausforderung des Rechtsstaats, Möglichkeit zur Effizienzsteigerung oder eine ganz normale Erscheinung? In: Voigt, Rüdiger (Hrsg.): Post-Politische Steuerung im demokratischen Staat,

Abschnitt soll ein Schlaglicht auf diese Diskussion geworfen werden. Im Mittelpunkt stehen die Begriffe des informalen und kooperativen Verwaltungshandelns sowie des kooperativen Staates. Diese sind nicht bedeutungsgleich und bedürfen deshalb der Klärung.

1. Informales und kooperatives Verwaltungshandeln

1.1 Enthierarchisierung und Souveränitätsverlust

Das Staatsverständnis der frühen Neuzeit proklamiert den nach außen souveränen und nach innen hierarchisch integrierten Staat. Diese Vorstellung geht an der Wirklichkeit des modernen Staates vorbei.[7]

Die Realität des modernen Staates ist von einer "Erosion der Staatsgewalt"[8] geprägt, die von zwei Seiten gleichzeitig voranschreitet. Im klassischen Staatsverständnis ist die äußere Souveränität auf den Schutz der inneren Souveränität gerichtet. Dieses System setzt implizit eine räumliche und sachliche Kongruenz von Problemlagen und Problemlösungseinheiten voraus. Mit der Ausweitung und Verdichtung transnationaler Interdependenzen beispielsweise im Umweltschutz oder im Wirtschafts- und Finanzsektor wird diesem System seine Grundlage entzogen. Die Konsequenz ist entweder der Verlust an politischer Regelungskompetenz auf der Ebene der Nationalstaaten oder der Zwang zur Verlagerung von Regelungszuständigkeiten auf die Ebene transnationaler Verhandlungen. Neben den Veränderungen im Außenverhältnis sieht sich der Staat in seinem Innern der Realität von vielfach ausdifferenzierten gesellschaftlichen Teilsystemen gegenüber. Wirtschaft, Wissenschaft, Technik, Gesundheitswe-

PoSt 2 Diskussionspapiere, Neubiberg o.J. (1992), S. 9 f. mit weiteren Nachweisen. Weitere Nachweise auch in *Treutner, Erhard:* Ausprägungen und Grenzen informalen Verwaltungshandelns. In: Benz, Arthur/Wolfgang Seibel (Hrsg.): Zwischen Kooperation und Korruption. Abweichendes Verhalten in der Verwaltung, Baden-Baden 1992, S. 65.

7 Vgl. *Scharpf, Fritz W.:* Die Handlungsfähigkeit des Staates am Ende des zwanzigsten Jahrhunderts. In: PVS 32, 1991, S. 621; *Benz, Arthur:* Kooperativer Staat? Gesellschaftliche Einflußnahme auf staatliche Steuerung. In: Klein, Ansgar/Rainer Schmalz-Bruns (Hrsg.): Politische Beteiligung und Bürgerengagement in Deutschland. Möglichkeiten und Grenzen, Baden-Baden 1997, S. 89.

8 *Grimm, Dieter:* Der Staat in der kontinentaleuropäischen Tradition. In: Voigt, Rüdiger (Hrsg.): Abschied vom Staat – Rückkehr zum Staat?, Baden-Baden 1993, S. 48.

sen, Medien, Bildung, Kultur usw. bleiben zwar alles Aufgabenbereiche staatlicher Politik oder sind sogar von staatlichen Entscheidungen direkt abhängig, sie bilden aber gleichzeitig eigene Funktionssysteme, die nach eigenständigen Relevanzkriterien agieren und einer endogenen Entwicklungslogik unterworfen sind.

Dieter Grimm[9] interpretiert die generelle Zunahme des Machbaren als Folge der funktionalen Differenzierung und dem Trend zur anhaltenden Spezialisierung der sozialen Funktionen. Das hat Auswirkungen auf die Staatsfunktion. Das Machbare eröffnet immer verschiedene Wege. Die Richtung, die eingeschlagen werden soll, ist in den meisten Fällen umstritten und daher entscheidungsbedürftig. Weil ab einem bestimmten Grad an Relevanz Probleme als politisch empfunden werden, besteht ein ungebrochener Trend zur Ausweitung von Staatsaufgaben. Neu hinzukommende Staatsfunktionen ersetzen nicht die bestehenden Aufgaben. Dieser Prozess verläuft vielmehr kumulativ. Abzulesen ist das Wachstum der Staatsaufgaben an der Ausweitung des Personalbestands in der öffentlichen Verwaltung und der Zunahme des staatlichen Finanzvolumens. Mit der Formel "Machtverlust durch Funktionszuwachs" beschreibt *Grimm* den Effekt, dass die Bedeutungszunahme nicht zu einer Stärkung des Staates geführt hat. Das liegt einerseits an der öffentlichen Verwaltung und andererseits an ihrer Umwelt. Der stark angewachsene öffentliche Dienst ist zwar noch in eine hierarchische Ordnung eingebettet, doch ist er nicht mehr von einem Zentrum aus steuerbar. Soziale Spannungen und Widersprüche erstrecken sich bis in die Verwaltung hinein. Die gleichzeitige Wahrnehmung einer Vielzahl von Staatsfunktionen führt zu Zielkonflikten und begründet damit einen enormen Koordinationsbedarf. Umgekehrt ist der Staat abhängig von der Leistungsfähigkeit der sozialen Subsysteme. Die Autonomie der Teilsysteme begrenzt den Einsatz staatlicher Zwangsinstrumente. Direkte Staatseingriffe mit Befehl und Zwang werden deshalb zunehmend von indirekt wirkenden Steuerungsinstrumenten abgelöst. Staatlicher Einfluss hängt zunehmend von der Folgebereitschaft nichtstaatlicher Entscheidungsträger ab. Der Staat ist auf Kooperation angewiesen. Autonome Akteure sind nur beeinflussbar, wenn sich der Staat umgekehrt deren Einfluss öffnet. Staatliche Einflussnahme auf gesellschaftliche Teilsysteme ist also nicht grundsätzlich ausgeschlossen, doch werden Steuerungserfolge erkauft durch die Enthierarchisierung der Beziehung zwischen Staat und Gesellschaft.[10] Es handelt sich im Kern also nicht in erster Linie um einen Verlust an

9 Ebd., S. 27 ff.
10 *Scharpf* (Fn. 7), S. 622.

Macht, vielmehr verliert der Staat an innerer Souveränität. Der "listige Staat"[11] versucht durch Verhandlungen zu steuern, indem er Teilbereiche der staatlichen Souveränität zur Politikformulierung zur Verhandlungsmasse trivialisiert. Auf diese Weise werden Kernbereiche relativer gesellschaftlicher Autonomie wie z.B. die Tarifautonomie oder die Autonomie des Wissenschaftssystems der staatlichen Mitsprache und -entscheidung zugänglich gemacht. "Durch diese List des Staates, sich als interessierter Dritter ohne verbindlichen Primat einzuschalten, gewinnt er an Effektivität."[12]

Ein Kern an traditioneller Staatlichkeit bleibt auch dem verhandelnden Staat erhalten. Der Staat verfügt als einziger Akteur über die Ressource rechtlichen Zwangs, während die gesellschaftlichen Teilsysteme lediglich Sachzwänge schaffen können.[13] Der Verwaltung bleibt stets die Möglichkeit, auf hoheitlich-bürokratische Handlungsformen umzusteigen. Kooperatives Verwaltungshandeln findet immer auch "im Schatten des Leviathan"[14] statt, obgleich es sich dabei in der Praxis eher um 'die Rute im Fenster' handeln dürfte. Das Motto des kooperativen Staates kann deshalb lauten: "*Macht* bleibt erhalten, *Souveränität* geht verloren."[15]

Mit den Begrifflichkeiten der Systemtheorie können Art und Funktionsweise von kooperativen Verflechtungen zwischen staatlichen und gesellschaftlichen Akteuren nicht erfasst werden. An dieser Stelle setzt die Rechtswissenschaft und die empirische Politik- und Verwaltungswissenschaft an. Zu fragen ist: Wie funktioniert die List des Staates, sich als interessierter Dritter ohne verbindlichen Primat einzuschalten? Welcher Instrumente bedient sich der kooperative Staat? Gewinnt der Staat durch eine Preisgabe von Souveränität tatsächlich an Effektivität im Sinne der Rekonstruktion staatlicher Handlungsfähigkeit?

11 *Kleger, Heinz:* Verhandlungsdemokratie. Zur alten und neuen Theorie des kooperativen Staates. In: Voigt, Rüdiger (Hrsg.): Der kooperative Staat. Krisenbewältigung durch Verhandlung? Baden-Baden 1995, S. 99.

12 Ebd.

13 *Grimm* (Fn.8), S. 50.

14 *Dose, Nicolai/Rüdiger Voigt:* Kooperatives Recht: Norm und Praxis. In: dies. (Hrsg.): Kooperatives Recht, Baden-Baden 1995, S. 11.

15 *Fach, Wolfgang:* Die Sehnen der Macht. Zur Physiognomik des "schlanken Staates". In: Blätter für deutsche und internationale Politik, Nr. 2/1997, S. 230 (Hervorhebungen im Original).

1.2 Informales Verwaltungshandeln

Für das Zusammenwirken der Verwaltung mit ihrer Umwelt wurden die Begriffe des informalen und kooperativen Verwaltungshandelns geprägt. Eine Auffassung, nach der von informalem Verwaltungshandeln dann zu sprechen ist, "wenn man im öffentlichen Sektor auf eine Verhaltensweise trifft, die man dort überhaupt nicht erwartet"[16], ist jedoch zu unspezifisch. *Eberhard Bohne* bezeichnet mit dem Begriff des informalen Verwaltungshandelns Entscheidungssituationen, in denen die Verwaltung im Gesetzesvollzug faktisch aber weder sachlich noch rechtlich notwendig wählen kann, ob sie ein bestimmtes Ziel in den von der Verwaltungsrechtsordnung bereitgestellten Handlungsformen oder mit rechtlich nicht geregelten Realakten verwirklichen will.[17] Für die Begriffsbestimmung wesentlich ist die Unterscheidung zwischen formalen und informalen Handlungsformen der Verwaltung.[18] Als 'formal' gelten dabei alle positiv-rechtlich geregelten Verfahrenshandlungen und Verwaltungsentscheidungen, die auf das Setzen von Rechtsfolgen gerichtet sind. 'Informal' dagegen sind "alle rechtlich nicht geregelten Tathandlungen, die der Staat anstelle von rechtlich geregelten Verfahrenshandlungen oder Rechtsfolgeentscheidungen wählt, die jedoch zur Herbeiführung des beabsichtigten Erfolges auch in den von der Rechtsordnung bereitgestellten öffentlich-rechtlichen oder privatrechtlichen Handlungsformen hätten erfolgen können."[19] *Arthur Benz* ergänzt das Spezifikum der Variabilität der Handlungsformen durch den Hinweis auf das Verfahren. Informale Handlungen und Prozesse folgen keinen generell gültigen Verfahrensregeln oder organisatorischen Festlegungen. Sie entwickeln sich vielmehr aus den Gegebenheiten des Einzelfalls heraus.[20] Wählt die Verwaltung zur Erreichung eines Regelungsziels andere, als die in der Verwaltungsrechtsordnung dafür eigentlich vorgesehenen Mittel, so ist sie auch nicht an die Durchführung eines formalisierten Verfahrens gebunden. In der Konse-

16 *Bussfeld, Klaus:* Informales Verwaltungshandeln - Chancen und Risiken. In: Hill, Hermann (Hrsg.): Verwaltungshandeln durch Verträge und Absprachen, Baden-Baden 1990, S. 39.

17 *Bohne, Eberhard:* Informales Verwaltungs- und Regierungshandeln als Instrument des Umweltschutzes. Alternativen zu Rechtsnorm, Vertrag, Verwaltungsakt und anderen rechtlich geregelten Handlungsformen? In: VerwArch. 75, 1984, S. 343 in Anlehnung an die Definition von *Bohne* auch *Bauer, Hartmut:* Informelles Verwaltungshandeln im öffentlichen Wirtschaftsrecht. In: VerwArch. 78, 1987, S. 244.

18 Vgl. *Bohne* (Fn. 2), S. 47.

19 *Bohne* (Fn. 17), S. 344.

20 *Benz* (Fn. 3), S. 84.

quenz kann das bedeuten, dass informales Verwaltungshandeln normative oder organisatorische Regeln überspielt, umgeht oder überschreitet.[21] Daraus aber generell auf ein Abweichen von Verwaltungsvorgaben zu schließen[22] und informales Verwaltungshandeln mit diesem Argument pauschal abzulehnen, ist zumindest vorschnell. Informales Verwaltungshandeln ist nicht zwangsläufig illegal oder rechtsfehlerhaft, da die Verwaltung nach dem Grundsatz der Freiheit der Formenwahl nicht zwingend formal handeln muss.

Nach *Schulze-Fielitz* kann informales Verwaltungshandeln aus drei Blickwinkeln heraus analysiert und bewertet werden: als organisationssoziologischer Begriff, als juristische und als empirische Kategorie.[23]

- Der organisationssoziologische Begriff des Informalen geht von der Beobachtung aus, dass in Organisationen Handlungsbeziehungen bestehen, die von der vorgeschriebenen formalen Verhaltensordnung nicht erfasst werden.[24]

- Das Informale als kritische juristische Kategorie stellt Fragen der rechtlichen Zulässigkeit des informalen, also des rechtlich nicht programmierten Verwaltungshandelns, ins Zentrum.[25]

- Informales Verwaltungshandeln kann schließlich als "empirische Kategorie der Normalität"[26] aufgefasst werden. In diesem Sinne wird informales Verwaltungshandeln als typische, allgegenwärtige und auch unvermeidliche Handlungsform im Gesetzesvollzug betrachtet. Informales Verwaltungshandeln wird also als eine "unvermeidbare Folge rechtlicher Formalisierungen menschlichen Zusammenwirkens" betrachtet.[27]

Informales Verwaltungshandeln tritt im Verhältnis der Verwaltung gegenüber dem Bürger neben einseitig-hoheitliche Handlungsformen, indem es "*das ho-*

21 *Treutner* (Fn. 6), S. 67.

22 Vgl. ebd.

23 *Schulze-Fielitz, Helmuth*: Informales oder illegales Verwaltungshandeln? In: Benz, Arthur/Wolfgang Seibel (Hrsg.): Zwischen Kooperation und Korruption. Abweichendes Verhalten in der Verwaltung, Baden-Baden 1992, S. 235 ff.

24 Vgl. *Bohne* (Fn. 2), S. 44.

25 Vgl. die Beiträge von *Erhard Treutner* und *Helmuth Schulze-Fielitz* in: Benz, Arthur/Wolfgang Seibel (Hrsg.): Zwischen Kooperation und Korruption. Abweichendes Verhalten in der Verwaltung, Baden-Baden 1992. Kennzeichnend ist die Titelwahl von *Schulze-Fielitz:* "Informales oder illegales Verwaltungshandeln?"

26 *Schulze-Fielitz* (Fn. 23), S. 236.

27 *Bohne* (Fn. 17), S. 372.

heitlich-eingreifende Verwaltungshandeln mit seinem Neben-Regime überzieht und insoweit verdrängt, modifiziert oder ergänzt."[28] Auch Verwaltungsentscheidungen ohne unmittelbare Außenwirkung können informal strukturiert sein. In diesem Zusammenhang werden vorbereitende Entscheidungsprozesse im Vorfeld von hochkomplexen Verwaltungsentscheidungen genannt, z.B. im Rahmen von Planungsentscheidungen oder komplizierten Entscheidungsverfahren.[29]

Informale Handlungsformen werden gewählt, wenn rechtliche Regelungen im Einzelfall als zu starr, zu zeit- und kostenaufwendig, zu konfliktbeladen oder sonst wie unzweckmäßig eingeschätzt werden.[30] Durch informales Verwaltungshandeln soll der Aufwand für die Beschaffung von Informationen vermindert und die Abstimmung der vielfältigen Interessen der Beteiligten erleichtert werden. Informale Handlungsformen werden als eine Reaktion auf die überbordende Fülle von Problemen interpretiert, die der Verwaltung zur Lösung übertragen sind und die unter der Bedingung immer größerer informationstheoretischer Engpässe bearbeitet werden müssen.[31] Informale Handlungsformen werden aus einer praktischen Notwendigkeit heraus gewählt, weil Programmziele und der Vollzug von Rechtsnormen nicht immer durch einseitig-hierarchische Anordnung erzwungen werden können und die Verwaltung deshalb flexibel reagieren und zu Verhandlungen bereit sein muss.[32]

1.3 Kooperatives Verwaltungshandeln

Informales und kooperatives Verwaltungshandeln werden zwar oft in einem Atemzug genannt, die Begriffe sind aber nicht synonym. Der Unterschied zwischen kooperativen und informalen Formen des Verwaltungshandelns wird deutlich, wenn die jeweiligen Komplementärbegriffe einander gegenübergestellt werden. Die Begriffspaare sind formal/informal und hoheitlich/kooperativ. Die Gegenbegriffe formal/informal und hoheitlich/kooperativ erfassen jeweils unterschiedliche Aspekte der Verwaltungstätigkeit.[33] Hoheitliches Verwaltungshandeln kann sowohl formale (z.B. Verwaltungsakt) wie informale Ele-

28 *Schulze-Fielitz* (Fn. 23), S. 240 (Hervorhebung im Original).
29 Vgl. ebd., S. 241-243.
30 Vgl. *Bohne* (Fn. 17), S. 346.
31 Vgl. dazu die Erfahrungen aus der Verwaltungspraxis in *Bussfeld* (Fn. 16), S. 40.
32 *Benz* (Fn. 3), S. 88.
33 Vgl. ebd., S. 85.

mente (z.B. Duldung) haben. Auch kooperatives Verwaltungshandeln kann sowohl formal (z.B. förmliche Beteiligung, öffentlich-rechtlicher Vertrag) wie informal (Arrangement, Agreement) ausgestaltet sein. Kooperatives Verwaltungshandeln ist keinesfalls immer informal, d.h. ausschließlich dem schlichten Verwaltungshandeln zuzurechnen.[34] Die Wahl kooperativer Handlungsformen ist nicht in jedem Fall ins Belieben der Verwaltung gestellt. In einigen Rechtsbereichen sind kooperative Elemente ausdrücklich durch gesetzliche Vorgaben programmiert (z.B. durch förmliche Anhörungs- und Beteiligungsrechte), während in anderen Entscheidungsverfahren kooperatives Verwaltungshandeln eher dem Druck der Situation folgt.[35]

Berichte aus der Verwaltungspraxis machen deutlich, dass die Verwaltung bei der Lösung von schwierigen Einzelfällen versucht, alle ihr zur Verfügung stehenden Handlungsformen im Sinne eines verwaltungsintern oder durch Gesetz festgelegten Regelungsziels strategisch einzusetzen. Dazu gehört neben dem Einsatz der formell von der Verwaltungsrechtsordnung definierten Handlungsformen auch die Kooperation mit den Betroffenen.[36] Kooperatives Verwaltungshandeln folgt dabei dem "Grundgedanken der Zweckgemeinschaft"[37] zwischen Verwaltung und ihren Adressaten. Im Sinne der gemeinsamen Zweckverfolgung kann kooperatives Verwaltungshandeln auch gegenseitige Pflicht- und Treueverhältnisse begründen. Die Steuerungsmittel des kooperativen Staates, Verhandlung, Anreiz, Werbung und moralische Inpflichtnahme, zielen direkt auf soziale Integrationsmechanismen und lassen das Recht als gestaltendes Mittel zurücktreten.[38] Der kooperative Staat bedient sich der Träger sozialer und ökonomischer Macht zur Umsetzung seiner Ziele.[39]

34 Vgl. *Bulling, Manfred:* Kooperatives Verwaltungshandeln (Vorverhandlungen, Arrangements, Agreements und Verträge) in der Verwaltungspraxis. In: DÖV 42, 1989, S. 277 ff.; *Arnold, Peter:* Die Arbeit mit öffentlich-rechtlichen Verträgen im Umweltschutz beim Regierungspräsidium Stuttgart. In: VerwArch. 80, 1989, S. 125 ff.

35 Vgl. *Dose, Nicolai/Rüdiger Voigt:* Kooperatives Recht: Norm und Praxis. In: dies. (Hrsg.): Kooperatives Recht, Baden-Baden 1995, S. 22.

36 Vgl. hierzu die Beispiele aus der Umweltschutzverwaltung des Regierungspräsidiums Stuttgart in den Arbeiten von *Arnold* (Fn. 34); *Bulling* (Fn. 34); *ders.:* Umweltschutz und Wirtschaftsüberwachung. In: Hill, Hermann (Hrsg.): Verwaltungshandeln durch Verträge und Absprachen, Baden-Baden 1990, S. 147 ff.

37 *Ritter* (Fn. 1), S. 396.

38 Vgl. *Ritter, Ernst-Hasso:* Das Recht als Steuerungsmedium im kooperativen Staat. In: Grimm, Dieter (Hrsg.): Wandelnde Staatsaufgaben - sinkende Steuerungsfähigkeit des Rechts, Baden-Baden 1990, S. 69 ff.; *Ritter* (Fn. 1), S. 409.

39 Vgl. *Hartwich, Hans-Hermann:* Die Suche nach einer wirklichkeitsnahen Lehre vom Staat. In: Aus Politik und Zeitgeschichte, B46-47/1987, S. 15.

Die Bedeutung von einseitig-hoheitlichem Handeln nimmt zugunsten von kooperativen Handlungsformen ab. Die zunehmende Bedeutung kooperativer Handlungsformen wird ähnlich wie das informale Verwaltungshandeln damit begründet, staatliche Leistungsfähigkeit unter den Bedingungen zunehmender Komplexität gesellschaftlicher Probleme, der Unsicherheit von Entwicklungen und der Knappheit von Ressourcen sicherzustellen.[40]

In der Diskussion um den kooperativen Staat und die kooperative Verwaltung lassen sich drei unterschiedliche Blickwinkel identifizieren, unter denen Ausprägungen, Funktionen und Folgen kooperativer Handlungsformen erklärt und bewertet werden:

- Die Diskussion um das *kooperative Recht* geht aus von Rechtsnormen, die ein Kooperationsverhältnis zwischen der Verwaltung und ihren Adressaten begründen. Die Diskussion unterscheidet programmierte, implizit programmierte und billigende Rechtsformen der Kooperation.

- Kooperation als *pragmatische Handlungsform im Verwaltungsvollzug* stellt die pragmatische Problemlösung und Zielorientierung im Sinne der Regelungsnorm in den Mittelpunkt und hebt auf Effizienz und Effektivität staatlichen Handelns im Verwaltungsvollzug ab. Hier spielt der Bedarf nach Normanpassung eine entscheidende Rolle.

- Das theoretische Interesse an der Frage nach der staatlichen Handlungsfähigkeit und das Spannungsverhältnis von Kooperation mit dem Hierarchieprinzip stehen im Mittelpunkt der *steuerungstheoretischen Sicht* des kooperativen Staates.

1.3.1 Kooperatives Recht

Kooperatives Verwaltungshandeln kann explizit gesetzlich normiert sein. So können beispielsweise nach dem Atomgesetz (AtG), dem Bundesimmissionsschutzgesetz (BImSchG) und dem Gentechnikgesetz (GenTG) Genehmigungen erst nach Offenlegung der Antragsunterlagen und der Durchführung einer öffentlichen Anhörung erteilt werden.[41] Die öffentliche Auslegung von Antragsunterlagen ist auch bei Planungsentscheidungen nach dem Baugesetzbuch (BauGB) Vorschrift. Von kooperativem Verwaltungshandeln ist deshalb zu sprechen, weil Planfeststellungs- und Genehmigungsverfahren nicht nur der

40 Vgl. *Ritter* (Fn. 38), S. 59.
41 *Dose/Voigt* (Fn. 35), S. 13.

reinen Informationsbeschaffung der Behörde dienen, sondern auch eine sachgemäße Abwägung zwischen den Belangen der verschiedenen Betroffenen sicherstellen sollen. Selbst in Genehmigungsverfahren, in denen die Verwaltung nur über ein gebundenes Ermessen verfügt, also eine beantragte Genehmigung erteilt werden muss, wenn die Genehmigungsvoraussetzungen vorliegen, finden vor Beginn des offiziellen Antragsverfahrens regelmäßig Beratungen zwischen Antragsteller und Genehmigungsbehörde statt. Das wird schon deshalb als notwendig erachtet, weil die Sachstandsermittlung ohne Kooperation mit dem Antragsteller für die Verwaltung nur schwer zu bewerkstelligen wäre.[42]

Die Verwendung von unbestimmten Rechtsbegriffen in Gesetzen und Verordnungen kann als implizite Form der Programmierung von kooperativem Verwaltungshandeln interpretiert werden.[43] Als Beispiel kann auch hier das Bundesimmissionsschutzgesetz (BImSchG) herangezogen werden. Die Sanierung einer Anlage war bis zur Novellierung des BImSchG in den Jahren 1985/86 an die wirtschaftliche Vertretbarkeit von Sanierungsmaßnahmen geknüpft. *Dose/Voigt* sehen in der Verwendung des unbestimmten Rechtsbegriffs der "wirtschaftlichen Vertretbarkeit" die entscheidende Hürde für den Erlass und die Durchsetzung nachträglicher Anordnungen.[44] Die Verbesserung der Immissionssituation war unter der Prämisse ihrer wirtschaftlichen Vertretbarkeit an intensive Verhandlungsprozesse der Verwaltung mit dem Betreiber gebunden. Die Gewerbeaufsichtsverwaltung wartete in diesen Fällen, bis der jeweilige Betreiber eine Änderungsgenehmigung beantragte. Diese wurde regelmäßig nur erteilt, wenn gleichzeitig erforderliche Sanierungen an dieser Anlage oder an anderen Anlagen im betreffenden Betrieb durchgeführt wurden. In diesen Verhandlungen kam es zu Austauschprozessen des Gebens und Nehmens, obwohl die Herstellung eines Junktims zwischen verschiedenen Verwaltungsverfahren sich in der Grauzone zum Kopplungsverbot abspielte.[45]

Die Anwendung des Verhältnismäßigkeitsgrundsatzes kann als billigende Form des rechtlich definierten kooperativen Verwaltungshandelns interpretiert werden. Beispiel ist die oben beschriebene Regelung im BImSchG nach der Novellierung. Nachdem nun in der TA Luft Emissionswerte verbindlich festgelegt wurden, ist seitdem nur noch in außergewöhnlichen Fällen die gesonderte Überprüfung der Verhältnismäßigkeit vorgesehen. Die Verbesserung des Im-

42 Ebd., S. 14 mit weiteren Nachweisen.

43 Ebd., S. 16

44 Ebd.

45 Bulling beschreibt als Fallbeispiel die Abgasreinigung eines Tanklagers: *Bulling* (Fn. 34), S. 284 f.

missionsschutzes muss nun zwar nicht mehr durch Koppelgeschäfte erkauft werden, doch besteht für die Verwaltung zur sachgerechten Prüfung der Verhältnismäßigkeit erheblicher Informationsbedarf über die betrieblichen Verhältnisse. "Bei dieser gesonderten Überprüfung der Verhältnismäßigkeit in außergewöhnlichen Fällen entsteht wiederum Raum für kooperatives Verwaltungshandeln, das sich in der Regel zumindest in intensiven Beratungen äußert. Im Gegensatz zu den Koppelgeschäften steht hier jedoch der Informations- und Überzeugungseffekt im Vordergrund."[46]

1.3.2 Kooperation als Erfordernis der Verwaltungspraxis

Eine Sicht, die Kooperation als pragmatische Handlungsform der Verwaltung in den Vordergrund stellt und die Funktionalität kooperativen Verwaltungshandelns in Hinblick auf Problemlösungsfähigkeit und Zielorientierung betont, wird vor allem aus der Verwaltungspraxis heraus vertreten.[47] Für Verwaltungspraktiker steht im Verwaltungsalltag die pragmatische Problemlösung im Vordergrund. In Berichten aus der Verwaltungspraxis wird betont, "dass sich die Verwaltung primär an materiellen Erfordernissen und Problemlösungsmöglichkeiten orientiert. Erst in zweiter Linie stellt sich die Frage, in welcher Form ein erkanntes Problem angegangen wird."[48] Die Verwaltung wendet zur Lösung von Problemen alle ihr zur Verfügung stehenden Formen des Verwaltungshandelns "nebeneinander oder hintereinander"[49] an. Die spezifischen rechtlichen Implikationen der einzelnen Handlungsformen treten dabei zunächst in den Hintergrund. "Dies [die verwaltungsrechtliche Seite, J.W.] wird aber erst akut, wenn man sich in der vorhergehenden Strategieüberlegung dazu entschlossen hat, einen Fall überhaupt in dieser Weise anzugehen."[50] Das legt den Schluss nahe, dass im Verwaltungsalltag, zumindest in Fällen, die aus unterschiedlichen Gründen nicht in das gängige Routinemuster passen, Strategie- und Auswahlüberlegungen einer rechtlichen Würdigung des Falles vorausgehen.

46 *Dose/Voigt* (Fn. 35), S. 17.

47 Für den Bereich außerhalb der Vollzugsverwaltung wird die Problemlösungskapazität kooperativer Strukturen jedoch kritisch beurteilt oder unter dem Hinweis auf Handlungsblockaden ganz in Frage gestellt. [Vgl. *Nahamowitz, Peter:* Hierarchie und Kooperation als staatliches Handlungsmuster: Ein Plädoyer für Steuerungsrealismus und Rechtsstaatlichkeit. In: Voigt, Rüdiger (Hrsg.): Der kooperative Staat, Baden-Baden 1995, S. 119 ff.]

48 *Arnold* (Fn. 34), S. 125.

49 Ebd.

50 Ebd.

Die Instrumente einer an pragmatischen Problemlösungen interessierten Verwaltung sind die "Normanpassung"[51] und die selektive Anwendung von Rechtsnormen. Das Bedürfnis nach Normanpassung ergibt sich aus der alltäglichen Arbeitssituation der Verwaltung. "Ihre Aufgabe ist es, staatliche Programme, Rechtsnormen und Verfahrensregeln auf konkrete Einzelfälle anzuwenden. Der Vorgang der Konkretisierung impliziert die Anpassung abstrakter Normen, die niemals alle für eine konkrete Entscheidung relevanten Aspekte einer Arbeitssituation regeln können."[52] Dass es einen rechtlich zulässigen Handlungsspielraum für eine Normanpassung im Verwaltungsvollzug gibt, ist nicht auf Anhieb einsichtig. Durch die zunehmende Dichte und Detaillierung rechtlicher Regelungen liegt der Schluss nahe, als verenge sich der Spielraum für Verwaltungsentscheidungen. Tatsächlich aber sieht sich die Verwaltung teilweise widersprüchlichen Normen gegenüber und gewinnt aus der Notwendigkeit der Abwägung und Auswahl von in Frage kommenden Normen eigene Handlungsspielräume. Zudem lassen sich sachgerechte Problemlösungen nicht zuletzt aufgrund der Komplexität der Lebenssachverhalte nicht mehr nur durch eine einfache Subsumtion herstellen.

1.3.3 Kooperation aus steuerungstheoretischer Sicht

Allgemein wird unter Steuerung im politikwissenschaftlichen Zusammenhang die Gestaltung der gesellschaftlichen Umwelt durch politische Instanzen verstanden.[53] Dieser Anspruch auf aktives politisches Gestalten gesellschaftlicher Verhältnisse steckt aber in der Sackgasse: Die Handlungsspielräume des modernen Wohlfahrtsstaates sind durch indogene und exogene Faktoren eng begrenzt. "Bejaht man dennoch die Notwendigkeit staatlicher Steuerung ('Steuerungsbedürftigkeit') angesichts handfester Krisensymptome, dann muss nach anderen Möglichkeiten zur Durchsetzung gemeinwohlorientierter Politikentwürfe, oder mit anderen Worten: nach neuen Steuerungsmustern, gesucht werden."[54] Diesen neuen Steuerungmustern müssen wirksame neue Steuerungsme-

51 *Benz, Arthur:* Normanpassung und Normverletzung im Verwaltungshandeln. In: Benz, Arthur/Wolfgang Seibel (Hrsg.): Zwischen Kooperation und Korruption. Abweichendes Verhalten in der Verwaltung, Baden-Baden 1992, S. 31 ff.

52 Ebd., S. 32.

53 *Mayntz, Renate:* Politische Steuerung und gesellschaftliche Steuerungsprobleme – Anmerkungen zu einem theoretischen Paradigma. In: Jahrbuch, Bd. 1/1987, S. 92.

54 *Voigt, Rüdiger:* Der kooperative Staat. Auf der Suche nach einem neuen Steuerungsmodus. In: ders. (Hrsg.): Der kooperative Staat, Baden-Baden 1995, S. 35.

dien und Steuerungsinstrumente zugeordnet werden. Dazu liegen mehrere Vorschläge vor.

Die traditionellen Steuerungmittel sind 'Markt' mit der Steuerungsressource Geld sowie 'Staat' mit Macht und Recht als Steuerungsressourcen. *Renate Mayntz* vertritt die Ansicht, dass zu diesen nun als dritte Steuerungsform 'Gemeinschaft' oder 'Solidarität' hinzukommen muss, deren Beitrag in erfolgreicher Handlungskoordination besteht.[55] Ganz ähnlich argumentiert auch *Heinz Kleger.* Angesichts von kumulativen Krisenprozessen, die Reformen gleichzeitig in institutionen-, industrie- und arbeitspolitischer sowie umwelt- und entwicklungspolitischer Hinsicht abfordern, liegt der Ausweg aus der Steuerungskrise in einer erneuerten Solidarität der Staatsbürgernation.[56] Die Konfliktbewältigung durch eine rationalisierte Staatsorganisation ist als erster Schritt hin auf eine "*umfassende* reflexive Politikfähigkeit" zu verstehen, die mit und über soziologische Aufklärung hinaus Bürger- und Staatsgesellschaft neu verschränkt und damit die "Zivilisierung der Politik" als normatives Zukunftsprojekt fest in Blick hat.[57] Das heißt in Anbetracht der Vielzahl und Komplexität der zu bearbeitenden Probleme, Abschied zu nehmen von der "Hoffnung, die 'gute' Gesellschaft 'auf einen Schlag und aus einem Guss' herstellen zu können," genauso wie von der Vorstellung, alle Aufgaben etatistischer Steuerung als generellem Problemlösungsmechanismus zu übertragen.[58] Gefordert wird vielmehr die Entwicklung einer "eklektischen und pragmatischen Politik".[59] Auf dem Weg zur Einlösung dieses neuen aufgeklärt-bescheidenen Steuerungsanspruchs stellt sich die Frage nach den Bedingungen für kooperatives Verwaltungshandeln als dem zentralen Steuerungsinstrument unter den Bedingungen eines reduzierten Steuerungsanspruchs.

Je nach der zu lösenden Aufgabe unterscheiden sich Modus und Stil des kooperativen Verwaltungshandelns. *Arthur Benz* differenziert zwischen Ordnungs-, Produktions-, Entwicklungs- und Verteilungsaufgaben. Je nach den spezifischen Anforderungen des jeweiligen Aufgabentyps müssen unterschiedliche Bedingungen erfüllt sein, damit sich kooperative Verfahren ausbilden können, da die Interessen der Betroffenen an der Aufnahme von Verhandlungen und ihre Möglichkeiten zur Interessenwahrnehmung und ihre Interessendurchsetzungs-

55 *Mayntz* (Fn. 53), S. 92.

56 *Kleger* (Fn. 12), S. 112.

57 Ebd., S. 112 f. (Hervorhebung im Original).

58 *Kleger, Heinz:* Metropolitane Transformation durch urbane Regime. Berlin-Brandenburg auf dem Weg zu regionaler Handlungsfähigkeit, Amsterdam 1996, S. 33.

59 Ebd., S. 34.

strategien je nach der konkreten Problemstruktur variieren. Jeder Aufgabentyp ist verknüpft mit einer bestimmten Verhandlungssituation. Ordnungsaufgaben entstehen aus der Unvereinbarkeit von Handlungen oder Handlungsabsichten. Bei Ordnungsaufgaben wird als Bedingung für die Aufnahme von Verhandlungen die Strukturierung des Konflikts durch materielles und Verfahrensrecht genannt. Bei Produktions- und Entwicklungsaufgaben sind zwar die Handlungsziele gleichgerichtet, doch rechnen alle Beteiligten damit, ohne eigene Mitwirkung von der Leistungserbringung anderer profitieren zu können. Bei Produktions- und Entwicklungsaufgaben gelingt die Initiierung von Kooperation nur Akteuren, die durch ihre spezifische Aufgabenstellung dazu genötigt sind oder besonderes Interesse an der Kooperation haben. Verteilungsprobleme sind nicht von der Durchsetzung individueller Handlungsziele dominiert, sondern orientieren sich an relativen Gewinnen und Verlusten. Verteilungsprobleme können nur kooperativ gelöst werden, wenn die negativ betroffene Gruppe Verhandlungen nicht verweigert. Verhandlungsergebnisse sind bei Verteilungsproblemen allgemein dann zu erreichen, wenn zunächst Einvernehmen über Verteilungsregeln hergestellt werden kann, über die sich anschließend Verteilungsrelationen rechtfertigen lassen. Stabilität können Verhandlungsbeziehungen bei Verteilungsentscheidungen immer dann erlangen, wenn Kooperationsbeziehungen institutionalisiert wurden oder wenn sie eingebettet sind in etablierte und dauerhafte Kommunikationsnetzwerke, die nicht permanent durch Verteilungsfragen belastet sind.[60]

Die Chance auf politische Steuerung ist also abhängig vom jeweiligen Verhandlungsgegenstand. Danach bestimmen sich die Möglichkeiten zur Interessenwahrnehmung und die jeweiligen Durchsetzungschancen der Verhandlungspartner. Über die Qualität der kooperativ getroffenen Entscheidungen ist damit jedoch noch nichts gesagt. *Scharpf*[61] vertritt die Ansicht, dass Verhandlungssysteme gemessen an wohlfahrtstheoretischer Effizienz und Verteilungsgerechtigkeit hierarchisch strukturierten Entscheidungsprozessen ebenbürtig sind und das, obwohl Verhandlungssysteme im Gegensatz zur hierarchischen Steuerung weniger voraussetzungsvoll sind. Verhandlungssysteme sind nicht an gegebene Organisations- und Staatsgrenzen gebunden und sie können nach Überzeugung von *Scharpf* das Wohlfahrtsoptimum im Prinzip auch mit egoistischen Akteuren erreichen. Dies ist aber nur dann möglich, wenn Transaktionskosten vernachläs-

60 Vgl. *Benz, Arthur:* Kooperative Verwaltung. Funktionen, Voraussetzungen und Folgen, Baden-Baden 1994, S. 299 ff.

61 Vgl. *Scharpf* (Fn. 7), S. 624 ff. sowie *ders.:* Einführung: Zur Theorie von Verhandlungssystemen. In: Benz, Arthur/Fritz W. Scharpf/Reinhard Zintl: Horizontale Politikverflechtung. Zur Theorie von Verhandlungssystemen, Frankfurt/Main 1992, S. 11 ff.

sigt werden und die Möglichkeit unbegrenzter Ausgleichszahlungen gegeben ist. "Dann nämlich können in der Tat die Gewinner die Verlierer entschädigen, oder die potentiell Geschädigten können den Verursachern die schadensstiftende Maßnahme abkaufen."[62] In der Praxis sind jedoch Ausgleichszahlungen oder Paketlösungen keineswegs immer praktikabel oder zulässig. Auch lassen sich Transaktionskosten nicht ignorieren. Jede Verhandlungssituation ist vom Zusammentreffen von verschiedenen Motiven und Verhaltensstilen der Verhandlungspartner geprägt.[63] Die Konsequenzen können von der Ineffizienz und Schwerfälligkeit von Verhandlungssystemen bis hin zum Scheitern von Verhandlungen reichen.

1.4 Kritik an informalen und kooperativen Handlungsformen

Kooperative Handlungsformen der Verwaltung werden überwiegend positiv bewertet. Die Vorteile werden im Abbau von Rechtsunsicherheit durch umfassende Einbeziehung des Adressaten der Verwaltungsentscheidung und der Vermeidung von Rechtsstreitigkeiten gesehen sowie in der Vereinfachung, Flexibilisierung, Effizienz und Praktikabilität von Entscheidungen. Dies wiederum ist hilfreich, um das Risiko von Fehlplanungen bzw. -entscheidungen zu minimieren und damit letztendlich Kosten zu senken. Dennoch werden Folgen und Gefahren diskutiert. Die Hauptkritikpunkte, die in Zusammenhang mit kooperativem und informalem Verwaltungshandeln genannt werden, thematisieren mögliche Gefahren für die Gewährleistung des Rechtsschutzes Dritter, die Unabhängigkeit der Verwaltung und die Folgen von kooperativen Handlungsformen für die demokratische Legitimität.

1.4.1 Rechtsschutz Dritter

Der rechtsstaatliche Anspruch an das Verwaltungshandeln wäre beeinträchtigt, wenn Rechte Dritter oder die Einheitlichkeit des Verwaltungsvollzugs durch kooperative Handlungsformen der Verwaltung nicht mehr gewährleistet wer-

62 *Scharpf* (Fn. 7), S. 625.

63 Vgl. *Saretzki, Thomas:* Wie unterscheiden sich Argumentieren und Verhandeln? Definitionsprobleme, funktionale Bezüge und strukturelle Differenzen von zwei verschiedenen Kommunikationsmodi. In: Prittwitz, Volker von: Verhandeln und Argumentieren. Dialog, Interessen und Macht in der Umweltpolitik, Opladen 1996, S. 19 ff.

den.[64] Verwaltungshandeln würde sich in diesem Fall gewissermaßen in der "Dunkelkammer des Rechtsstaats"[65] abspielen. Die Gewährleistung von Chancengleichheit und Fairness wird als eines der zentralen Probleme des kooperativen Verwaltungshandelns angesehen.[66] Chancengleichheit ist im Verhandlungsprozess deshalb so wichtig, weil die Beteiligten nicht selten innerhalb von Kooperationbeziehungen auf die ihnen eigentlich zustehenden Rechtsschutzmöglichkeiten verzichten. Andererseits verzichtet die verhandelnde Verwaltung auf die Ausübung der ihr rechtlich zustehenden Eingriffsmöglichkeiten, was u.U. ihre Durchsetzungsfähigkeit schwächt.[67] Das könnte insbesondere dann der Fall sein, wenn Kooperationsprozesse eine Eigendynamik gewinnen und mit zunehmender Kooperationsdauer die Beteiligten immer stärker eingebunden werden. Es wird befürchtet, dass sich in der Folge die Verwaltung kaum mehr zurückziehen und ihre Handlungsweise auf Konfliktstrategien umstellen kann.[68] Diese Hypothese deckt sich mit Erfahrungen aus der Verwaltungspraxis,[69] allerdings mit der Einschränkung, dass die Verwaltung "in den seltenen Fällen, in denen der Vertrag Verwaltungsakte ersetzt [...] prüfen [muss, J.W.], ob dies verfahrensrechtlich zulässig ist. [...] Sobald hier eine Unsicherheit besteht, ist die konkrete Verwaltungsentscheidung in der dafür vorgesehenen gesetzlichen Form vorzunehmen."[70] Damit steht Dritten, die sich durch die Verwaltungsentscheidung in ihren Rechten verletzt fühlen, der Rechtsweg offen. Die kooperative Verwaltung ist also nicht aus ihrer übergeordneten Verantwortung entlassen. Einseitig-hoheitliche Handlungsformen der Verwaltung sind zurückgestellt, werden durch kooperatives Verwaltungshandeln aber nicht preisgegeben. Insofern geht kooperatives Verwaltungshandeln nicht zwingend zulasten der staatlichen Durchsetzungsfähigkeit, noch werden Drittinteressen systematisch ignoriert.

64 Vgl. *Dose, Nicolai:* Kooperatives Recht. Defizite einer steuerungsorientierten Forschung zum kooperativen Verwaltungshandeln. In: Die Verwaltung 27,1994, S. 98.

65 *Bulling* (Fn. 34), S. 278.

66 *Benz* (Fn. 3), S. 91.

67 Vgl. ebd., S. 92 f.

68 Vgl. ebd.

69 *Bulling* macht darauf aufmerksam, daß keine Gerichtsurteile bekanntgeworden sind, in denen informelle Handlungsformen der Verwaltung beanstandet worden wären. [Vgl. *Bulling* (Fn. 34), S. 278 und S. 288.]

70 Ebd., S. 289. In diesem Sinne übereinstimmend auch *Benz* (Fn. 3), S. 95 ff.

1.4.2 Unabhängigkeit der Verwaltung

Eine mögliche Gefahr kooperativer Handlungsformen wird in der Relativierung und dem Unterlaufen von eindeutigen rechtlichen Regelungen gesehen,[71] was im Extremfall zu einer "Kolonialisierung von Verwaltungseinheiten durch bestimmte Segmente der Verwaltungsumwelt"[72] führen könnte. Die Rationalität von Verwaltungsentscheidungen ist durch kooperative Handlungsformen beeinträchtigt, wenn sich das Verwaltungshandeln von eindeutig definierten Verlaufsmustern und Rechtsregimen loslöst.[73] Insbesondere in der juristischen Diskussion wird die Ansicht vertreten, "dass die Verwaltung die 'richtige' Entscheidung aus dem Gesetz abzuleiten habe, sich daher nicht von der Zustimmung der Beteiligten abhängig machen dürfe."[74] Verhandlungen lassen demgegenüber befürchten, dass die Verwaltung ihre Verantwortung für den Gesetzesvollzug und ihre Verfahrensdominanz aufgibt und statt dessen Gefahr läuft, durch Sonderinteressen vereinnahmt zu werden, anstatt sich am 'Gemeinwohl' zu orientieren.[75] Es wird argumentiert, dass die Kontrolle von Verwaltungsentscheidungen politisch, verwaltungsintern als auch durch die Verwaltungsgerichte durch informelle oder kooperative Handlungsformen zumindest erschwert werden kann.[76] Dieser Einwand wird mit gegenteiligen Erfahrungen aus der Verwaltungspraxis entkräftet. Wie schon bei der Frage nach der Gewährleistung des Rechtsschutz Dritter gilt auch hier das Argument, dass im Falle des Scheiterns der angestrebten kooperativen Handlungs- und Entscheidungsformen zur Wahrnehmung von Staatsaufgaben hoheitliche Entscheidungen getroffen werden müssen und einseitige Hoheitsmaßnahmen des Staates auch künftig als unentbehrlich angesehen werden und sei es nur als "Rute im Fenster".[77]

Mit dem Eingehen auf kooperative Verhandlungsbeziehungen begibt sich die Verwaltung dennoch im Hinblick auf die ihr aufgegebenen Normen funktional und rechtlich in eine ambivalente Situation. "Irgendwann gerät jeder Amtsträger, der zu enge Klientelbeziehungen eingeht, in die Gefahr, die notwendige Distanz zu verlieren und - bewusst oder unbewusst - voreingenommen zu ent-

71 Vgl. *Bauer* (Fn. 17), S. 254.
72 *Treutner* (Fn. 6), S. 77.
73 Vgl. *Dose* (Fn. 64), S. 98.
74 *Benz* (Fn. 3), S. 87.
75 Vgl. ebd.
76 *Bauer* (Fn. 17), S. 255.
77 *Bulling* (Fn. 34), S. 289.

scheiden."[78] Zwar gilt fbür die Verwaltung, dass sie zur Erreichung ihrer Zwecke die Freiheit der Formenwahl hat, solange sie nicht gegen Gesetze verstößt,[79] doch machte *Niklas Luhmann*[80] mit dem Begriff der "brauchbaren Illegalität" schon früh darauf aufmerksam, dass Organisationsmitglieder geradezu gezwungen sein können, von formalen Regeln abzuweichen, um Ziele zu erreichen bzw. Aufgaben zu erfüllen. Formale (Rechts-) Vorschriften bilden deshalb keinen hinreichenden Maßstab zur Beurteilung von Verwaltungshandeln. Einen Ausweg könnte ein Abstellen auf die materielle Rechtmäßigkeit sein: normgerecht ist, was im Gesetz steht. "Strittig ist aber, was dies im Einzelfall bedeutet, welche konkreten Anforderungen sich aus Rechtsvorschriften für die Bearbeitung einzelner Fälle ergeben."[81] Weder durch formale noch materielle Normen kann verhindert werden, dass Verhandlungssysteme in einen korruptionsverdächtigen Tauschhandel umschlagen, in dem unabhängig vom zu verhandelnden Sachverhalt und entgegen normativer Regelungen das Prinzip des "do ut des" gilt und die Verhandlungspartner auf Seiten der öffentlichen Verwaltung sich mit amtlichen Obliegenheiten persönliche Vorteile verschaffen. Der Ratschlag, dass es deshalb um so mehr eines Bewusstseins für die Gefahr von Normüberschreitungen bedarf, die in Verhandlungssituationen implizit angelegt sind,[82] ist jedoch wenig geeignet, Korruption wirksam zu bekämpfen.

1.4.3 Demokratische Legitimität

Ein Problem aller Arten von Verhandlungssystemen ist nach *Fritz W. Scharpf*, dass die Effektivität der Gemeinwohlverwirklichung den konventionellen Vorstellungen von demokratisch-authentischer Verantwortlichkeit strikt entgegensteht.[83] Verhandlungssysteme stehen vor dem Dilemma, dass sie auf Konsens zwischen heterogen legitimierten Partnern angewiesen sind. Die Problemlösungsfähigkeit ist potentiell durch nicht ausräumbare Konflikte gelähmt,[84] Lei-

78 *Benz* (Fn. 51), S. 36.

79 *Bulling* (Fn. 34), S. 288.

80 *Luhmann, Niklas:* Funktionen und Folgen formaler Organisation, Berlin 1964.

81 *Benz* (Fn. 51), S. 41.

82 Vgl. ebd., S. 57.

83 *Scharpf, Fritz W.:* Versuch über Demokratie im verhandelnden Staat. In: Czada, Roland/ Manfred G. Schmidt (Hrsg.): Verhandlungsdemokratie, Interessenvermittlung, Regierbarkeit, Opladen 1993, S. 40.

84 *Arthur Benz* hat gezeigt, daß dieses Argument nicht pauschal zutrifft, sondern sich die Konfliktstruktur von Verhandlungssystemen je nach Aufgabe unterscheidet. [Vgl. *Benz* (Fn. 60), S. 223 ff.]

stungsfähigkeit erreichen Verhandlungssysteme dagegen nur bei allseitiger Konsensbereitschaft der Beteiligten.[85] Bei Verhandlungen kann aber in der Regel keine Seite ihre Anfangsziele unverändert durchsetzen und die Verhandlungpartner stehen vor dem Problem, dass Erwartungen eigenen Klientels enttäuscht werden können, nicht weil externe Sachzwänge oder Abstimmungsniederlagen dazu geführt haben, sondern weil die eigenen Vertreter freiwillig einer Kompromisslösung zugestimmt haben. Nach *Scharpf* könne der Anspruch auf demokratische Authentizität eingelöst werden, wenn die jeweilige Basis die Chance bekäme, in einem Prozess der "integrativen Vermittlung" die kognitiven und evaluativen Lernprozesse der Verhandlungsführer kritisch nachzuvollziehen. Das ist jedoch voraussetzungsvoll, weil aus Sicht der Mitglieder der verhandelnden Seiten das jeweilige Gegenüber nicht im Freund-Feind-Schema wahrgenommen werden soll, sondern Richtungs- und Verteilungskonflikte durch die Anerkennung der fundamentalen Gemeinsamkeit der Interessen oder wenigstens durch die Empathie für den jeweiligen Standpunkt der anderen Seite lösbar gemacht werden müssen.[86] Letztlich bedeutet das, dass Verhandlungen nur zu einem Ergebnis führen können, wenn von einer ausschließlichen Ergebnisverantwortung abgesehen wird. "Wichtiger als die 'kompetitive' Aufrechnung relativer Vor- und Nachteile wird die 'integrative' Diskussion darüber, ob in Verhandlungen insgesamt [...] das bestmögliche Ergebnis erreicht wurde."[87] Was in der Theorie durchaus plausibel ist, ist jedoch für die Praxis des kooperativen Verwaltungshandelns schwer einlösbar, solange dort an der Möglichkeit des Rückgriffs auf einseitig-hoheitliche Handlungsformen festgehalten wird. Insofern sind Verhandlungen von Adressaten mit der öffentlichen Verwaltung immer unter den Vorbehalt eines enormen Machtgefälles zugunsten der Verwaltung gestellt. Solange diese Rahmenbedingung gegeben ist (es sich also bei kooperativem Verwaltungsvollzug nicht im ein 'vollständiges' Verhandlungssystem handelt), stellt sich die Frage der demokratischen Legitimität in Zusammenhang mit dem kooperativen Verwaltungshandeln nicht.

2. Grenzüberschreitungen im kooperativen Staat

Der kooperative Staat hat zwei Dimensionen. Einerseits kann vom kooperativen Staat gesprochen werden, wenn Handlungs- und Zuständigkeitsgrenzen zwi-

85 *Scharpf* (Fn. 83), S. 40 f.
86 Ebd., S. 43.
87 Ebd., S. 44.

schen einzelnen Gebietskörperschaften durch Verhandlungssysteme überwunden werden. Das bezeichne ich als vertikale Grenzüberschreitung. In der politikwissenschaftlichen Diskussion wurden Ansätze zu diesem Themenkomplex unter Stichwörtern wie Politikverflechtung,[88] kooperativer Föderalismus[89] oder Mehrebenenverflechtung[90] beschrieben und analysiert. In diesem Zusammenhang diskutierte Fragestellungen sind die Bund-Länder-Politikverflechtung,[91] die Zusammenarbeit zwischen Bundesländern[92] und das Zusammenwirken der nationalstaatlichen Ebenen mit der Europäischen Union. Den kooperativen Staat in seiner zweiten Dimension bezeichne ich als horizontale Ebene. Damit ist die Grenzüberschreitung zwischen öffentlichem und privatem Sektor gemeint. Diese Grenzüberschreitung ist in Handlungsformen wie den Verhandlungsprozessen des Staates mit organisierten Interessen bei der politischen Willensbildung[93] sowie in der Verwaltungspraxis mit Public Private Partnership,[94] Verhandlungen,[95] Agreements[96], Arrangements[97] oder öffentlich-

88 *Scharpf, Fritz W./Bernd Reissert/Fritz Schnabel:* Politikverflechtung. Theorie und Empirie des kooperativen Föderalismus in der Bundesrepublik, Kronberg/Ts. 1976; *dies. (Hrsg.):* Politikverflechtung II: Kritik und Berichte aus der Praxis, Kronberg/Ts. 1977.

89 Vgl. *Beyme, Klaus v.:* Das politische System der Bundesrepublik Deutschland nach der Vereinigung, 6. Aufl., München/Zürich 1991, S. 327 ff.; *Rudzio, Wolfgang:* Das politische System der Bundesrepublik Deutschland, 3. Aufl., S. 352 ff.

90 Vgl. *Benz, Arthur:* Mehrebenen-Verflechtung. In: Benz, Arthur/Fritz W. Scharpf/Reinhard Zintl: Horizontale Politikverflechtung. Zur Theorie von Verhandlungssystemen, Frankfurt/Main 1992, S. 147 ff.

91 Als Beispiele: *Scharpf/Reissert/Schnabel* (Fn. 88); *Ritter* (Fn. 1).

92 Beispielhaft: *Benz, Arthur/Fritz W. Scharpf/Reinhard Zintl:* Horizontale Politikverflechtung. Zur Theorie von Verhandlungssystemen, Frankfurt/New York 1992; *Benz, Arthur:* Neue Formen der Zusammenarbeit zwischen den Ländern. In: DÖV 46, 1993, S. 85 ff.; *ders.:* Kooperation zwischen Bundesländern - eine Alternative zur Neugliederung des Bundesgebiets? In: Ellwein, Thomas/Joachim Jens Hesse/Renate Mayntz/Fritz W. Scharpf (Hrsg.): Jahrbuch für Staats- und Verwaltungswissenschaft, Bd. 5, Baden-Baden 1991, S. 127 ff.

93 Zusammenfassend in: *Lehmbruch, Gerhard:* Administrative Interessenvermittlung. In: Windhoff-Heritiér, Adrienne (Hrsg.): Verwaltung und ihre Umwelt, Opladen 1987, S. 11 ff.

94 Vgl. *Heinz, Werner (Hrsg.):* Public Private Partnership. Ein neuer Weg zur Stadtentwicklung?, Stuttgart u.a. 1993.

95 Vgl. *Dose, Nicolai:* Verhandlungen mit der öffentlichen Verwaltung. Herausforderung des Rechtsstaats, Möglichkeit zur Effizienzsteigerung oder eine ganz normale Erscheinung? PoSt 2, Diskussions-Papiere: Post-Politische Steuerung moderner Industriegesellschaften, Neubiberg 1992 und *ders.:* Kooperatives Recht. Defizite einer steuerungsorientierten Forschung zum kooperativen Verwaltungshandeln. In: Die Verwaltung 27,1994, S. 91 ff.

rechtlichen Verträgen anzutreffen.[98] Jede dieser kooperativen Handlungsformen hat prozessuale, ergebnisbezogene und strukturelle Aspekte.[99] Der kooperative Staat ist also als doppelte Grenzüberschreitung aufzufassen.

2.1 Vertikale Ebene: kooperativer Staat

Staatliches Handeln vollzieht sich innerhalb der Grenzen von Gebietskörperschaften. Eine leistungsfähige Staatsorganisation setzt voraus, dass die Grenzen der Gebietskörperschaft und die Wirkgrenzen der politischen Problemlösungseinheit sich einander annähern. Ist dies nicht oder nicht vollständig der Fall, entsteht zwischen den sich überschneidenden Handlungssphären mehrerer Gebietskörperschaften der Bedarf nach Koordination staatlichen Handelns oder wenn dieser nicht gesehen bzw. nicht problemadäquat gestaltet wird, zwangsläufig Koodinationsprobleme.[100] Eine zunehmende Anzahl von Sachfragen und Leistungen können aufgrund ihrer Komplexität, überregionaler Bedeutung oder ihren Kosten nicht mehr nur regional beschränkt entschieden und bereitgestellt werden. Hieraus erwächst ein Bedarf nach Kooperation, zumindest aber nach Koordination staatlichen Handelns. Koordinations- bzw. Kooperationsbedarf besteht im Verhältnis zwischen dem Bund und den Ländern, im Verhältnis zwischen den Bundesländern und zwischen einzelnen Kommunen. Nachfolgend sollen diese Kooperationsverhältnisse nur kurz umrissen werden, da auf diese Ebene des kooperativen Staates im weiteren Gang der Argumentation nicht mehr eingegangen wird.

96 Vgl. *Bulling* (Fn. 34).

97 Vgl. *Eberle, Carl-Eugen:* Arrangements im Verwaltungsverfahren. In: Die Verwaltung 17, 1984, S. 439 ff.

98 Vgl. *Bulling* (Fn. 34); *Arnold* (Fn. 34); *Maurer, Hartmut:* Der Verwaltungsvertrag - Probleme und Möglichkeiten. In: Hill, Hermann (Hrsg.): Verwaltungshandeln durch Verträge und Absprachen, Baden-Baden 1990, S. 15 ff.

99 Vgl. hierzu ausführlich: *Benz Arthur:* Kooperative Verwaltung. Funktionen, Voraussetzungen und Folgen, Baden-Baden 1994.

100 Vgl. *Benz, Arthur:* Kooperation zwischen Bundesländern - eine Alternative zur Neugliederung des Bundesgebiets? In: Ellwein, Thomas/Joachim Jens Hesse/Renate Mayntz/Fritz W. Scharpf (Hrsg.): Jahrbuch zur Staats- und Verwaltungswissenschaft, Bd. 5, Baden-Baden 1991, S. 127 ff.

2.1.1 Kooperation zwischen Bund und Ländern

Die Mitwirkung der Länder an der Gesetzgebung des Bundes ist eines der zentralen Merkmale des deutschen politischen Systems.[101] Mitte der 70er Jahre wurde der Begriff "vertikale Politikverflechtung"[102] zwischen Bund und Ländern in die politikwissenschaftliche Diskussion eingeführt. Mit dem Begriff Politikverflechtung wird das Phänomen bezeichnet, dass Entscheidungen, die in ihrer Wirkung über die Grenzen eines Bundeslandes hinausreichen, nicht auf die nächst höhere Entscheidungsebene verlagert und dort majoritär nach den dort herrschenden politischen Mehrheiten entschieden werden, sondern dass die obere Ebene nur mit allseitiger Zustimmung der Untereinheiten entscheidet.[103] Die Reichweite und Vielfalt verhandelnder Politik im Bundesstaat ist unbestritten.[104] Kernbereich des kooperativen Bundesstaats ist die Finanzpolitik[105] ("Finanzföderalismus"[106]), seit im Rahmen der Verfassungsreform Ende der 60er Jahre die finanzpolitischen Instrumente Mischfinanzierung[107] und Gemeinschaftsaufgaben[108] im Grundgesetz verankert wurden.

2.1.2 Kooperation zwischen Bundesländern

Mit dem Begriff "horizontale Politikverflechtung"[109] wird die Zusammenarbeit zwischen Bundesländern bezeichnet. Die Grenzen der Gebietskörperschaften im

101 Vgl. *Beyme* (Fn. 89), S. 327 ff.; *Rudzio* (Fn. 89), S. 342.

102 Grundlegend dazu: *Scharpf/Reissert/Schnabel* (Fn. 88).

103 Vgl. *Scharpf, Fritz W.*: Einführung. Zur Theorie von Verhandlungssystemen. In: Benz, Arthur/ Fritz W. Scharpf/Reinhard Zintl: Horizontale Politikverflechtung. Zur Theorie von Verhandlungssystemen, Frankfurt/New York 1992, S. 12.

104 *Goetz, Klaus H.:* Kooperation und Verflechtung im Bundesstaat. Zur Leistungsfähigkeit verhandlungsbasierter Politik. In: Voigt, Rüdiger (Hrsg.): Der kooperative Staat. Krisenbewältigung durch Verhandlung?, Baden-Baden 1995, S. 145 ff.

105 Vgl. *Rensch, Wolfgang:* Konfliktlösung im parlamentarischen Bundesstaat. Zur Regelung finanzpolitischer Bund-Länder-Konflikte im Spannungsfeld von Administration und Politik - Vorläufige Überlegungen. In: Voigt, Rüdiger (Hrsg.): Der kooperative Staat. Krisenbewältigung durch Verhandlung?, Baden-Baden 1995, S. 167 ff.

106 Vgl. *Musgrave, Richard A./Peggy B. Musgrave/ Lore Kullmer:* Die öffentlichen Finanzen in Theorie und Praxis, Bd. 3, Tübingen 1987.

107 Art. 106 Abs. 3 GG

108 Art. 91a ff. GG

109 *Benz/Scharpf/Zintl* (Fn. 92); *Scharpf, Fritz W.:* Der Bundesrat und die Kooperation auf der 'dritten Ebene'. In: Bundesrat (Hrsg.): Vierzig Jahre Bundesrat, Baden-Baden 1989, S. 121-162.

gegliederten Bundesstaat sind nur selten mit den realen Problemzusammenhängen deckungsgleich. Kooperationen zwischen Bundesländern werden in verschieden Formen jeweils mit dem Ziel der Minimierung von Koordinationsproblemen praktiziert. Diese erfolgt zum einen über gemeinsame Einrichtungen und Vereinbarungen, insbesondere im Kultur- und Bildungsbereich ("multilaterale Formen der Länderzusammenarbeit"[110]). Beispielhaft zu erwähnen sind hier die Ministerpräsidenten- und Fachministerkonferenzen sowie formelle Gremien und informelle Treffen von Fachbeamten aus den Fachressorts der Länder. Desweiteren spielt in der Zusammenarbeit zwischen Bundesländern die Finanzpolitik über das Instrument des horizontalen Länderfinanzausgleichs eine dominierende Rolle.[111]

Der Kooperation zwischen Bundesländern liegt meist ein spezieller Abstimmungsbedarf zur Lösung von grenzüberschreitenden Problemen zugrunde, die nicht von der kommunalen Ebene oder von gemeinsamen nicht-staatlichen Einrichtungen gelöst werden können. Besonderer Koordinationsbedarf entsteht an der Grenze zwischen Stadtstaaten und ihrem Umland. Hier sind zusätzlich zu den 'normalen Fragen' der Länderzusammenarbeit wie z.B. Probleme im Verhältnis zwischen der Kernstadt und dem umgebenden Umland zu lösen. Es sind Ausgleiche zu schaffen zwischen den Infrastruktureinrichtungen der Metropole und den auf diese bezogenen Standortfaktoren der Wirtschaftstätigkeit im Umland einerseits, sowie für die Lasten, die das Umland aufgrund seiner Ausgleichsfunktion für die Metropole trägt andererseits.[112]

Eine spezielle Form der Zusammenarbeit zwischen Bundesländern bzw. zwischen Bund und Ländern[113] waren Anfang der 90er Jahre die Partnerschaften zwischen alten und neuen Bundesländern. Diese waren aber weniger auf die Koordinierung von Politik, als vielmehr auf die Unterstützung der im Aufbau

110 *Benz, Arthur:* Neue Formen der Zusammenarbeit zwischen den Ländern. In: DÖV 46, 1993, S. 86.

111 Vgl. *Rudzio* (Fn. 89), S. 348 f.

112 Vgl. *Benz, Arthur:* Zusammenarbeit zwischen den norddeutschen Bundesländern: Probleme, Lösungsversuche und Vorschläge. In: Benz, Arthur/Fritz W. Scharpf/Reinhard Zintl: Horizontale Politikverflechtung, Frankfurt/New York 1992, S. 29 ff.; *Benz* 1993 (Fn. 110), S. 85 ff.

113 Vgl. *Scharnhoop, Hermann:* Die Kooperation von Bund und Ländern beim Aufbau der Verwaltung in den neuen Bundesländern. In: Die Verwaltung 25, 1992, S. 75 ff.

befindlichen neuen Bundesländer durch Beratung und Personalaustausch gerichtet.[114]

2.1.3 Kooperation zwischen kommunalen Gebietskörperschaften

Eine weitere Form der Kooperation ist die Zusammenarbeit zwischen kommunalen Gebietskörperschaften zur Lösung gemeinsamer Probleme. Als Beispiele für diese Form der horizontalen Grenzüberschreitung sind kommunale Zweckverbände, gemeinsam getragene Einrichtungen oder Planungsverbände zu nennen. Als relativ neue Erscheinung ist in diesem Zusammenhang die Kooperation von benachbarten kommunalen Gebietskörperschaften in Städtenetzwerken zu nennen.[115]

2.2 Horizontale Ebene: kooperative Verwaltung

Die praktischen Ausprägungen der kooperativen Verwaltung werden nachfolgend aufgezeigt anhand der verschiedenen Erscheinungsformen von Kooperationsbeziehungen im Verwaltungsvollzug und in der Form organisationaler Zusammenarbeit von Staat und Privaten in Form von Public Private Partnerships.

2.2.1 Kooperativer Verwaltungsvollzug

Kooperative Handlungsformen im Vorfeld oder statt eines förmlichen Verwaltungsverfahrens können ein ganzes System möglicher Handlungs- und Entscheidungsformen umfassen. Unterschieden werden können abhängig vom Grad der Formalisierung und der gegenseitigen Verbindlichkeit Vorverhandlung, Arrangement, Agreement, unbewehrte und bewehrte öffentlich-rechtliche Verträge.

114 *Benz* (Fn. 110), S. 86.

115 *Eser, Thiemo W.*: Städtenetze – ein Instrument zur Bewältigung neuer öffentlicher Aufgaben der Regionalentwicklung? In: Staatswissenschaften und Staatspraxis 8, 1997, S. 355 ff.

2.2.1.1 *Vorverhandlung*

Vorverhandlungen sind Kontakte zwischen der Behörde und Betroffenen, bei denen aus fachlicher und/oder rechtlicher Sicht Inhalt und Umfang eines Handlungs- und Entscheidungsbedarfes eingegrenzt werden.[116] Vorverhandlungen werden zum einen praktiziert, wenn bei größeren Investitionsvorhaben oder Standortentscheidungen vom Antragsteller ein Interesse besteht, möglichst frühzeitig von der Genehmigungsbehörde einen Hinweis zu erhalten, ob das Projekt in der geplanten Form Aussicht auf Genehmigung hat. Hierbei werden keine rechtsverbindlichen Festlegungen getroffen, es geht dem potentiellen Antragsteller in erster Linie um Erkenntnisse darüber, ob die mit der formellen Antragstellung verbundenen Kosten sinnvoll sind bzw. darum, einen möglichen Schaden für das Firmenimage als Folge von negativen Behördenentscheidungen zu vermeiden. "In den Brunnen gefallene Kinder"[117] werden als weiteres typisches Anwendungsgebiet für Vorverhandlungen genannt, also Sachverhalte, die im Rahmen behördlicher Kontrollen als rechtswidrig oder sanierungsbedürftig festgestellt wurden und für die kostenintensive Verbesserungen oder Auflagen erteilt werden müssen.[118] Solange der rechtswidrige Zustand anhält, liegt es im Ermessen der Behörde, ob und ggf. wie sie einschreitet. Für den Betroffenen ist in dieser Situation eine Klärung der sachlichen, rechtlichen und wirtschaftlichen Situation unerlässlich. Betroffene Dritte sind an den Vorverhandlungen nicht beteiligt, doch wird dies als rechtlich unbedenklich bewertet, da hier keine rechtsverbindlichen Entscheidungen getroffen werden.

2.2.1.2 *Arrangement*

Das Arrangement ist eine mündliche Absprache zwischen der Behörde und einem Betroffenen, die zwar verbindlich gemeint ist, im Falle der Nichteinhaltung aber keine Sanktionen nach sich zieht.[119] Inhaltlich können sich Arrangements auf Verfahrensdetails genauso beziehen wie auf Sachdetails oder den Inhalt des beabsichtigten Behördenentscheids oder des Betroffenenverhaltens. Hält sich ein Betroffener nicht an ein getroffenes Arrangement, muss er damit rechnen,

116 *Bulling* (Fn. 34), S. 279.

117 Ebd., S. 280.

118 *Bulling* nennt als typisches Rechtsgebiet das Umweltrecht.

119 Vgl. *Bulling* (Fn. 34), S. 280. Für *Eberle* ist 'Arrangement' der Oberbegriff für alle informellen Abstimmungen zwischen Verwaltung und ihrer Umwelt. Dieser breit ausgelegte Begriff ist jedoch analytisch unbrauchbar [vgl. *Eberle* (Fn. 97), S. 439].

dass die Behörde in Zukunft weniger kooperationsbereit sein wird. Wird das Arrangement von der Behörde gebrochen, können Schadenersatzforderungen oder der Tatbestand der Amtspflichtverletzung die Folge sein, wenn die Behörde keine guten sachlichen Gründe für ihr Abrücken geltend machen kann.

2.2.1.3 Agreement

Das Agreement ist ein Arrangement in schriftlicher Form,[120] etwa in der Form eines bestätigenden Schriftwechsels, gegenseitig als richtig anerkannter Protokolle und Gesprächsvermerke oder in Form von "gemeinsamen Erklärungen".[121] Eine darüber hinausgehende Form sind "normersetzende Absprachen". Hier ersetzen Absprachen zwischen Staat und Wirtschaftsverbänden oder einzelnen Unternehmen den Erlass von Rechtsvorschriften. Dies geschieht entweder mit Selbstverpflichtungserklärungen gegenüber staatlichen Instanzen oder in Verpflichtungserklärungen gegenüber den Wettbewerbern am Markt.[122] Zwar ist auch hier die Nichteinhaltung nicht sanktioniert, doch können Agreements öffentlich bekannt gemacht und diskutiert werden. Nichteingehaltene Agreements können dann zu einem öffentlichen Eklat führen. In der Verwaltungspraxis spielen Agreements bei der Vereinbarung von Zielvorgaben, Eckdaten und bei der Einigung über Verfahrensformen eine erhebliche Rolle.[123]

2.2.1.4 Öffentlich-rechtlicher Vertrag

Öffentlich-rechtliche Verträge[124] können in bewehrter und unbewehrter Form ausgestaltet werden. Der unbewehrte öffentlich-rechtliche Vertrag zieht im Falle von Zuwiderhandlungen keine Sanktion (z.B. Stillegung, Zwangsvoll-

120 *Bulling* (Fn. 34), S. 280.

121 *Bulling* nennt als Beispiel die gemeinsame Erklärung von baden-württembergischen Nudelherstellern und der baden-württembergischen Landesregierung über die freiwillige Selbstkontrolle bei der Nudelherstellung.

122 *Brohm, Winfried:* Rechtsgrundsätze für normersetzende Absprachen. Zur Substitution von Rechtsverordnungen, Satzungen und Gesetzen durch kooperatives Verwaltungshandeln. In: DÖV 46, 1992, S. 1025 ff.

123 *Bulling* nennt als Beispiel, daß in Baden-Württemberg Mitte der 80er Jahre Festlegungen und Zielvorgaben zur Verminderung der NO_x-Emmissionen zwischen der Landesregierung und den Kohlekraftwerkbetreibern in Form von Agreements festgelegt wurden.

124 Grundsätzlich dazu: *Maurer* (Fn. 98), S. 15 ff.

streckung, Zwangsgelder usw.) nach sich. Solche Verträge werden in der Verwaltungspraxis vorrangig mit Vertragspartnern geschlossen, die selbst in einem öffentlich-rechtlichen Pflichtenverhältnis stehen und öffentlich-rechtlich kontrolliert werden können. Die Einhaltung solcher Verträge gehört dann zu den Amtspflichten des Vertragspartners oder zu den Aufgaben der entsprechenden Aufsichtsinstanzen. Vertragspartner unbewehrter öffentlich-rechtlicher Verträge sind i.d.R. Gebietskörperschaften, von Kommunen beherrschte Privatunternehmen oder kommunale Eigenbetriebe. Im Gegensatz zum unbewehrten, sieht der bewehrte öffentlich-rechtliche Vertrag ("perfekter öffentlich-rechtlicher Vertrag"[125]) im Falle der Vertragsverletzung tatsächliche oder rechtliche Konsequenzen vor. Im Vorfeld des Abschlusses eines öffentlich-rechtlichen Vertrags werden regelmäßig die weniger verbindlichen Kontaktstufen Vorverhandlung, Arrangement und Agreement durchlaufen, ehe Sachverhalt, Eckdaten und Entscheidungsziele in Form des Vertrags zusammengeführt werden können.

Vorverhandlung, Arrangement, Agreement und öffentlich-rechtlicher Vertrag ersetzen in der Verwaltungspraxis nicht die für die rechtsstaatliche Realisierung normativ vorgeschriebene oder zumindest vorgesehene Form. Vertragsinhalte werden regelmäßig durch Planfeststellungen, Genehmigungen oder sonstigen Verfahren entschieden, die häufig in einen klassischen Verwaltungsakt münden.[126] Kooperative Formen des Verwaltungsvollzugs ersetzen also nicht die klassischen einseitig-hoheitlichen Handlungsformen der öffentlichen Verwaltung, vielmehr stellen kooperative Handlungsformen im Vorfeld die sachliche wie rechtliche Angemessenheit der Entscheidung sicher, klären deren tatsächlich wie wirtschaftlich vertretbare Realisierbarkeit und gewährleisten darüber hinaus die Akzeptanz der Verwaltungsentscheidung beim Betroffenen. Kooperativer Verwaltungsvollzug flexibilisiert damit im Ergebnis die öffentlichen Handlungsinstrumente bei der Wahrnehmung komplexer Aufgaben.

2.2.2 Public Private Partnership

Unter Public Private Partnership (PPP) wird die Zusammenarbeit zwischen öffentlicher Hand und privaten Unternehmen zur Verfolgung gemeinsamer Ziele verstanden.[127] Öffentlich-private Partnerschaften sind darauf gerichtet, durch

125 *Bulling* (Fn. 34), S. 281.

126 Vgl. ebd.

127 Vgl. *Eichhorn, Peter:* Public Private Partnership. Praxis, Probleme, Perspektiven. In: Neumann, Lothar F./Frank Schultz-Nieswandt (Hrsg.): Sozialpolitik und öffentliche Wirtschaft, Berlin 1995, S. 174.

die Verknüpfung von spezifischen Befugnissen, Kenntnissen und Ressourcen von öffentlicher Hand und von Privaten für beide Seiten gleichermaßen zufriedenstellende Projekte und Vorhaben zu realisieren, wenn auch unter jeweils unterschiedlichen Zielvorstellungen:[128] meistens Gewinnerzielung auf Seiten des privaten Partners, Verfolgung politischer Interessen oder gesetzlich definierter Ziel auf Seiten der öffentlichen Hand. Public Private Partnership wird getragen vom Grundgedanken "eine Balance zwischen der Dynamik des privaten Sektors mit der Sorge um die ureigenen öffentlichen Angelegenheiten, die von der öffentlichen Hand vertreten wird,"[129] herzustellen.

In verschiedenen Formen wird öffentlich-private Zusammenarbeit insbesondere in den USA schon seit den 40er Jahren praktiziert und gehört außer in den USA insbesondere seit den 80er Jahren in vielen Ländern zur (kommunalpolitischen) Praxis.[130] Trotz dieser scheinbaren Geläufigkeit handelt es sich nicht um ein spezifisches, genau definiertes Verfahrenskonzept, vielmehr wird mit dem Begriff Public Private Partnership ein breites Spektrum unterschiedlicher Ansätze erfasst. Public Private Partnership ist ein Oberbegriff für die unterschiedlichsten Kooperationsformen zwischen öffentlichen und privaten Akteuren: "formelle und informelle, kürzere projektspezifische und langfristige, vertraglich fixierte, aber auch 'per Handschlag' geregelte."[131] In der bundesdeutschen Diskussion wird der Begriff der Public Private Partnership hauptsächlich auf gemischtwirtschaftlich verfasste Unternehmen angewendet. Privatisierungen von öffentlichen Einrichtungen und Dienstleistungen können in eine Public Private Partnerships münden. Die Nähe zur Privatisierungsdiskussion ist unverkennbar. Verbreitet anzutreffen ist auch ein Verständnis von Public Private Partnership, das einen neuen Stil in der kommunalen Entwicklungspolitik und Entwicklungsphilosophie kennzeichnet.[132] Public Private Partnership geht über die Handlungsformen der kooperativen Verwaltung hinaus, da es nicht vordergründig um den Vollzug von Gesetzen und Verwaltungsentscheidungen im Einzel-

128 Vgl. *Heinz, Werner:* Wesentliche Merkmale von Partnerschaftsansätzen bei der Stadtentwicklung und Stadterneuerung. In: ders. (Hrsg.): Public private partnership - ein neuer Weg zur Stadtentwicklung?, Stuttgart 1993, S. 484.

129 *Diebold, John:* Bedarf für Public-Private-Partnership. Ideen für eine bürgernahe Verwaltung. In: Office Management 3/1996, S. 16.

130 Vgl. *Heinz, Werner (Hrsg.):* Public private partnership - ein neuer Weg zur Stadtentwicklung?, Stuttgart 1993. Im Sammelband werden Beispiele zu Formen und Erfahrungen des PPP aus den USA, Großbritannien, den Niederlanden, Schweden, Frankreich und Spanien erörtert.

131 *Heinz* (Fn. 128), S. 487.

132 Vgl. ebd.

fall geht, sondern in einer Public Private Partnership vielmehr gemeinsame Entwicklungsziele und –strategien bzw. deren Umsetzung thematisiert werden.

Für öffentlich-private Kooperationen in Form einer Public Private Partnership werden zwei vorherrschende Motive genannt.[133] Eine effiziente, zielorientierte Koordination öffentlichen und privatwirtschaftlichen Handelns soll die erfolgreiche Umsetzung lokaler Entwicklungsstrategien befördern. Ein solches in erster Linie auf die Steigerung von Effektivität und Effizienz abzielendes Verständnisses von Public Private Partnership kann "auch identitätsstiftend und motivierend wirken und so ein hohes, verantwortliches Engagement der Privatwirtschaft für Stadtentwicklung hervorrufen."[134] Diese Form der Public Private Partnership hat immer einen entwicklungs- oder strukturpolitischen Bezug.

Auf der anderen Seite steht Public Private Partnership für eine Form der öffentlich-privaten Zusammenarbeit in wirtschaftlicher Hinsicht und bei der Finanzierung öffentlicher Investitionen. Gegenstand dieser Form der Public Private Partnership ist die Zusammenarbeit zwischen öffentlicher Hand und privatem Kapital. Die Lage der öffentlichen Haushalte schafft einen Bedarf, nach Möglichkeiten privater (Ko-) Finanzierung öffentlicher Vorhaben zu suchen und solche Ansätze zu erproben. Die Bereitschaft, staatliches und privates wirtschaftliches Handeln stärker zu vernetzen, wurde einerseits begünstigt durch die veränderten politischen Schwerpunktsetzungen in den meisten europäischen Ländern und den USA seit den 80er Jahren, die unter Stichwörtern wie Deregulierung und Dezentralisierung die Zunahme von stadt- und regionalpolitisch relevanten Kompetenzen vor Ort bewirkt hat und von einer neoliberal ausgerichteten Wirtschaftspolitik begleitet wurde. Über eine Public Private Partnership wird die pragmatische Umsetzung gemeinsamer Ziele im Sinne einer "businesslike, pragmatic form of co-operation"[135] bei jeweils unterschiedlichen Erwartungen der Kooperationspartner ermöglicht. Für die öffentliche Hand steht dabei i.d.R. die Erschließung zusätzlicher Finanzmittel, der Zugang zu privatem Know-how und Managementwissen sowie zu Marktinformationen im Vordergrund. Das Interesse der privatwirtschaftlichen Kooperationspartner liegt dage-

133 *Kouwenhoven, Vincent:* The Rise of the Public Private Partnership: A Model for the Management of Public-Private Cooperation. In: Kooiman, Jan (Hrsg.): Modern Governance. New Government – Society Interactions, London/Newbury Park/New Delhi 1993, S. 121 f.

134 *Kruzewicz, Michael/Wilgart Schuchardt:* Public-Private-Partnership - neue Formen lokaler Kooperation in industrialisierten Verdichtungsräumen. Handlungsbedarf, internationale Befunde und Ansätze in Nordrhein-Westfalen. In: Der Städtetag 42, 1989, S. 762.

135 *Kouwenhoven* (Fn. 133), S. 120.

gen eher auf den Zugang zu lokalen Vollmachten und Befugnissen, nicht zuletzt, um dadurch Risiken im Verlauf der Realisierung von Projekten kontrollierbar zu halten.[136] Nicht zuletzt eröffnet sich durch die Kooperation mit dem öffentlichen Sektor auch ein neues Marktsegment.

Nachfolgend werden die hauptsächlichen Erscheinungsformen einer Public Private Partnership dargestellt.

2.2.2.1 Public Private Partnership als kommunikativer Prozess

Als klassisches Beispiel für eine gelungene Public Private Partnership gilt die Bewältigung des industriellen Strukturwandels in der Region Pittsburgh/USA. Dort ist Public Private Partnership als "Methode der kooperierenden Problemerfassung, der Mobilisierung aller Kräfte und Bündelung von Ressourcen für eine gemeinsam formulierte Erneuerungsstrategie"[137] schon seit den 40er Jahren erprobt.[138] Mit der *Allegheny Conference on Community Development (ACCD)* wurde in Pittsburgh 1943 "ein kooperatives, prozeßorientiertes Planungs-, Koordinierungs- und Mobilisierungsinstrument"[139] geschaffen, in dem Spitzenvertreter aus Politik, Verwaltung, der Wirtschaft und den Hochschulen vertreten sind. Die ACCD und eine Reihe weiterer Organisationen nehmen für die Region Pittsburgh inzwischen umfassende Aufgaben in der Abstimmung und Durchführung von Forschungsentwicklung und Technologietransfer, Wohnungsbau, Grundstücksrecycling, Verbesserung der Infrastruktur, Flächenerschließung und Wirtschaftsförderung war.[140]

Klaus Bussfeld[141] sieht aufgrund dieser Wurzeln Public Private Partnership in erster Linie als einen kommunikativen Prozess zur Bewältigung von als besonders wichtig wahrgenommenen Problemlagen, der nach bestimmten, verallgemeinerbaren Regeln zu konstituieren ist und in zwei Phasen abläuft. Demnach umfasst eine als kommunikativer Prozess angelegte Public Private Partnership eine Orientierungsphase, in der ein "plausibler Abgleich der verschiedenen Interessen von Privaten und öffentlicher Hand versucht wird."[142] Daran schließt

136 Vgl. *Heinz* (Fn. 128), S. 502.
137 *Kruzewicz/Schuchardt* (Fn. 134), S. 763.
138 Vgl. *Bussfeld* (Fn. 16), S. 39 ff.; *Kruzewicz/Schuchardt* (Fn. 134), S. 763 ff.
139 *Kruzewicz/Schuchardt* (Fn. 134), S. 763.
140 Vgl. ebd.
141 Vgl. *Bussfeld* (Fn. 16), S. 40.
142 Ebd.

sich eine Arbeitsphase, in der der Interessenausgleich konkretisiert und Verfahrensschritte mit Blick auf tragfähige Einzelergebnisse im Sinne einer Gesamtentscheidung strukturiert werden. Die Wahl der Rechtsform ist nach *Bussfeld* für den Erfolg einer Public Private Partnership zweitrangig, vielmehr hängt dieser davon ab, inwieweit es den beteiligten Akteuren gelingt, im Sinne einer strikten Ergebnisorientierung die Sacharbeit in den Mittelpunkt zu stellen. Das impliziert den Verzicht auf medienwirksame Auftritte aller Akteure genauso, wie den Verzicht auf einseitige Hoheitsakte durch die Verwaltung. Beides setzt bei den Beteiligten Absprachefähigkeit, Verlässlichkeit und Umsetzungsverantwortung voraus.

2.2.2.2 Gesellschaftsvertragliche Public Private Partnership

Gesellschaftsvertragliche Public Private Partnership steht als Oberbegriff für Unternehmen, die gemeinsam von der öffentlichen Hand und privaten Beteiligungsnehmern getragen werden. Das Engagement von privaten Investoren und der öffentlichen Hand in einem gemeinsamen Unternehmen ist grundsätzlich in vier verschiedenen Formen möglich:[143]

- eine offene Beteiligung Privater an bestehenden öffentlichen Unternehmen,
- eine offene Beteiligung öffentlicher Unternehmen an bestehenden privaten Unternehmen,
- die Gründung neuer gemeinsamer Unternehmen zwischen Privaten und öffentlicher Hand und
- eine stille Beteiligung Privater an öffentlichen Unternehmen.

Eine Sonderform bei der Gründung gemeinsamer Unternehmen stellt die Organisationsform als gemischtwirtschaftliches Unternehmen dar. Von gemischtwirtschaftlichen Unternehmen ist dann zu sprechen, wenn sich öffentliche und private Partner am Stammkapital einer GmbH oder am Grundkapital einer AG beteiligen, wobei der öffentliche oder private Minderheitspartner über eine Sperrminorität verfügen muss.[144] Der Vorteil der gemischtwirtschaftlichen

143 Vgl. *Gottschalk, Wolf:* Private-Public-Partnership in der Versorgungswirtschaft. Praktische Erfahrungen und Probleme. In: Der Städtetag 49, 1996, S. 553 ff. mit Beispielen aus dem kommunalen Versorgungsbereich.

144 Vgl. *Eichhorn* (Fn. 127), S. 174 f.

Unternehmensform liegt darin, dass öffentliche und private Anteilseigner unabhängig von der jeweiligen Kapitaleinlage ihren Einfluss auf die Unternehmenspolitik erhalten. Ist ein Minderheitenschutz nicht vereinbart, dann gibt der Mehrheitspartner bei allen unternehmensrelevanten Entscheidungen den Ausschlag. In diesem Fall liegt dann entweder ein öffentliches oder privates Unternehmen vor.[145]

2.2.2.3 Finanzierungsvertragliche Public Private Partnership

Vertraglich geregelte Formen der Zusammenarbeit werden in vielfältigen Erscheinungsformen beschrieben.[146] Die wichtigsten Vertragsmodelle sind das Betreibermodell, das Leasing- bzw. Konzessionsmodell sowie strategische Allianzen.[147]

Beim Betreibermodell (oder Betriebsführungsmodell) werden öffentliche Aufgaben (von hoheitlichen Pflichtaufgaben bis hin zu erwerbswirtschaftlichen Aufgaben) durch Private durchgeführt. Die Betriebsführungsverträge unterscheiden sich danach, wie sich die Vertragspartner über das Eigentum an Anlagen und Gebäuden vereinbart haben. Im einen Fall verbleibt dieses in öffentlicher Hand und ein privates Unternehmen führt lediglich den Betrieb im Rahmen eines Werk-, Dienst-, Pacht- oder Betriebsführungsvertrags. Das Eigentum des öffentlichen Aufgabenträgers kann im zweiten Fall in eine privatrechtliche Gesellschaft eingehen. An dieser Eigentums-GmbH kann der Betreiber mit beteiligt sein oder die Eigentums-GmbH kann eigene Aufgaben wahrnahmen, z.B. Bau und Finanzierung von Anlagen oder Vermarktung etc. Schließlich können Anlagen auch ganz durch Kauf oder Erbpacht ins Eigentum des Betreibers übergehen, der den Betrieb nach entsprechenden Vorgaben vollständig erledigt. Betreibermodelle bergen für die öffentliche Hand eine Reihe von Risiken. So sind die Konsequenzen ungeklärt, die sich beispielsweise aus dem Konkurs des Betreibers ergeben oder wenn der Betreiber seine Pflichten oder staatliche Auflagen nicht erfüllt. Über die Relevanz dieses Einwandes für die Praxis liegen noch keine praktischen Erfahrungen vor.

Beim Leasingmodell werden Gebäude und Anlagen von Privaten finanziert, geplant, gebaut und an öffentliche Versorgungsunternehmen vermietet oder verpachtet. Während Leasing oder Pacht ein privatrechtlicher Vertrag zugrunde

145 Vgl. ebd., S. 178.

146 Vgl. ebd., S. 175 ff.; *Gottschalk* (Fn. 143) , S. 554 f.

147 Die Darstellung der Vertragsmodelle folgt: *Eichhorn* (Fn. 127), S. 556 ff.

liegt, erfolgt beim Konzessionsmodell die Auftragsvergabe zur Errichtung einer Anlage auf öffentlich-rechtlicher Grundlage. Der private Konzessionsnehmer vermietet anschließend die Anlage an den öffentlichen Konzessionsgeber.

Der Public Private Partnership in der Form von strategischen Allianzen liegen (langfristige) Bezugsverträge oder Zusammenarbeitsverträge zugrunde. Beide Partner bleiben dabei gesellschaftsrechtlich unabhängig. Die öffentliche Hand verlagert aber einen Teil ihrer Aufgaben an Private, die diese laufend mit erledigen (contracting out).

3. Zwischenergebnis

Als Zwischenergebnis lassen sich folgende Punkt festhalten:

1. Anstelle der klassischen Prämissen von interner Hierarchie und äußerer Souveränität ist der Staat eingebunden in ein dichtes Netz von transnationalen und innergesellschaftlichen Abhängigkeiten und Verhandlungsbeziehungen. Die "Erosion der Staatsgewalt"[148] vollzieht sich als Konsequenz einer "Zersetzung und Dispersion der staatlichen Souveränität, Autorität und Rationalität"[149] durch die Vielzahl von Staatsaufgaben, deren struktureller und materieller Komplexität, einem chaotischen Verwaltungsumfeld sowie einer quantitativ gewachsenen Verwaltungsorganisation. Von außen trägt zur Erosion der Staatsgewalt der Trend zu transnationalen Problemlösungen bei. Innere und äußere Faktoren nehmen den Staat in Form einer "Doppeleinwirkung"[150] in ihre Zange.

2. Informales Verwaltungs- und Regierungshandeln, die kooperative Verwaltung und der kooperative Staat sind als Versuch der Rekonstruktion staatlicher Handlungsfähigkeit zu interpretieren. Die Begriffe sind aber nicht bedeutungsgleich. Der Begriff des informalen Verwaltungs- und Regierungs-

148 *Grimm* (Fn. 8), S. 48.

149 *Offe, Claus:* Die Staatstheorie auf der Suche nach ihrem Gegenstand. Beobachtungen zur aktuellen Diskussion. In: Ellwein, Thomas/Joachim Jens Hesse/Renate Mayntz/Fritz W. Scharpf (Hrsg.): Jahrbuch zur Staats- und Verwaltungswissenschaft, Bd. 1, Baden-Baden 1987, S. 316.

150 *Ellwein, Thomas:* Staatlichkeit im Wandel. Das Staatsmodell des 19. Jahrhunderts als Verständnisbarriere. In: Kohler-Koch, Beate (Hrsg.): Staat und Demokratie in Europa, Opladen 1992, S. 80.

handelns geht von der Differenzierung des Verwaltungshandelns in formale und informale Handlungsformen aus. Mit dem "informalen Rechtsstaat"[151] wurde die Bedeutung von Handlungsweisen außerhalb der verwaltungsrechtlich formalisierten Handlungsformen im Verwaltungsvollzug aufgezeigt. Die kooperative Verwaltung geht über den eher juristischen Blickwinkel des informalen Verwaltungshandelns hinaus. Kooperative Handlungsformen sind nicht notwendig informal. Die kooperative Verwaltung bedient sich ihrer Adressaten zur Durchsetzung strategischer Ziele oder gesetzlicher Programme. Informale Handlungsformen wie Absprachen, Agreement oder Arrangement gehören zum Repertoire der kooperativen Verwaltung genauso wie der strategische Einsatz formaler Rechtsmittel.

3. In der Analyse des kooperativen Staats- und Verwaltungshandelns lassen sich zwei Ebenen unterscheiden. In der vertikale Ebene des kooperativen Staates wird der kooperativ gestaltete Prozess staatlicher Willensbildung im kooperativen Föderalismus der Bundesrepublik akzentuiert. Im weiteren Verlauf dieser Untersuchung spielt diese Ebene keine Rolle, da sie in Zusammenhang mit den Untersuchungsfragen keine unmittelbare Relevanz hat. Die horizontale Ebene ist die kooperative Verwaltung. Damit bezeichne ich die Zusammenarbeit der Verwaltung mit den Adressaten von Verwaltungsentscheidungen. Das kann in verschiedenen Formen des kooperativen Verwaltungsvollzugs erfolgen. Die Public Private Partnership verweist auf die organisatorische und prozessorientierte Komponente des kooperativen Staates.

Die Ausgangshypotese dieser Untersuchung lautet, dass die Verwaltung zur Bewältigung komplexer Aufgaben kooperative Handlungs- und Organisationsformen praktiziert. Die Handlungs- und Organisationsformen des kooperativen Staates und der kooperativen Verwaltung wurden benannt, funktional erklärt und es wurden Gefahren und Risiken aufgezeigt. Die folgenden Untersuchungsfragen zielen darauf ab, die untersuchungsleitenden Hypothesen und Annahmen am Beispiel der kommunalen Wirtschaftsförderung in den Kreisen im Land Brandenburg zu prüfen:

- Was kennzeichnet das Politikfeld Wirtschaftsförderung allgemein und die kommunale Wirtschaftsförderung im besonderen?
- Welche Akteure sind in der kommunalen Wirtschaftsförderung in den Brandenburger Landkreisen anzutreffen? Welche Ziele verfolgen sie? Wel-

151 *Bohne* (Fn. 2).

che Instrumente und Organisationsformen sind in der kommunalen Wirtschaftsförderung der Kreise in Brandenburg anzutreffen?

- Welche Entwicklungslinien zeichnen sich für kooperative Handlungs- und Organisationsformen in der kommunalen Wirtschaftsförderung der Kreise in Brandenburg ab?

Bevor jedoch konkret auf die kommunale Wirtschaftsförderung in den Landkreisen und kreisfreien Städten im Land Brandenburg eingegangen wird, werden anschließend zunächst einige allgemeine Anmerkungen zur Einführung in dieses Politikfeld gemacht.

B. Kommunale Wirtschaftsförderung

Der Begriff "kommunale Wirtschaftsförderung" ist sehr verbreitet, obwohl – oder gerade weil – sich Wirtschaftsförderung inhaltlich nicht genau bestimmen lässt.[1] Vereinzelt wird der Begriff Wirtschaftsförderung auch bewusst vermieden, um nicht den Eindruck einer einseitig distributiv angelegten Politik zu erwecken. Aus diesem Grund werden teilweise neutralere Begriffe bevorzugt wie kommunale Wirtschaftspolitik oder Gewerbepolitik.[2] In dieser Studie wird unter Wirtschaftsförderung jede Form zweckgerichteter Unterstützung und Begünstigung der Wirtschaft in ihrem weitesten Sinne innerhalb eines bestimmten Gebiets verstanden. Die vorliegende Studie teilt die Skepsis gegenüber den Begrifflichkeiten nicht. Die Begriffe kommunale Wirtschaftsförderung, Gewerbepolitik und kommunale Wirtschaftspolitik werden synonym verwendet. Nachfolgend werden die wesentlichen Aspekte des Politikfelds kommunale Wirtschaftsförderung skizziert. Die daraus gewonnenen Erkenntnisse sind Ausgangspunkt für die Analyse der kommunalen Wirtschaftsförderung in den Kreisen und kreisfreien Städten in Brandenburg.

1. Aufgaben und Ebenen der Aufgabenwahrnehmung

1.1 Förderung der Wirtschaft als Staatsaufgabe?

Im Rahmen einer marktwirtschaftlichen Wirtschaftsordnung agieren Staat und Wirtschaft getrennt. Staatliche Einflussnahme auf die Wirtschaft, was ja gerade das erklärte Ziel aller Maßnahmen der Wirtschaftsförderung ist, bedarf deshalb

1 *Hesse, Joachim Jens/Angelika Benz/Arthur Benz/Holger Backhaus-Maul:* Regionalisierte Wirtschaftspolitik. Das Beispiel "Zukunftsinitiative Montanregionen", Baden-Baden 1991, S. 13; *Sinz, Gerhard Benedikt:* Die staatliche Wirtschaftsförderung im Gebiet der neuen Bundesländer, München 1993, S. 18.

2 *McGovern, Karsten:* Wirtschaftsförderung und Kommunalpolitik. Koordination und Kooperation, Opladen 1997, S. 11.

einer Rechtfertigung. Die Wahrnehmung von Wirtschaftsförderungsmaßnahmen als Teilbereich staatlicher Wirtschaftspolitik lässt sich aus politikwissenschaftlicher, finanzwissenschaftlicher und juristischer Perspektive begründen.

Aus politik- und verwaltungswissenschaftlicher Perspektive wird darauf hingewiesen, dass die Wirtschaft einer der wichtigsten Akteure ist. Erfolg oder Misserfolg einer Regierung und die Legitimität der staatlichen Ordnung insgesamt hängen zu einem nicht geringen Teil von einer florierenden Ökonomie ab. Das Verhältnis zwischen Staat und Wirtschaft ist deshalb von zentraler Bedeutung.[3] Die Überlegungen zum kooperativen Staat haben nicht zuletzt deshalb an der Schnittstelle zwischen Staat und Wirtschaft ihren Ausgangspunkt genommen.[4] Auf der anderen Seite ist jede gewerbliche Tätigkeit in vielfacher Hinsicht von den politisch gesetzten Rahmenbedingungen abhängig. Rechtssicherheit und Investitionsschutz sind Grundvoraussetzungen für eine marktwirtschaftliche Wirtschaftsordnung. Auch in einem zunehmend global funktionierenden Marktgeschehen, das die nationalen Regierungen zumindest partiell zur Machtlosigkeit verurteilt,[5] verlieren diese Rahmenbedingungen nichts an Bedeutung. Die öffentliche Hand schafft die infrastrukturellen Voraussetzungen für jede unternehmerische Tätigkeit und für Standortentscheidungen von Unternehmen, z.B. durch das Steuersystem bzw. die Höhe von Steuern und Abgaben oder durch bau- und umweltrechtliche Vorgaben. Darüber hinaus versucht die öffentliche Hand in vielerlei Hinsicht Interessenausgleiche herzustellen: beispielsweise zwischen unterschiedlich entwickelten Regionen, zwischen Ökonomie und Ökologie, zum Ausgleich sozialer Risiken oder zur Gewährleistung von Chancengleichheit und Fairness zwischen den Marktteilnehmern.

Aus der finanzwissenschaftlichen Perspektive[6] lässt sich staatliches Eingreifen in den Wirtschaftskreislauf damit begründen, dass die marktwirtschaftliche

3 Vgl. *Voigt, Rüdiger:* Der kooperative Staat. Krisenbewältigung durch Verhandlung? In: ders. (Hrsg.): Der kooperative Staat. Krisenbewältigung durch Verhandlung? Baden-Baden 1995, S. 12 f.; *Hartmann, Petra:* Beziehungen zwischen Staat und Wirtschaft. Unter besonderer Berücksichtigung neuartiger Kooperationsformen im Bereich der regionalen und kommunalen Wirtschaftspolitik, Baden-Baden 1994; *Steinröx, Manfred:* Kommunale Wirtschaftsförderung. Etikettenschwindel oder Beitrag zur Wirtschaftsentwicklung? In: Ridinger, Rudolf/Manfred Steinröx (Hrsg.): Regionale Wirtschaftsförderung in der Praxis, Köln 1995, S. 87.

4 *Ritter, Ernst-Hasso:* Der kooperative Staat. Bemerkungen zum Verhältnis von Staat und Wirtschaft. In: AöR 104, 1979, S. 389 ff.

5 *Voigt* (Fn. 3), S. 13.

6 Vgl. *Musgrave, Richard A./Peggy B. Musgrave/Lore Kullmer:* Die öffentlichen Finanzen in Theorie und Praxis, Bd. 1, 5. Aufl., Tübingen 1990, S. 53 ff.

Ordnung aus sich heraus keine optimale Verteilung von Gütern und Dienstleistungen im Sinne allgemeiner Wohlfahrt gewährleistet. Staatliche Wirtschaftspolitik muss deshalb darauf gerichtet sein, vollständigem oder teilweisem Marktversagen entgegenzuwirken.

Aus juristischer Sicht leitet sich Wirtschaftsförderung aus dem Verfassungsgrundsatz der Wahrung der Einheitlichkeit der Lebensverhältnisse ab.[7] Aus diesem Ausgleichsziel wird die Pflicht des Staates abgeleitet, für eine sinnvolle räumliche Verteilung wirtschaftlicher Aktivitäten zu sorgen und zugleich eine Optimierung des gesamtstaatlichen Wachstums (Wachstumsziel) sowie eine Reduzierung der strukturellen und konjunkturellen Anfälligkeit der einzelnen Regionen (Stabilitätsziel) zu gewährleisten.[8]

1.2 Ebenen der Aufgabenwahrnehmung

Wirtschaftsförderung wird von der Europäischen Union, dem Bund, den Ländern sowie von Gemeinden und Kreisen wahrgenommen. Als Wirtschaftsförderung werden sowohl einzelne Förderprogramme wie die Institutionen, die mit der Wahrnehmung von Aufgaben in der Wirtschaftsförderung betraut sind, bezeichnet. Im Mittelpunkt des folgenden Abschnitts stehen die rechtlichen Grundlagen für die Wirtschaftsförderung der europäischen und der kommunalen Ebene. Beim Bund und den Ländern werden jeweils die mit Wirtschaftsförderung befassten Institutionen vorgestellt. Die Finanzierungsinstrumente werden, soweit sie das Land Brandenburg betreffen, im Teil C dieser Studie am konkreten Beispiel erläutert.

1.2.1 Europäische Union

Grundlage der europäischen Regionalpolitik ist Art. 130a des Vertrags zur Gründung der Europäischen Gemeinschaft (EWGV) in der Fassung vom 7.2.1992. Ziel der EU ist die Stärkung des wirtschaftlichen und sozialen Zusammenhalts der Gemeinschaft, um eine harmonische Entwicklung der EU als Ganzes zu fördern. Die EU betreibt daher eine ausgleichsorientierte Politik, um Unterschiede im Entwicklungsstand der verschiedenen Regionen und den

7 Art. 72 Abs. 2 GG
8 *Hartmann* (Fn. 3), S. 45 f.

Rückstand der am stärksten benachteiligten Gebiete, einschließlich der ländlichen Gebiete, zu verringern. Hauptinstrumente der EU-Regionalpolitik sind die Strukturfonds und die Gemeinschaftsaufgaben. Neben den Instrumenten der Regionalpolitik nimmt die europäische Ebene über ihre Regulierungs- und Kontrollfunktion im Bereich der Unternehmensbeihilfen Einfluss auf die Wirtschafts- und Industriepolitik der Mitgliedsstaaten.

Über die Regulierung und Kontrolle der Unternehmensbeihilfen soll ein verzerrungsfreier Wettbewerb innerhalb des gemeinsamen europäischen Marktes hergestellt werden. Rechtsgrundlage dafür ist die auf den ersten Blick paradoxe Regelung des Art. 92 EWGV. Einerseits beinhaltet diese Regelung ein allgemeines Subventionsverbot, andererseits werden Subventionen in den Fällen toleriert, wo sie zur Erreichung eines verzerrungsfreien Wettbewerbs geboten sind. Die Kommission kann im Rahmen ihrer Koordinierungs- und Kontrollfunktion sowohl nationale Fördervorhaben der Mitgliedsstaaten wie eigenständige regionale Subventionen, z.B. der Bundesländer, verhindern.[9]

Die Regulierung und Kontrolle der Unternehmensbeihilfen wird im folgenden nicht weiter vertieft, da die Strukturfonds und die Gemeinschaftsaufgaben als das eigentliche Hauptinstrument der Regionalpolitik der EU anzusehen sind. Die EU legt den Schwerpunkt auf die Förderung der Regionen mit Entwicklungsrückstand. Zu den strukturschwächsten Gebieten innerhalb der Gemeinschaft gehören im aktuellen Planungszeitraum von 1994 bis 1999 weiterhin die fünf neuen Bundesländer und die östlichen Bezirke Berlins als einzige Regionen der Bundesrepublik, da hier das Bruttoinlandsprodukt pro Kopf weniger als 75% des Gemeinschaftsdurchschnitts beträgt.

Die EU-Strukturförderung unterliegt drei Grundsätzen.[10] Im einzelnen sind das

- der Grundsatz der Programmplanung,
- der Grundsatz der Zusätzlichkeit der Mittel und
- der Grundsatz der Partnerschaft.

Der Grundsatz der Programmplanung besagt, dass alle Fördermaßnahmen der EU grundsätzlich auf der Grundlage von Programmen erfolgen, für deren Ausgestaltung die EU-Kommission mehrere formale Möglichkeiten zur Auswahl

9 Vgl. *Hesse u.a.* (Fn. 1), S. 16 ff.; *Hartmann* (Fn. 3), S. 47 f.

10 Vgl. *Europäische Kommission:* Die Strukturfonds in 1994. Sechster Jahresbericht, Luxemburg 1996, S. 4 ff.

gestellt hat. Für das Gebiet der neuen Bundesländer wurden von der Bundesregierung ein übergreifender regionaler Entwicklungsplan und mehrere spezielle Operationelle Programme, in denen die speziellen Planungsziele festgelegt werden, an die Europäische Kommission eingereicht. Die Strukturhilfen der Europäischen Union verstehen sich lediglich als Zuschüsse und als Ergänzung zu nationalen Förderprogrammen (Grundsatz der Zusätzlichkeit der Mittel). Die Gegenfinanzierung der Mittel aus den EU-Strukturfonds wird im Land Brandenburg zum großen Teil aus Mitteln der Gemeinschaftsaufgabe dargestellt. Die Strukturhilfen der EU werden von der Gemeinschaft und den Mitgliedsstaaten gemeinsam und partnerschaftlich ausgearbeitet und implementiert (Grundsatz der Partnerschaft). Die Modalitäten der partnerschaftlichen Zusammenarbeit variieren von einem Mitgliedsstaat zum anderen. Die Kommission bezieht neben den Mitgliedsstaaten selbst auch die von diesen benannten nationalen, regionalen und lokalen Behörden und Institutionen und die Sozialpartner in das Verfahren ein. In Deutschland nehmen hier die Bundesländer eine besondere Stellung ein. Der Grundsatz der Partnerschaft durchdringt alle Phasen der Förderung: vom Programmentwurf und Finanzierung der Maßnahmen, über die Implementation bis zur abschließenden Beurteilung.

1.2.2 Bundesebene

Während der Bund bereits seit Ende der 60er Jahre über die Gemeinschaftsaufgabe "Verbesserung der regionalen Wirtschaftsstruktur" gem. Art. 91a GG in die Finanzierung der kommunalen Wirtschaftsförderung eingebunden ist,[11] gab es bislang kein Engagement des Bundes in einer eigenen Wirtschaftsförderungsinstitution. Im Frühjahr 1997 nahm dann eine gemeinsam vom Bund und den neuen Ländern getragene Gesellschaft zur Akquisition von Auslandsinvestoren speziell für die neuen Bundesländer unter der Bezeichnung "The New German Länder - Industrial Investors Council GmbH" (IIC) ihre Arbeit auf.[12] Die Gründung des IIC erfolgte vor dem Hintergrund, dass die Investorenwerbung für die neuen Bundesländer seit der Auflösung der Treuhandanstalt im Dezember 1994 ausschließlich bei den jeweiligen Wirtschaftsförderungsgesellschaften der fünf neuen Bundesländer und Berlins lag. Länderkonkurrenz, Effi-

11 Für die konkrete finanzielle Ausgestaltung der Gemeinschaftsaufgabe für das Land Brandenburg siehe Abschnitt C. Die Organisation der GA-Förderung wird im nachfolgenden Abschnitt "Bundesländer" erläutert.

12 *Kienbaum Unternehmensberatung GmbH:* Gutachten zu Organisation und Finanzbedarf einer gemeinsamen Bund/neue Länder-Gesellschaft (GmbH) zur Investorenwerbung im Auftrage des Bundesministeriums für Wirtschaft, Berlin 1996.

zienzverluste in der Verwendung von Fördermitteln und Defizite in der Vermarktung von schwierigen bzw. komplexen Standorten mit überregionaler Bedeutung wurden in der Folge als Schwächen der ausschließlich länderorientierten Struktur in der Wirtschaftsförderung genannt. Die neue Gesellschaft soll demgegenüber die Potentiale von Wirtschaft und Politik zur gezielten Ansprache von potentiellen Investoren bündeln und optimal ausschöpfen.

Die Gesellschaft ist in der Rechtsform einer GmbH konstituiert. Der Bund hält 30% der Gesellschaftsanteile, der Rest entfällt auf die neuen Bundesländer. Mit Sitz im Ostteil Berlins sollte die Gesellschaft zunächst zeitlich befristet bis Ende 1999 tätig werden. Die Wirtschaftsminister der neuen Bundesländer kamen später mit dem Bundeswirtschaftsminister darin überein, die Tätigkeit der IIC über 1999 hinaus zu verlängern. Eine zunächst in Aussicht gestellte Ausdehnung der Zuständigkeit der IIC auf die alten Bundesländer wurde jedoch abgelehnt.[13] Für den Zeitraum bis 1999 stehen der Gesellschaft 50 Mio. DM zur Verfügung, die aus dem früheren DDR-Parteivermögen bereitgestellt wurden. Der Kritik an mangelnden Arbeitsergebnissen trat das IIC zum Jahresanfang 1998 entgegen und berichtete von zwei laufenden Projekten für konkrete Ansiedlungen in Thüringen und Sachsen und von Gesprächen für 20 weitere Investitionsvorhaben.[14] In der Bilanz für 1998 wurde dann schließlich von 12 erfolgreichen Ansiedlungs- und Investitionsentscheidungen und 36 laufenden Projekten berichtet.[15]

1.2.3 Bundesländer

Die Bundesländer nehmen in der Wirtschaftsförderung eine Sonderstellung ein. Hier laufen einerseits die finanziellen Fördermaßnahmen der übergeordneten Träger wie der EU und des Bundes zusammen, die häufig von den Ländern ausgeführt und umgesetzt werden. Andererseits beeinflussen und gestalten die Länder die Inhalte der regionalen Strukturpolitik des Bundes und der EU nach den konkreten wirtschaftsräumlichen Gegebenheiten wesentlich mit.[16]

Die wichtigsten Finanzierungsquellen für Maßnahmen im Bereich der Regionalförderung sind die Gemeinschaftsaufgabe und für die neuen Bundesländer

13 "Der Aufbau Ost braucht neuen Schwung", Der Tagesspiegel vom 21.1.1998.

14 "Investoren-Werber sollen auch den Westen vertreten", Der Tagesspiegel vom 21.1.1998.

15 "Ost-Akquisitionsgesellschaft holt 12 Investoren", Der Tagesspiegel vom 2.1.1999.

16 *Hesse u.a.*(Fn. 1), S. 16.

insbesondere die regionale Strukturpolitik der Europäischen Union.[17] Die regionale Strukturpolitik ist eine Aufgabe der Länder. Im Rahmen der Gemeinschaftsaufgabe gem. Art. 91a Grundgesetz wirkt der Bund an der Erfüllung dieser Aufgabe mit. Der Bund trägt in diesen Fällen die Hälfte der Ausgaben für jedes Bundesland, das entsprechende Bundesland jeweils die andere Hälfte (sog. "GA-Mittel"). Bund und Länder wirken zur inhaltlichen Ausrichtung der Gemeinschaftsaufgabe in einem gemeinsam zusammengesetzten Planungsausschuss zusammen. Aufgabe des Planungsausschusses ist die Aufstellung des Rahmenplans, nach dessen Festlegungen sich die Vergabe der GA-Mittel regelt.[18] Im Rahmen der Regionalförderung der EU ist es Aufgabe der Länder, an den Planungen der EU-Strukturfonds mitzuwirken und die Vergabe der Fördermittel in Übereinstimmung mit den Regelungen der EU zu gewährleisten. Neben den Fördermitteln, die im Rahmen der Gemeinschaftsaufgabe und der EU-Regionalpolitik bereitgestellt werden, initiieren fast alle Bundesländer zudem Förderprogramme in eigener Verantwortung und mit eigener Finanzierung.

Mit der Wahrnehmung von operativen Aufgaben der Wirtschaftsförderung auf Länderebene sind i.d.R. Abteilungen bzw. Referate im Wirtschaftsministerium sowie landeseigene Investitionsbanken betraut. Daneben sind in den meisten Bundesländern landeseigene Wirtschaftsförderungsgesellschaften eingerichtet.[19] In den neuen Bundesländern stellt sich die Situation wie folgt dar: Alle neuen Bundesländer und Berlin mit Ausnahme von Thüringen haben spezielle Wirtschaftsförderungsgesellschaften eingerichtet.[20] In Thüringen ist keine eigene Gesellschaft tätig. Die Aufgaben der Wirtschaftsförderung werden dort von der Landesentwicklungsgesellschaft mit wahrgenommen. Die Wirtschafts-

17 Für eine ausführliche Darstellung der Förderkulisse für das Land Brandenburg siehe Teil C I, Abschnitt 3.2.

18 Vgl. dazu ausführlich: *Wild, Klaus-Peter/Manfred Pfeifer:* Institutionen und Organisationen der regionalen Wirtschaftsförderung, Stellung und Aufgaben der Länder. In: Eberstein, Hans-Hermann/Helmut Karl (Hrsg.): Handbuch der regionalen Wirtschaftsförderung, Bd. 1, 3. Aufl., Köln 1996.

19 *Steinmetz, Hans-Peter:* Wirtschaftsfördergesellschaften in der Bundesrepublik. In: Eberstein, Hans-Hermann/Helmut Karl (Hrsg.): Handbuch der regionalen Wirtschaftsförderung, Bd. 1, 3. Aufl., Köln 1996, S. 2 ff.

20 Im einzelnen handelt es sich dabei um folgende Einrichtungen: *Land Brandenburg:* Wirtschaftsförderung Brandenburg GmbH (WFB), *Land Berlin:* Wirtschaftsförderung Berlin GmbH, *Freistaat Sachsen:* Wirtschaftsförderung Sachsen GmbH, *Land Sachsen-Anhalt:* Wirtschaftsförderungsgesellschaft für das Land Sachsen-Anhalt mbH (WiSA), *Land Mecklenburg-Vorpommern:* Gesellschaft für Wirtschaftsförderung Mecklenburg-Vorpommern mbH, *Freistaat Thüringen:* Landesentwicklungsgesellschaft Thüringen mbH (LEG Thüringen).

förderungsgesellschaften der neuen Bundesländer sind ausnahmslos als GmbH organisiert. Die Arbeit der Wirtschaftsförderungsgesellschaften der Länder ist räumlich auf das jeweilige Bundesland bezogen.

Im Land Brandenburg ist das Aufgabenfeld Wirtschaftsförderung auf Landesebene wie folgt organisiert: Aufgaben der Wirtschaftsförderung werden im Ministerium für Wirtschaft, Mittelstand und Technologie (MWMT) innerhalb der Abteilung 2 "Wirtschafts- und Strukturpolitik, Außenwirtschaft" bearbeitet. Im Referat 21 "Wirtschaftsansiedlung" liegt die Zuständigkeit für die landeseigene Wirtschaftsförderungsgesellschaft und damit für die institutionelle Seite der Wirtschaftsförderung. Das Referat 24 "Finanzierung, Wirtschaftsförderung" findet seinen Aufgabenschwerpunkt in Organisation und Koordination der Förderprogramme des Bundes und der EU für das Land Brandenburg und in der Zusammenarbeit mit der Investitionsbank Brandenburg.

Im Rahmen eines Geschäftsbesorgungsvertrags wickelt die Investitionsbank des Landes Brandenburg die gesamte finanzielle Seite der Wirtschaftsförderung im Auftrag des MWMT ab. Die Investitionsbank des Landes Brandenburg ist als Anstalt des öffentlichen Rechts organisiert und versteht sich als "Strukturbank des Landes". Gesetzlicher Auftrag der Bank ist es, Förderprogramme auszuführen und mit Förderprogrammen in Zusammenhang stehende Investitionsobjekte und Vorhaben zu finanzieren und umzusetzen. Die Investitionsbank verausgabt dazu Zuschüsse an die gewerbliche Wirtschaft und an die kommunalen Gebietskörperschaften. Daneben hat die Investitionsbank 1996 im Auftrag des Landes die Kapitalbeteiligungsgesellschaft für das Land Brandenburg (KBB) gegründet, durch die im Laufe des Jahres 1997 acht Unternehmen mit Kapitalbeteiligungen ihre Eigenkapitaldecke verbessern konnten. Mit der Brandenburger Technologie- und Innovations-Agentur GmbH (T.IN.A.) wurde eine weitere vom Land getragene Institution an der Schnittstelle zur Wirtschaftsförderung eingerichtet. Die T.IN.A. unterstützt brandenburgische Unternehmen und Existenzgründer im Bereich der Forschung und Entwicklung mit Messepräsentationen, im Patentwesen, in Fragen von Erfinderschutz, Normung, Zertifizierung und fungiert darüber hinaus als Projektträger für die Technologieförderung des Landes Brandenburg.

Mit dem Ziel, Unternehmen als Investoren für Brandenburg zu akquirieren sowie ansiedlungswillige aber auch ansässige Unternehmen zu beraten und zu betreuen, wurde vom Land Brandenburg bereits 1990 die Wirtschaftsförderung Brandenburg GmbH (WFB) als erste Wirtschaftsförderungsgesellschaft auf Länderebene in den neuen Bundesländern gegründet. Seit 1997 ist die WFB zusätzlich für die Außenwirtschaftsförderung des Landes zuständig. Diese Aufgabe hat die WFB von der brandenburgischen Außenhandelsagentur (BRAHA) übernommen, die inzwischen aufgelöst worden ist. Einziger Gesellschafter der

Wirtschaftsförderung Brandenburg GmbH ist das Land Brandenburg. Die Wirtschaftsförderung Brandenburg GmbH finanziert sich zu großen Teilen aus Zuwendungen des Landes, die sich in 1997 auf fast 5,2 Mio. DM beliefen.[21] Obwohl die Länder Brandenburg und Berlin einen gemeinsamen Wirtschaftsraum bilden und viele Wirtschaftsverbände als gemeinsame Landesverbände für Berlin und Brandenburg organisiert sind, gibt es keine länderübergreifend tätige Wirtschaftsförderungseinrichtung[22] für Berlin und Brandenburg. Der Vorschlag der Wirtschaft, eine Fusion der bestehenden Wirtschaftsförderungsgesellschaften von Brandenburg und Berlin vorzunehmen oder beide Gesellschaften unter einer Dachgesellschaft zusammenzuführen, wurde von den beiden Landesregierungen nicht aufgegriffen.[23]

Die WFB versteht sich als erste und zentrale Anlaufstelle in allen Fragen der Wirtschaftsansiedlung im Land Brandenburg. Im Jahr 1994 konnten mit Unterstützung der WFB insgesamt 55 Unternehmen angesiedelt werden, im Jahr darauf waren es 44 Unternehmen, 1996 schließlich 61. In 1997 haben sich 62 Unternehmen, die zuvor mit der Wirtschaftsförderung Brandenburg GmbH in Kontakt getreten waren, in Brandenburg niedergelassen.[24] Auffällig ist die gleichbleibend geringe Anzahl ausländischer Investoren in Brandenburg.[25] Dagegen hatten von den insgesamt 62 "Neuansiedlungen" in 1997 immerhin 15 Unternehmen (24,2%) ihren bisherigen Firmensitz in Berlin. Obwohl die ehemals in Berlin ansässigen Unternehmen immer noch fast ein Viertel der "Neuansiedlungen" in Brandenburg ausmachen, werden Betriebsverlagerungen von der Wirtschaftsförderung Brandenburg GmbH als "stark rückläufig" bezeichnet.[26] Nachdem es Ende 1997 zwischen Berlin und Brandenburg zu einem hef-

21 *Wirtschaftsförderung Brandenburg GmbH:* Jahresbericht 1997, Neu Fahrland 1998, S. 25.

22 Für eine länderübergreifende Institution in der Wirtschaftsförderung gibt es nur ein Beispiel. Dabei handelt es sich um die Wirtschaftsförderungsgesellschaft Weser-Jade mbH für den Bereich der Freien Hansestadt Bremen und die umliegenden niedersächsischen Landkreise. [Vgl. *Steinmetz* (Fn. 19), S. 2.]

23 Vgl. *Kleiner, Hartmann:* Wechselwirkung von Metropole und Umland bei der Gestaltung einer Wirtschaftsregion für Investoren am Beispiel von Berlin und Brandenburg. In: Iglhaut, Josef (Hrsg.): Wirtschaftsstandort Deutschland mit Zukunft, Wiesbaden 1994, S. 72 ff.

24 *Wirtschaftsförderung Brandenburg GmbH:* Jahresbericht 1995, Neu Fahrland 1996, S. 10, 27; *Ders.:* Pressemitteilung vom 27.1.1997.

25 In 1994 konnten nur 4 ausländische Unternehmen (7,3%) angesiedelt werden. Im Jahr darauf waren es 7 ausländische Investoren (15,9%) und in 1997 waren es 8 Auslandsinvestoren (12,9%). Für 1996 liegen keine Angaben vor.

26 "Dreher mit Ansiedlungspolitik zufrieden", Der Tagesspiegel vom 28.1.1998.

tigen Streit um die Abwerbung eines Unternehmens aus Berlin durch das Angebot von Fördermitteln für den Fall einer Übersiedlung nach Brandenburg gekommen ist, hat die brandenburgische Landesregierung zugesagt, künftig reine Betriebsverlagerungen von Berlin nach Brandenburg nicht mehr zu fördern, wenn damit keine Arbeitsplatzeffekte erzielt werden.[27] Indirekt wird damit die Förderkonkurrenz zwischen den benachbarten Ländern Brandenburg und Berlin bestätigt. Zum anderen wird deutlich, dass die Brandenburger Landesregierung daran nichts ändern will, solange das Land von Unternehmensverlagerungen aus Berlin profitieren kann, denn positive Arbeitsplatzeffekte haben Betriebsverlagerungen von Berlin nach Brandenburg in der Mehrzahl der Fälle.[28]

1.3 Rechtliche Grundlagen der kommunalen Wirtschaftsförderung

Als Bestandteil der kommunalen Daseinsvorsorge ist die kommunale Wirtschaftsförderung eine kommunale Aufgabe.[29] Rechtsgrundlage ist die Selbstverwaltungsgarantie aus Art. 28 Abs. 2 Grundgesetz. Demnach haben die Gemeinden das Recht, alle Angelegenheiten der örtlichen Gemeinschaft im Rahmen der Gesetze in eigener Verantwortung zu regeln. Kommunale Wirtschaftsförderung ist innerhalb dieser "Angelegenheiten der örtlichen Gemeinschaft" ein Instrument zur Erfüllung der kommunalen Daseinsvorsorgepflicht.[30] Die kommunale Selbstverwaltung ist gem. Art. 28 Abs. 2 Grundgesetz "im Rahmen der Gesetze" gewährleistet. Die gesetzlichen Grenzen der kommunalen Wirtschaftsförderung ergeben sich zum einen durch die Festlegungen übergeordneter Planungen, z.B. der Regional- und Landesplanung. Diese bindet die kommunale Ebene bei der Planung und Durchführung eigener Aktivitäten. Rechtliche Grenzen ergeben sich zum anderen aus dem Grundsatz, dass Kommunen und Kreise als Träger der kommunalen Wirtschaftsförderung der Bundes- und Landestreue verpflichtet sind, "d.h., kommunale Wirtschaftsförderungsaktivitäten müssen zum einen prinzipiell in den marktwirtschaftlichen Ordnungsrahmen eingebunden sein, dürfen mithin nicht darauf abzielen, Markprozesse auf-

27 Ebd.

28 Vgl. *Seitz, Helmut:* Migration, Arbeitsmarkt, Wirtschaft und öffentliche Finanzen in Brandenburg und den anderen ostdeutschen Ländern, Diskussions-Paper der Europa-Universität Viadrina, Juni 1998 (überarbeitete Version)

29 *Knemeyer, Franz-Ludwig/Barbara Rost-Haigis:* Kommunale Wirtschaftsförderung, DVBl. 96, 1981, S. 243 f.

30 *Kistenmacher, Hans/Thomas Geyer/Petra Hartmann:* Regionalisierung in der kommunalen Wirtschaftsförderung, Köln 1994, S. 18.

zuhalten, umzukehren oder gar Marktkräfte dauerhaft außer Kraft zu setzen und dürfen zum anderen der gesamtstaatlichen Wirtschaftspolitik, insbesondere nicht der Wirtschaftsförderung von Bund, Ländern und EG zuwiderlaufen."[31] Kommunale Wirtschaftsförderung, soweit sie öffentlich-rechtlich organisiert ist, ist zudem an die Grundsätze der öffentlichen Haushaltswirtschaft gebunden und damit z.B. den Grundsätzen von Wirtschaftlichkeit und Sparsamkeit sowie der Erhaltung des öffentlichen Vermögens verpflichtet. Daneben dürfen die kommunalen Wirtschaftsförderungsaktivitäten nicht gegen allgemeine Rechtsgrundsätze verstoßen. Das betrifft z.B. die grundsätzliche Unzulässigkeit von Steuererlässen.[32]

Kommunale Wirtschaftsförderung ist als Aufgabe im Rahmen der kommunalen Selbstverwaltungsgarantie unumstritten. Die Zuordnung dieser Aufgabe zwischen kreisangehörigen Kommunen und Landkreis ist dagegen klärungsbedürftig.

Von ihrem Selbstverständnis her betrachten sich die Gemeinden als wahre Träger des Rechts auf kommunale Selbstverwaltung und versuchen daraus einen Vorrang der Gemeindeaufgaben gegenüber den Kreisaufgaben herzuleiten.[33] Aus Art. 28 Abs. 2 Grundgesetz lässt sich kein Vorrang der Gemeinden ableiten. Kommunen und Kreise sind vom Grundgesetz in gleicher Weise institutionell garantiert. Die Verfassungsnorm richtet sich in erster Linie an die Länder und legt ihnen auf, grundsätzlich den Bestand von Kreisen und Gemeinden unter Wahrung der Selbstverwaltung zu garantieren. Die Selbstverwaltungsgarantie umfasst die gesamte kommunale staatliche Ebene, also Gemeinden wie Kreise gleichermaßen.[34]

Die kommunale Selbstverwaltungsgarantie wird im Land Brandenburg mit der Kommunalverfassung umgesetzt.[35] Kommunale Wirtschaftsförderung ist dort sowohl im Aufgabenkatalog der Gemeinden als auch in dem der Kreise ausdrücklich festgeschrieben. So wird die Förderung von Wirtschaft und Gewerbe

31 *Kistenmacher u.a.* (Fn. 30), S. 19.

32 *Knemeyer/Rost-Haigis* (Fn. 29), S. 246; *Orlitsch, Georg/Pfeifer, Manfred:* Wirtschaftsförderung durch die Kommunen. Aufgaben und Zusammenwirken mit staatlichen Stellen. In: Iglhaut, Josef (Hrsg.): Wirtschaftsstandort Deutschland mit Zukunft, Wiesbaden 1994, S. 113.

33 Vgl. *Krieg, Johann-Georg:* Eigene Zuständigkeit der Kreise zur kommunalen Wirtschaftsförderung. In: Der Landkreis 52, 1982, S. 319.
§ 3 Abs. 1 GO nimmt im Wortlaut die Formulierung des Art. 28 Abs. 2 GG auf.

34 *Krieg* (Fn. 33), S. 319.

35 *Kommunalverfassung des Landes Brandenburg* vom 15. Oktober 1993 (GVBl. I S. 398)

als Selbstverwaltungsaufgabe der Gemeinden genannt.[36] Für die Landkreise regelt die Kommunalverfassung, dass die Förderung der wirtschaftlichen Entwicklung des Kreisgebiets zum Wohle seiner Einwohner als Aufgabe in eigener Verantwortung wahrzunehmen ist.[37] Für die in der Umgangssprache in Brandenburg übliche begriffliche Unterscheidung von "kommunaler Wirtschaftsförderung" als Bezeichnung der Wirtschaftsförderung durch die Gemeinden und "regionaler Wirtschaftsförderung" als Begriff für die vom Kreis getragene Wirtschaftsförderung ergibt sich aus den landesverfassungsrechtlichen Aufgabenzuweisungen kein Anhaltspunkt. Von "regionaler Wirtschaftsförderung" könnte zutreffend erst dann gesprochen werden, wenn die regionalen Planungsgemeinschaften Aufgaben der Wirtschaftsförderung an sich ziehen würden. Das ist jedoch bis jetzt nicht der Fall.

Zwar ist Wirtschaftsförderung als Aufgabe sowohl den Gemeinden wie den Kreisen übertragen, zu fragen ist aber, ob das gesamte Aufgabenspektrum parallel von beiden Gebietskörperschaften wahrgenommen wird oder ob es eine Aufgabenteilung gibt. Der Kreis ist Gemeindeverband und Gebietskörperschaft. Gleichzeitig fungiert der Landkreis innerhalb des Kreisgebiets als allgemeine untere Landesbehörde.[38] Landkreise sind also sowohl kommunale Gebietskörperschaften als auch untere staatliche Verwaltungsbehörden. Die Zuständigkeiten der Landkreise im Land Brandenburg ergeben sich aus § 2 Abs. 1 LKrO. Demnach nehmen Landkreise freiwillige Angelegenheiten, weisungsfreie Pflichtaufgaben und Pflichtaufgaben zur Erfüllung nach Weisung bzw. Auftragsangelegenheiten wahr.[39] Beide Arten von Pflichtaufgaben werfen in bezug auf die Aufgabenabgrenzung der Kreise zu den kreisangehörigen Gemeinden keine Probleme auf, da sie durch Gesetz zugewiesen sind. In bezug auf die freiwilligen Aufgaben der Kreise gestaltet sich die Aufgabenabgrenzung zu den Gemeinden schwieriger. Freiwillige Selbstverwaltungsaufgaben lassen sich gem. § 2 LKrO in übergemeindliche, ergänzende und ausgleichende Aufgaben differenzieren.[40] Diese Abgrenzungskritieren gelten grundsätzlich auch für den

36 § 3 Abs. 2 GO

37 § 2 Abs. 1 LKrO

38 § 1 Abs. 1 LKrO

39 *Schoch, Friedrich:* Aufgaben und Funktionen der Landkreise - Funktionsgefährdungen im kreisangehörigen Raum und Aufgabenverlust in der Region - In: ders. (Hrsg.): Selbstverwaltung der Kreise in Deutschland. Bestand und Perspektiven der kreislichen Selbstverwaltung, Köln u.a. 1996, S. 33.

40 Diese Differenzierung ist allgemein anzutreffen und ist nicht spezifisch für Brandenburg. Vgl. *Ehlers, Dirk:* Kommunale Wirtschaftsförderung und kommunale Selbstverwaltung. In: ders. (Hrsg.): Kommunale Wirtschaftsförderung, Köln 1990, S. 117; *Schoch* (Fn. 39), S. 33.; *Krieg* (Fn. 33), S. 320 f.

Aufgabenbereich Wirtschaftsförderung. Übergemeindliche (kreisintegrale) Aufgaben sind solche, die auf das gesamte Kreisgebiet bezogen sind und die gemeinsame Bedürfnisse aller Kreisbewohner betreffen (Aufgaben mit "flächenhafter Natur"[41]). Von den kreisangehörigen Gemeinden können solche Aufgaben nicht oder nur durch die Zusammenarbeit mehrerer Gemeinden sachgerecht wahrgenommen werden. Ergänzende (komplementäre) Aufgaben sind solche, die von den Kreisen erledigt werden, wenn eine oder mehrere kreisangehörige Gemeinden diese aufgrund von mangelnder Leistungsfähigkeit (Finanz- oder Verwaltungskraft) nicht wahrnehmen oder diese rationeller durch den Kreis erledigt werden können. Ausgleichsfunktionen nehmen Kreise wahr, wenn sie kreisangehörigen Gemeinden finanzielle und verwaltungstechnische Hilfestellung geben, wobei die einzelne Grundaufgabe bei der Gemeinde verbleibt. Hier steht die gleichmäßige Versorgung der Kreisbevölkerung und der lastenverteilende Effekt im Vordergrund. "Gerade im Bereich der übergemeindlichen Aufgaben ist die Kreiskompetenz eine ausschließliche. Bei den ergänzenden und ausgleichenden Aufgaben können sowohl die Gemeinden wie der Kreis zuständig sein."[42] Wirtschaftsförderung ist als ergänzende und übergreifende Aufgabe anzusehen. Eine konkurrierende Aufgabenwahrnehmung zwischen Landkreis und kreisangehörigen Gemeinden lässt sich somit nicht verhindern, da es im Bereich der ergänzenden Aufgaben zwangsläufig überlappende Zuständigkeiten gibt.[43] Eine pauschale Aufgabenzuordnung ist deshalb nicht möglich. Sowohl Kreise wie Gemeinden sind für den Aufgabenbereich Wirtschaftsförderung zuständig. Eine abschließende und eindeutige Aufgabenabgrenzung zwischen Kreis und kreisangehörigen Gemeinden kann es deshalb nicht geben.

Dennoch ergibt sich aus der Gemeindestruktur in Brandenburg eine spezielle Situation. Eine durchschnittliche Gemeinde hat im Land Brandenburg lediglich 1.500 Einwohner. Der Bundesdurchschnitt liegt bei 5.000 Einwohner. 20% der Brandenburger Gemeinden sind Kleinstgemeinden mit weniger als 200 Einwohnern. Zwei Drittel der Gemeinden Brandenburgs haben weniger als 500 Einwohner. Nur 3% der Brandenburger Gemeinden haben über 10.000 Einwohner, dort leben aber 52% der Bevölkerung.[44] Die Dominanz von Gemeinden mit geringer Einwohnerzahl lässt auf Defizite in der kommunalen Verwaltungskraft

41 *Krieg* (Fn. 33), S. 320.

42 Ebd., S. 319.

43 Ebd., S. 320.

44 *Ministerium für Umwelt, Naturschutz und Raumordnung des Landes Brandenburg/ Senatsverwaltung für Stadtentwicklung, Umweltschutz und Technologie des Landes Berlin (Hrsg.):* Raumordnungsbericht 1998, Potsdam 1998, S. 100.

schließen. Auf der Ebene der Kreise ist es durch die Kreisgebietsreform gelungen, auf der Grundlage eines Einwohnerrichtwertes von 150.000 Einwohnern pro Landkreis handlungsfähige Verwaltungseinheiten zu schaffen.[45] Aus der Überlegenheit der Kreise in bezug auf Bevölkerungszahl und räumlicher Ausdehnung ergeben sich gesteigerte Potentiale gegenüber den Gemeinden, z.B. bezüglich der Professionalität der Verwaltung, den Zugangswegen zur Landesebene oder dem Angebot von Standortalternativen.

2. Organisationsformen

Die Organisation der Wirtschaftsförderung weist eine beachtliche Bandbreite möglicher institutioneller Lösungen auf. Das Aufgabenfeld kann grundsätzlich sowohl von Verwaltungsdienststellen als auch von privatrechtlich organisierten Institutionen wahrgenommen werden. Die Wahl der Organisationsform hat Folgen für die Durchsetzungsfähigkeit von Wirtschaftsförderungsmaßnahmen sowie für Art und Stil der Aufgabenwahrnehmung.

2.1 Organisationsformen innerhalb der Verwaltung

Das Selbstverwaltungsrecht der Gemeinden und Kreise umfasst die Befugnis, den Aufbau und die Ablauforganisation der Wirtschaftsförderung selbst zu bestimmen.[46] Die in die Verwaltungsorganisation von Gemeinden, Städten und Kreisen eingebundenen Wirtschaftsförderungsdienststellen können grundsätzlich in allen Organisationsformen verwirklicht werden, die in der öffentlichen Verwaltung gebräuchlich sind. Meist in Abhängigkeit der Größe der Kommune bzw. des Kreises ist der Aufgabenbereich Wirtschaftsförderung organisiert entweder als Amt oder als ein Sachgebiet innerhalb eines Amtes mit größerem Aufgabenzuschnitt, z.B. innerhalb der Kämmerei, dem Planungsamt oder dem Liegenschaftsamt. Außerhalb der Ämtergliederung kann die Aufgabe Wirtschaftsförderung bei einer Stabsstelle angesiedelt werden, die i.d.R. der politischen Leitungsebene direkt unterstellt ist. Aufgaben der Wirtschaftsförderung

45 *Frenzel, Albrecht:* Die Eigendynamik ostdeutscher Kreisgebietsreformen. Eine Untersuchung landesspezifischer Verlaufsmuster in Brandenburg und Sachsen, Baden-Baden 1995.

46 *Ehlers* (Fn. 40), S. 118.

können aber auch innerhalb der Kommunal- oder der Kreisverwaltung bearbeitet werden, ohne dass dafür eine eigene organisatorische Ausprägung vorliegt.[47]

Aus einer Befragung von Städten und Kreisen in den neuen Bundesländern von 1993 ergibt sich, dass deutlich mehr als die Hälfte der Städte und in rund 60% der Kreise ein eigenständiges Amt für kommunale Wirtschaftsförderung eingerichtet haben.[48] Eine eigene Dienststelle für Wirtschaftsförderung halten vor allem größere Städte und einwohnerstärkere Landkreise vor. Der Anteil von größeren Städten mit 50.000 und mehr Einwohnern und von Kreisen mit 50.000 und mehr Einwohnern, die ein Wirtschaftsförderungsamt eingerichtet haben, liegt deutlich höher als in Städten und Kreisen mit geringeren Einwohnerzahlen.[49]

Kommunale Wirtschaftsförderung verfügt im Gegensatz zu anderen Verwaltungsbereichen nicht über ein abgegrenztes Zuständigkeitsgebiet. Wirtschaftsförderung ist vielmehr eine Querschnittsaufgabe. Bei der Wahrnehmung der Querschnittsaufgabe liegen die Wirtschaftsförderungsdienststellen im ständigen Wettbewerb mit anderen Aufgabenbereichen um finanzielle Mittel oder Konzessionen in Sachentscheidungen.[50] Die Entscheidungsbefugnis über wichtige Sachfragen, die den Bereich der kommunalen Wirtschaftspolitik berühren, liegt i.d.R. nicht bei den Wirtschaftsförderungsdienststellen. Vielmehr üben andere Verwaltungsbereiche über konkrete Sachentscheidungen innerhalb ihrer jeweiligen sachlichen Zuständigkeitsbereiche eine "Stellschraubenfunktion"[51] für wichtige Belange der Wirtschaftsförderung aus. Wirtschaftsförderung kann keine Effekte erzielen, wenn das Liegenschaftsamt, Planungsamt, Bauordnungsamt, Tiefbauamt sowie die Kämmerei oder die Stadtwerke in konkreten Einzelfallentscheidungen nicht auch die Anliegen der Wirtschaftsförderung berücksichtigen.[52] Der Wirtschaftsförderung fällt deshalb nicht in erster Linie eine Sachbearbeitungs-, sondern schwerpunktmäßig eine Moderationsfunktion zu. Innerhalb der Verwaltung wirkt die Wirtschaftsförderdienststelle als "Anwalt

47 *Behrendt, Dietmar:* Aufgaben und Möglichkeiten der Mittelstandsförderung am Beispiel von Mittelstädten, insbesondere der Stadt Suhl/Thüringen, Speyer 1994, S. 23 f.; *Kistenmacher u.a.* (Fn. 30), S. 131.

48 *Kühn, Gerd/Holger Floeting:* Kommunale Wirtschaftsförderung in Ostdeutschland, Berlin 1995, S. 37 ff. Diese Studie macht keine Angaben über die Zahl der privatrechtlich organisierten Wirtschaftsfördergesellschaften und welche Städte und Landkreise eine solche eingerichtet haben.

49 Ebd., S. 39

50 *Hartmann* (Fn. 3), S. 70.

51 *Kühn/Floeting* (Fn. 48), S. 25.

52 Vgl. ebd.

der Wirtschaft in der Verwaltung".[53] Im Verhältnis zwischen Verwaltung und Wirtschaft nimmt sie eine 'Lotsenfunktion' für Betriebe in laufenden Verwaltungsverfahren wahr. Für den Stellenwert der Wirtschaftsförderung innerhalb des hierarchischen Verwaltungsaufbaus kann grundsätzlich gelten, dass je höher die Aufgabe Wirtschaftsförderung bei der Verwaltungsspitze angesiedelt ist, desto leichter können Maßnahmen initiiert bzw. durchgesetzt werden.[54] Eine direkte Unterstellung der Wirtschaftsförderung unter die politische bzw. die Verwaltungsspitze signalisiert einen hohen Stellenwert für die Wirtschaftsförderung. Neben einer "Signalwirkung"[55] nach außen ermöglicht eine direkte Unterstellung der Wirtschaftsförderung unter die Führung des Landrats oder des Bürgermeisters auch das gezielte Eingreifen der kommunalen Führung zugunsten den Anliegen der Wirtschaftsförderung bei Kompetenz- und Zielkonflikten der verschiedenen Dienststellen.

Je größer eine kommunale Gebietskörperschaft ist, desto schwieriger werden der verwaltungsinterne Informationsaustausch und Abstimmungsprozesse. Koordinationsdefizite lassen sich durch Geschäftsanweisungen der Verwaltungsspitze nur bedingt lösen. Kooperationsbereitschaft muss in diesen Fällen durch organisatorische Maßnahmen wie Direktunterstellungen, besondere Kompetenzausstattung oder die persönliche Qualifikation des eingesetzten Personals systematisch erzeugt werden.[56] Rund 40% der Wirtschaftsförderungsdienststellen in den ostdeutschen Städten sind dem Bürgermeister bzw. dem Oberbürgermeister direkt unterstellt, dabei ist der Anteil der Städte mit weniger als 20.000 Einwohnern an den Direktunterstellungen höher als im Durchschnitt. Die Wirtschaftsförderungsdienststellen der Landkreise sind insgesamt weniger häufig dem Landrat direkt zugeordnet. Direkt dem Landrat unterstellte Dienststellen finden sich vor allem in Kreisen mittlerer Größe mit 50.000 bis 100.000 Einwohnern.[57]

2.2 Privatrechtliche Organisationsformen

Wirtschaftsförderungsgesellschaften sind meist als GmbH oder als e.V. organisiert und werden i.d.R. von der öffentlichen Hand getragen. Über die rechtliche

53 *Behrendt* (Fn. 47), S. 27.
54 *Kistenmacher u.a.* (Fn. 30), S. 131. In diesem Sinne auch *Behrendt* (Fn. 47), S. 27.
55 *Kühn/Floeting* (Fn. 48), S. 39.
56 *Heuer, Hans:* Instrumente kommunaler Gewerbepolitik, Stuttgart 1985, S. 12.
57 *Kühn/Floeting* (Fn. 48), S. 41.

Zulässigkeit einer privatrechtlichen Organisationsform für die Wirtschaftsförderung gibt es keinen Zweifel, da diese durch den Grundsatz der Freiheit der Formenwahl gedeckt ist. Der Verwaltungsträger entledigt sich damit nicht der Aufgabe Wirtschaftsförderung, sondern er lässt diese in einer privatrechtlichen Rechtsform wahrnehmen. Diese Art der Aufgabenwahrnehmung (sog. "Organisationsprivatisierung" oder "formale Privatisierung"[58]) ist vom Selbstverwaltungsrecht aus Art. 28 Abs. 2 Grundgesetz gedeckt. Die Wahrnehmung von Aufgaben der Wirtschaftsförderung durch privatrechtliche Gesellschaften erfolgt nach wie vor in öffentlich-rechtlicher Verantwortung und ist insofern begrenzt. Durch die enge Verbindung privatrechtlicher Wirtschaftsförderungsgesellschaften mit der öffentlichen Hand sowohl in der Aufgabenwahrnehmung als auch in der Trägerschaft dieser Einrichtungen bedarf das Handeln der Kommunen und Kreise auch im Rahmen einer privatrechtlichen Organisationsform der Rechtfertigung durch einen öffentlichen Zweck. "Durch die Inanspruchnahme privatrechtlicher Handlungsformen kann die kommunale Wirtschaftsförderung der öffentlichen Zweckbindung [...] nicht entgehen. [...] Da juristische Personen ihre Rechtsfähigkeit von ihren Trägern herleiten, können sie nicht mehr Rechte als diese haben."[59] Die Bindung an die öffentliche Zwecksetzung bedeutet im Gegenzug positiv, dass die kommunale Wirtschaftsförderung der Daseinsvorsorge verpflichtet sein muss. Negativ gesehen verbietet es die Bindung an eine öffentliche Zwecksetzung privatrechtlichen Wirtschaftsförderungsgesellschaften, beliebige Ziele im Sinne einer privatautonomen Gestaltung zu verfolgen.[60]

Die vollständige Verlagerung der Wirtschaftsförderung auf privatrechtliche Gesellschaften stößt jedoch nicht nur auf rechtliche Grenzen. Die Wahrnehmung der Querschnittsaufgabe durch eine eigene Dienststelle für Wirtschaftsförderung innerhalb der Verwaltung bringt es mit sich, dass die Wirtschaftsförderung - vorausgesetzt der verwaltungsinterne Informationsaustausch funktioniert - über wichtige Vorhaben der anderen Verwaltungsdienststellen informiert ist. Bei einer vollständigen Verlagerung der Wirtschaftsförderung auf eine Gesellschaft geht dieser nicht zu unterschätzende direkte Kontakte genauso verlustig wie es schwieriger wird, in die Wirtschaftsförderungsaktivitäten die Belange von anderen kommunalpolitischen Zielsetzungen einfließen zu lassen.[61]

58 Vgl. *Schuppert, Gunnar Folke:* Die Privatisierungsdiskussion in der deutschen Staatsrechtslehre. In: Ellwein u.a. (Hrsg.): Jahrbuch zur Staats- und Verwaltungswissenschaft, Bd. 8, Baden-Baden 1995.

59 *Ehlers* (40), S. 110.

60 Ebd., S. 112 f.

61 *Kistenmacher u.a.* (Fn. 30), S. 134.

Mit privatrechtlichen Organisationsformen der Wirtschaftsförderung wird häufig die Erwartung verbunden, dass damit bestehende Hemmnisse in bürokratischen Entscheidungsabläufen vermieden werden und die Wirtschaftsförderung mit einem professionellen Durchführungsmanagement verbunden werden kann.[62] Dazu zählt die Möglichkeit, Personaleinsatz und Arbeitsverträge flexibel zu gestalten, weil Wirtschaftsförderungsgesellschaften nicht an das öffentliche Dienstrecht gebunden sind. Für Wirtschaftsförderungsgesellschaften entfallen zudem die Restriktionen des öffentlichen Haushaltsrechts. Ein weiterer Vorteil wird in der Möglichkeit für eine institutionalisierte Zusammenarbeit mit andern Akteuren außerhalb der Verwaltungsorganisation gesehen.[63]

Die enge Verknüpfung der Wirtschaftsförderung mit den relevanten Fachbereichen innerhalb der Verwaltung ist der größte Vorteil der verwaltungsinternen Organisationslösung. Nachteilig ist jedoch deren Bindung an das öffentliche Haushaltsrecht und die Personalwirtschaft der öffentlichen Verwaltung sowie die Abhängigkeit von häufig langwierigen Entscheidungs- und Abstimmungsprozessen im Rat und in Ausschüssen. Der verwaltungsinternen Organisationslösung wird von ihrer Umwelt zudem ein negativ besetztes "Behördenimage" anhängig gemacht,[64] während Wirtschaftsförderungsgesellschaften eher als flexibel und reaktionsschnell gelten.[65] Aus einer Befragung von 191 Städten mit jeweils mehr als 50.000 Einwohnern in Ost- und Westdeutschland zur kommunalen Wirtschaftsförderung ergibt sich, dass Ämter für Wirtschaftsförderung und privatrechtliche Einrichtungen der Wirtschaftsförderung ihre Einflussmöglichkeiten im Hinblick auf die Teilhabe am Informationsaustausch, die Einbindung in Verwaltungsstrukturen, Kommunikationsprozesse mit anderen Ämtern sowie im Hinblick auf Entscheidungsabläufe und Mitwirkungsmöglichkeiten ähnlich bewerten.[66] Aus Sicht der Akteure in der kommunalen Wirtschaftsförderung ist somit keiner bestimmten Organisationsform pauschal der Vorzug zu geben.

62 *Behrendt* (Fn. 47), S. 27.
63 *Kistenmacher u.a.* (Fn. 30), S. 132.
64 *Kühn/Floeting* (Fn. 48), S. 42.
65 *Heuer* (Fn. 56), S. 140.
66 *Hollbach-Grömig, Beate:* Kommunale Wirtschaftsförderung in den 90er Jahren. Ergebnisse einer Umfrage, Berlin 1996, S. 116.

2.3 Public Private Partnership in der Wirtschaftsförderung

Public Private Partnership ist eine Sammelbezeichnung für vielfältige 'neue' Kooperationsformen im Rahmen der Stadt- und Regionalentwicklung und bezeichnet die freiwillige Zusammenarbeit von kommunalen Gebietskörperschaften und anderen örtlichen Akteuren bzw. Institutionen.[67] Als Formen von Public Private Partnership können informelle Partnerschaften von institutionalisierten Kooperationsformen unterschieden werden. Informelle Partnerschaften sind nicht für die Realisierung spezieller Projekte zuständig, sondern agieren eher auf einer umfassenderen Ebene als Initiatoren, Katalysatoren und Koordinatoren. Dies geschieht z.B. in Form von Abstimmungen im Einzelfall, durch laufenden Informations- und Erfahrungsaustausch und regelmäßiger Spitzengespräche. Die Rechte, Pflichten und Zuständigkeiten der Vertragspartner innerhalb von institutionalisierten Kooperationsformen sind i.d.R. durch Verträge oder vertragsähnlich geregelt.[68] Die Vielzahl möglicher Spielarten solcher vertraglichen Kooperationen macht eine Typologisierung schwierig.

Public Private Partnership in der kommunalen Wirtschaftsförderung ist darauf gerichtet, die Fähigkeiten und Kenntnisse der beteiligten öffentlichen und privaten Akteure zusammenzuführen. Bei der Flächenentwicklung kann die öffentliche Verwaltung beispielsweise ihr Know-how und ihre Kompetenz im Bereich der Planung einbringen. Zusammen mit privaten Partnern innerhalb einer Public Private Partnership kann die Verwaltung in Ergänzung zu den eigenen Kompetenzen und Fähigkeiten sich beispielsweise zusätzlich Informationen über den Immobilienmarkt erschließen; Planung und Abwicklung von Baumaßnahmen optimieren; besondere Finanzierungsformen entwickeln; Marktnähe und schnelleren Zugang zu aktuellen Trends sicherzustellen und allgemein eine stärkere Marktorientierung erreichen.

Erfahrungen mit Public Private Partnership werden schwerpunktmäßig aus Nordrhein-Westfalen und hier insbesondere aus dem Ruhrgebiet berichtet.[69] Es hat sich dort gezeigt, dass die Entstehung lokaler Kooperationen in hohem Maße personengebunden ist, d.h. sie ist abhängig vom Engagement und von der

67 Vgl. *Birnstiel, Detlev:* Public Private Partnership in der Wirtschaftsförderung. In: Ridinger, Rudolf/Steinröx, Manfred (Hrsg.): Regionale Wirtschaftsförderung in der Praxis, Köln 1995, S. 226 f.

68 Ebd., S. 236.

69 Vgl. *Birnstiel* (Fn. 67); *Kruzewicz, Michael:* Lokale Kooperation in NRW. Public-Private Partnership auf kommunaler Ebene, Duisburg 1993.

Überzeugungsarbeit und -kraft der lokalen Akteure. Schwierigkeiten ergeben sich u.a. aus der Verschiedenheit öffentlicher und privater Interessen sowie aus unterschiedlichen Meinungen in bezug auf die konkrete Vorgehensweise in Einzelfällen. Ein Konsens muss in diesen Fällen auf der Grundlage der einmal definierten gemeinsamen Aufgaben und Zielsetzungen erzeugt werden.[70] Aus einer Umfrage unter Städten und Gemeinden in NRW ergibt sich, dass bezogen auf die Gesamtzahl der Gemeinden in NRW in knapp einem Drittel lokale Kooperationen anzutreffen sind. Als meist genannter Kooperationsanlass wird die Bewältigung des Strukturwandels genannt. Public Private Partnerships sind i.d.R. auf die Initiative einzelner Persönlichkeiten oder Institutionen sowie Bemühungen um eine interkommunale bzw. regionale Zusammenarbeit zurückzuführen. Bei der Entstehung von lokalen Kooperationen spielt auch das Motiv 'nationale/internationale Förderprogramme' eine Rolle. "Lokale Kooperationen entstehen aus einem komplexen Zusammenspiel personal-subjektiver und strukturell-objektiver Bedingungen".[71] Als Ziel einer Public Private Partnership auf kommunaler Ebene wird die Verbesserung der Wirtschaftsförderung genannt, gefolgt von den Zielen Standortmarketing und Verbesserung der Zusammenarbeit unter den lokalen Akteuren sowie Verbesserung der kommunalen Handlungsmöglichkeiten.[72] Unter den Akteuren innerhalb von lokalen Kooperationen sind Städte und Gemeinden die meist genannte Gruppe. Daneben werden private Unternehmen/Investoren, Industrie- und Handelskammern, Kreditinstitute sowie die Handwerkskammern genannt. In einem Fünftel der Fälle ist neben einzelnen Städten und Gemeinden auch der Kreis beteiligt. Bei der weit überwiegenden Anzahl der lokalen Kooperationen sind jedoch nur eine einzelne Stadt oder Kommune beteiligt. Die Beteiligung von mehreren Kommunen bzw. Städten oder von mehreren Kommunen/Städten und dem Kreis sind dagegen eher die Ausnahme.[73]

70 *Birnstiel* (Fn. 67), S. 233.
71 *Kruzewicz* (Fn.69), S. 29.
72 Ebd., S. 30 f.
73 Ebd., S. 32 f.

3. Ansätze und Handlungsfelder

3.1 Standortfaktoren

Zum Grundvokabular der Wirtschaftsförderung gehört die Unterscheidung von harten und weichen Standortfaktoren. Harte Standortfaktoren schlagen sich auf der Kostenseite eines Unternehmens nieder und wirken sich direkt auf die Bilanz eines Betriebes aus. Dazu gehören außer verschiedenen Arten von Subventionen auch die Infrastrukturausstattung am Ort, das Lohnniveau oder die Grundstückspreise. In der Wirtschaftsförderung wird versucht, harte Standortfaktoren über direkte Wirtschaftsförderungsmaßnahmen zu gestalten. Komplementär zu den harten Faktoren, nicht subsidiär, gewinnen weiche Standortfaktoren an Bedeutung. Die zunehmende Bedeutung weicher Standortfaktoren folgt der Beobachtung, dass Investitionsentscheidungen in einem hohen Maße von subjektiven Eindrücken beeinflusst werden. Neben den unmittelbar betriebsbezogenen harten Standortfaktoren wirken sich eine angenehme Wohnumgebung, vielfältige Freizeitmöglichkeiten und das Angebot an Bildungseinrichtungen am Ort positiv auf die Ausstrahlung einer Kommune als Wirtschaftsstandort aus. Auf die Gestaltung von weichen Standortfaktoren sind indirekte Wirtschaftsförderungsmaßnahmen bezogen. Diese setzen nicht an einzelnen Betrieben an, sondern sind darauf gerichtet, ein wirtschafts- und investitionsfreundliches Umfeld zu schaffen.[74]

74 *Koch, Horst-Heinrich/Hans-Peter Steinmetz:* Wirtschaftsförderung in den Landkreisen. In: Der Landkreis 51, 1981, S. 468; *Knemeyer/Rost-Haigis* (Fn. 29), S. 243.

	Harte Standortfaktoren	**Weiche Standortfaktoren**
Direkte Wirtschafts-förderung	Subventionen Gewerbeflächenangebot Gebühren Steuerniveau Bodenpreise	Beratung und Information
Indirekte Wirtschafts-förderung	Einrichtungen zur Fort- und Weiterbildung von Personal Beratung und Information	Lebensqualität Freizeitwert Schulen am Ort Einkaufsmöglichkeiten Dienstleistungsangebote Wohnungsangebot Kulturelles Angebot Kooperative Verwaltung

Tabelle 1: Standortfaktoren und Wirtschaftsförderung

Maßnahmen der Wirtschaftsförderung können also sowohl auf der Angebotsseite wie auf der Nachfrageseite ansetzen. Auf der Angebotsseite wird versucht, die weichen Standortfaktoren einer Wirtschaftsregion zu identifizieren und zu verbessern. Typisch dafür sind indirekte Maßnahmen der Wirtschaftsförderung zur Gestaltung von weichen Standortfaktoren. Eine nachfrageorientierte Wirtschaftsförderung ist darauf gerichtet, konkrete Standortentscheidungen von Unternehmen zu beeinflussen. Dafür werden direkte Wirtschaftsförderungsmaßnahmen zur Beeinflussung der harten Standortfaktoren eingesetzt. Direkte Wirtschaftsförderung kommt unmittelbar einzelnen Betrieben in Form von verschiedenartigen Subventionen zugute. Diese können als Leistungssubventionen, Verschonungssubventionen und als Realförderung gewährt werden.[75] Leistungssubventionen sind positive Zuwendungen insbesondere in der Form von Zuschüssen, Erstattungen, Darlehen, Bürgschaften und Garantien. Als Verschonungssubventionen gelten Steuerbegünstigungen, Abgabenbefreiungen oder Tarifermäßigungen. Als Realförderungen werden verbilligte oder kostenlose Sachleistungen bezeichnet. Beispielhaft zu nennen sind die verbilligte oder unentgeltliche Abgabe von Grundstücken, die bevorzugte Vergabe von öffentlichen Aufträgen oder die finanzielle Beteiligung der öffentlichen Hand an Unternehmen. Beratung und Information nimmt als Maßnahme der Wirtschafts-

75 Vgl. *Ehlers* (Fn. 40), S. 105.

förderung eine besondere Position ein und kann sowohl als ein Instrument der direkten wie der indirekten Wirtschaftsförderung betrachtet werden.

Die Innenministerkonferenz hat bereits 1981 Empfehlungen für den Einsatz von direkten und indirekten Wirtschaftsförderungsinstrumenten auf der kommunalen Ebene ausgesprochen. Demnach sollen sich die kommunalen Gebietskörperschaften bei der Wirtschaftsförderung "auf die unbedenklichen Maßnahmen der indirekten Förderung im Rahmen der allgemeinen kommunalen Aufgabenerfüllung konzentrieren."[76] Für direkte, betriebsbezogene Wirtschaftsförderungsmaßnahmen werden im Gegensatz zu indirekten Maßnahmen "erhebliche Zweckmäßigkeits- und Rechtsprobleme"[77] gesehen. Die Innenministerkonferenz gibt für den Einsatz von direkten Wirtschaftsförderungsinstrumenten folgende Punkte zu bedenken: Bei Übernahme von Bürgschaften und Darlehen besteht die Gefahr, dass privatwirtschaftliche Risiken auf die Allgemeinheit verlagert werden. Betriebsbezogene Fördermaßnahmen bergen die Gefahr, dass kommunale Gebietskörperschaften in "Subventionskonkurrenz" zueinander treten und Unternehmen die Möglichkeit geben, verschiedene Kommunen gegenseitig auszuspielen. Desweiteren können Mitnahmeeffekte nicht ausgeschlossen werden. Zudem setzen betriebsbezogene Fördermaßnahmen detaillierte Kenntnisse sowohl über den begünstigten Betrieb als auch über die gesamtwirtschaftlichen Zusammenhänge und Tendenzen voraus, um Notwendigkeit, Erfolgsaussichten und Wirkungen realistisch einschätzen und beurteilen zu können. Direkte Wirtschaftsförderungsmaßnahmen greifen unmittelbar in das Wettbewerbssystem ein. Der Wettbewerb kann dadurch verfälscht, wirtschaftliche Ausleseprozesse können erschwert und Anpassungsprozesse am Markt verzögert werden. Direkte Wirtschaftsförderungsmaßnahmen der kommunalen Ebene können überdies mit staatlicher Förderpolitik kollidieren oder mit den Zielen der Förderpolitik von EU, Bund und Ländern unvereinbar sein. Aufgrund der kommunalen Selbstverwaltungsgarantie kann die Innenministerkonferenz der Länderinnenminister die kommunale Ebene nicht binden. Die vorgebrachten Argumente haben deshalb lediglich Empfehlungscharakter.

76 Stellungnahme der Innenministerkonferenz zur Frage der kommunalen Wirtschaftsförderung vom 12.3.1981 [zit. n. *Ehlers, Dirk (Hrsg.):* Kommunale Wirtschaftsförderung, Köln 1990, S. 271 ff.]

77 Ebd.

3.2 Ansatzpunkte für Wirtschaftsförderungsmaßnahmen

3.2.1 Unternehmensinterne Faktoren

Neben harten und weichen Standortfaktoren sind betriebliche Standort- und Investitionsentscheidungen zu allererst von unternehmensinternen Faktoren abhängig.[78] Hier spielen psychologische Faktoren der Entscheidungsträger in den Unternehmen sowie die Betriebsgröße eine entscheidende Rolle. Die Standortwahl von überregional bzw. weltweit agierenden Unternehmen und kleineren bzw. mittelständischen Betrieben unterscheidet sich signifikant in der Ausdehnung des Gebiets, innerhalb dessen ein Unternehmensstandort gesucht wird und in der Qualität des Entscheidungsprozesses. Der mittelständische Unternehmer trifft Standortentscheidungen meist aus einer engen Heimatbindung heraus, um bestehende Kontakte zu Kunden und Zulieferern nicht zu gefährden aber auch aus Rücksicht auf die Mitarbeiter seines Betriebs. Neue Standorte werden deshalb in engster Nachbarschaft zur bisherigen Betriebsstätte gesucht. Je größer das Unternehmen ist, um so größer wird das Suchgebiet für neue Standorte. Standortentscheidungen größerer Unternehmen wird zudem eine höhere Rationalität unterstellt. Konzernunternehmen machen Standortentscheidungen meist von gründlichen Standortanalysen im Vorfeld abhängig. Zudem diskutieren Gremien innerhalb der Unternehmen unterschiedliche Sichtweisen und Alternativen. Kleine und mittelständische Unternehmen haben demgegenüber praktisch keine Möglichkeit des nüchternen Standortvergleichs. Die Standortsuche wird abgebrochen, sobald ein Standort gefunden ist, der die Vorstellungen zufriedenstellend erfüllt. Der Vorteil der kleinen und mittleren Unternehmen ist der persönlichen Kontakt zu den handelnden und entscheidenden Personen vor Ort und ein 'guter Draht' zur politischen Spitze der Gemeinde. Aus dem unterschiedlichen Prioritäten bei der Standortwahl von größeren und kleinen bzw. mittelständischen Unternehmen lassen sich Schlüsse für eine mögliche Strategie in der kommunalen Wirtschaftsförderung ableiten. Als Zielgruppe für die kommunale Wirtschaftsförderung kommen demnach insbesondere kleinere und mittlere Betriebe, die bereits in der Region ansässig sind, in Frage. In diesem Segment können eigene Wachstumskräfte aus der Regionen heraus erschlossen

78 Vgl. *Sachse, Detlev:* Kriterien unternehmerischer Standortwahl. In: Ehlers, Dirk (Hrsg.): Kommunale Wirtschaftsförderung, Köln 1990, S. 39 ff.

werden, während Strukturprobleme und Entscheidungen von Großbetrieben von der kommunalen Ebene kaum zu beeinflussen sind.[79]

3.2.2 Flächenpolitik

Fragen der Unternehmensentwicklung gehen fast immer mit Standortfragen einher. Eine der Kernaufgaben der Wirtschaftsförderung besteht deshalb darin, die Flächennachfrage von Unternehmen zu befriedigen.[80] Die Instrumente der Flächenpolitik sind die Bauplanung, die Liegenschafts- und die Infrastrukturpolitik. In Ausübung ihrer Planungshoheit plant eine Gemeinde unter Einbeziehung der verschiedenen Nutzungsanforderungen ihre künftige bauliche Entwicklung und damit letztlich auch die Standortqualität für die Wirtschaft.[81] Die in diesen Bereichen ergriffenen Maßnahmen entfalten im allgemeinen eine auf lange Sicht gültige und bindende Wirkung, die kurzfristig nicht korrigierbar ist.[82] Kommunen und Kreise werden umgekehrt von der Raumwirksamkeit der Wirtschaft auf ihrem Gebiet geprägt. Die wirtschaftliche Tätigkeit von Handwerk, Industrie, Handel und Dienstleistungen ist immer standortgebunden. Die Summe aller in der Vergangenheit getroffenen betrieblichen Entscheidungen zur Standortwahl prägt die räumliche Struktur eines Gebiets und macht einen nicht unerheblichen Teil der wirtschaftlichen Möglichkeiten aber auch der Probleme der Kommunen und Landkreise aus.[83]

Das Handlungspotential der kommunalen Wirtschaftspolitik bemisst sich an den Eigentumsverhältnissen an Grund und Boden sowie an der kommunalen Planungs- und Genehmigungspraxis. Eine längerfristige strategische Planung der kommunalen Flächenpolitik ist für den Erfolg von Maßnahmen der Wirtschaftsförderung unabdingbar, denn "mit jeder planerischen Festsetzung eines konkreten Gebietes oder eines Grundstücks legt die Kommune [...] weitgehend ihren eigenen Entscheidungsspielraum fest. Je nach vorheriger Rechtslage kann die Umplanung eines Gebietes eine Erweiterung oder Einschränkung des wirt-

79 Vgl. *Heuer* (Fn. 56), S. 151.

80 *Steinröx, Manfred:* Kommunale Wirtschaftsförderung. Etikettenschwindel oder Beitrag zur Wirtschaftsförderung? In: Ridinger, Rudolf/Manfred Steinröx (Hrsg.): Regionale Wirtschaftsförderung in der Praxis, Köln 1995, S. 88.

81 *Orlisch/Pfeifer* (Fn. 32), S. 115.

82 *Heuer* (Fn. 56), S. 10.

83 *Naßmacher, Karl-Heinz:* Kommunale Wirtschaftspolitik. In: Blanke, Bernhard (Hrsg.): Staat und Stadt, Opladen 1991, S. 440.

schaftlichen Handlungsspielraumes bedeuten."[84] Auch für die örtliche Wirtschaft und für ansiedlungswillige Unternehmen ist eine angebotsorientierte, langfristig angelegte vorausschauende Gewerbeflächenplanung und bestandskräftige Bebauungspläne von Bedeutung, da jede betriebliche Standortwahl einer verlässlichen Entscheidungsgrundlage bedarf.[85] Neben dem Planungsergebnis spielt der Entscheidungsprozeß mit der Abwägung der verschiedenen Nutzungsansprüche eine wichtige Rolle. Eine Gemeinde muss sich klar werden, wie sie ihre zukünftige wirtschaftliche Entwicklung gestalten will. "Dabei müssen Zielkonflikte entschieden und unterschiedliche Meinungen auf einen Nenner gebracht werden. So kann es um die Frage gehen, ob die bisherige Identität bewahrt und dabei die Gefahr von Stagnation in Kauf genommen wird oder ob zusätzliche Arbeitsplätze mit den Folgen der Belastung für Verkehr, Umwelt und Wohnungsmarkt geschaffen werden. [...] Werden Konflikte hier nicht gelöst, so kann durchaus eine Lähmung in der wirtschaftlichen Entwicklung eintreten."[86] Eine optimale, bedarfsgerechte Bereitstellung von Gewerbeflächen setzt voraus, dass die Kommune sowohl die aktuelle Standortsituation der ortsansässigen Betriebe wahrnimmt als auch die zukünftige Wirtschaftsentwicklung antizipiert.[87]

In den neuen Bundesländern sind im Bereich der kommunalen Gewerbeflächenpolitik Fehler gemacht worden.[88] Wurde anfangs ein großer Bedarf an Gewerbeflächen festgestellt und das Fehlen einer leistungsfähigen wirtschaftsnahen Infrastrukturpolitik beklagt,[89] so wurde wenig später das an eine unrealistische Einschätzung der Nachfrage orientierte und qualitativ schlechte (Über-) Angebot an Gewerbeflächen kritisiert. Nicht ausgelastete Gewerbeflächen stehen nicht nur für das Ausbleiben einer wirtschaftlichen Entwicklung, sondern sind teilweise auch mit dramatischen finanziellen Folgelasten für die betroffe-

84 *Heuer, Hans/Rudolf Schäfer:* Akteure und Instrumente der Gewerbepolitik. In: Robert Bosch Stiftung GmbH (Hrsg.): Gewerbeentwicklung und Gewerbepolitik in der Großstadtregion, Gerlingen 1987, S. 87.

85 *Orlisch/Pfeifer* (Fn. 32), S. 115.

86 Ebd.

87 *Icks, Annette:* Kommunale Wirtschaftspolitik in den neuen Bundesländern unter besonderer Berücksichtigung des Gewerbeflächenmarktes, Stuttgart 1994, S. 10.

88 Ebd., S. 6.

89 *Schlecht, Otto:* Regionale Wirtschaftsförderung spielt eine zentrale Rolle. In: Der Landkreis 61, 1991, S. 7 ff.

nen Gemeinden verbunden, da sich die erbrachten Vorleistungen für die Erschließung nicht amortisieren.[90]

3.2.3 Beratung, Information und Standortwerbung

Regelmäßiger Informationsaustausch und Dialog zwischen Verwaltung und Wirtschaft sind die Schlüsselressource für eine endogene Entwicklung am Wirtschaftsstandort. Eine langfristige und kontinuierliche Unternehmensbetreuung wird als Hauptaufgabe im Rahmen der Bestandssicherung angesehen.[91] Im Idealfall ermittelt die Verwaltung frühzeitig Planungen und betriebswirtschaftliche Überlegungen der einheimischen Unternehmen und bringt diese in die kommunalen Planungsprozesse ein. Umgekehrt haben Unternehmen ein Interesse, frühzeitig Informationen z.B. über staatliche Förderprogramme zu erhalten. Der wechselseitige Informationsaustausch zwischen Verwaltung und Betrieben weist in der Praxis allerdings Defizite auf. Einerseits wissen Kommunen zuwenig über die ortsansässigen Betriebe und deren Standortverhalten. Umgekehrt sind sich besonders kleinere und mittlere Unternehmen nicht über die mittel- und langfristigen Konsequenzen bewusst, die z.B. städtebauliche Umplanungen der Kommune für ihre Entwicklungschancen am gegenwärtigen Standort bedeuten können.[92] Einen besonders hohen Beratungsbedarf haben Existenzgründer. Gleichzeitig wird dieser Gruppe ein großes Potential für die kommunale und regionale Wirtschaftsentwicklung zugetraut. "Gelingt es der Wirtschaftsförderung, durch geeignete Beratungen mangelndes betriebswirtschaftliches Wissen, fehlende oder nicht ausreichende Marktkenntnisse oder eine falsche Standortwahl [...] zu reduzieren, so kann sich die Existenzgründerförderung als Zugpferd für die wirtschaftliche Entwicklung einer Region entwickeln."[93] Obwohl die meisten Existenzgründungen zunächst als Kleinstbetriebe mit nur einem oder zwei Beschäftigten starten, wird diesen nicht nur unter Arbeitsmarktaspekten eine hohe Entwicklungsdynamik zugesprochen.

Standortwerbung gehört zu den am weitesten verbreitetsten Instrumenten der Wirtschaftsförderung. Mit Standortwerbung wird versucht, die Standortqualitäten einer Region bekannt zu machen. Das geschieht im allgemeinen über eine

90 *John, Herbert:* Kommunale Wirtschaftsförderung in Ostdeutschland: Keine Alternative zum 'Supermarkt auf der grünen Wiese'? In: Der Landkreis 64, 1994, S. 62; *Icks* (Fn. 87), S. 8 ff.

91 *John* (Fn. 90), S. 63.

92 *Heuer* (Fn. 56), S. 11 f.

93 *Steinröx* (Fn. 80), S. 95.

ortsbezogene Imagewerbung mit Anzeigen in Zeitungen und Zeitschriften, Präsentationen des Standorts auf Messen und Ausstellungen oder andere PR-Maßnahmen. Gezielte Werbung für bestimmte Ansiedlungsprojekte durch den unmittelbaren Kontakt zu möglichen Einzelinteressenten oder die Einschaltung von regionalbezogenen Vermittlern wie Kammern, Medien, Verbänden oder Unternehmensberatern werden nur gelegentlich praktiziert.[94] Kaum ein Akteur in der Wirtschaftsförderung verzichtet auf allgemeine Standortwerbung. Die Effekte, die damit erzielt werden können, sind dagegen umstritten. Wirkungsanalysen sind die absolute Ausnahme oder gänzlich unbekannt. "Dennoch lassen sich die meisten Städte vom 'Prinzip Hoffnung' leiten und entfalten Aktivitäten von deren Wirkungs- und Erfolglosigkeit sie eigentlich überzeugt sind."[95] Standortwerbung ist einseitig auf Betriebsansiedlungen bezogen. Angesichts des allgemein rückläufigen Ansiedlungspotentials legen Aktivitäten zur Standortwerbung den Schluss nahe, dass "der Kurswechsel von der Ansiedlungspolitik zur Gewerbebestandspflege zwar programmatisch vollzogen wurde, aber vielfach noch nicht in entsprechende Maßnahmen umgesetzt worden ist."[96]

4. Aufgabenwandel in der kommunalen Wirtschaftsförderung

Aufgaben, Ziele und Handlungsformen der kommunalen Wirtschaftsförderung haben sich unter dem Eindruck veränderter wirtschaftlicher Rahmenbedingungen in den letzten Jahrzehnten verändert. Für die Gemeinden und Kreise in den neuen Bundesländern gelten dabei andere Rahmenbedingungen wie für die kommunale Ebene in den alten Bundesländern.

4.1 Von der Ansiedlungsförderung zur Bestandssicherung

In den alten Bundesländern beschränkte sich kommunale Wirtschaftsförderung bis in die 70er Jahre hinein vor dem Hintergrund des wirtschaftlichen Wiederaufbaus und eines starken Wirtschaftswachstums nicht selten auf die Ansiedlung von Gewerbe- und Industrieunternehmen.[97] Hinter dem Bemühen der

94 *Naßmacher* (Fn. 83), S. 443.
95 *Heuer* (Fn. 56), S. 11. In diesem Sinne auch *Sachse* (Fn. 78), S. 50.
96 *Heuer* (Fn. 56), S. 11.
97 Vgl. *Knemeyer /Rost-Haigis* (Fn. 29), S. 243.

Kommunen und Kreise um Betriebsansiedlungen stand nicht zuletzt das Ziel, das kommunale Steueraufkommen zu erhöhen und damit die kommunale Wirtschaftskraft zu stärken.[98] Eine so verstandene Wirtschaftsförderung ging selten über die Bereitstellung von Gewerbeflächen hinaus. In Anbetracht der Rahmenbedingungen wurde diese Strategie den gestellten Aufgaben jedoch gerecht: "Solange die Wirtschaft 'boomte', es Betriebe 'zu verteilen gab', die Verfügbarkeit der Ressource 'Boden' bzw. 'Fläche' nicht in Frage gestellt wurde und generell Umweltfragen allenfalls von einigen Exoten thematisiert wurden, war diese auf kurzfristige Ansiedlungserfolge ausgerichtete Form kommunaler Wirtschaftsförderung scheinbar hinreichend und problemadäquat."[99] Spätestens seit der zweiten Hälfte der 70er Jahre haben ein abgeschwächtes Wirtschaftswachstum, steigende Arbeitskosten, zunehmende Bürokratisierung und gestiegene Rohstoff- und Energiepreise zu wirtschaftsstrukturellen Veränderungen geführt.[100] Die Folgen waren ein allgemein rückläufiges Ansiedlungspotential von Betrieben, der Strukturwandel mit dem Trend zur Tertiärisierung der Wirtschaftsstruktur, wachsende Umweltprobleme bzw. deren Wahrnehmung als restriktiv wirkende Determinante wirtschaftspolitischen Handelns, eine allgemein zunehmende, aber gleichwohl räumlich stark differenziert ausgeprägte Arbeitslosigkeit sowie eine zunehmende Ausrichtung insbesondere von größeren Unternehmen an den Bedingungen der internationalen Märkte.

Die Ziel- und Aufgabenstruktur der kommunalen Wirtschaftsförderung musste sich unter den neuen Rahmenbedingungen verändern.[101] Neuansiedlungen von Unternehmen sind zur Ausnahme geworden.[102] Das Potential für Neuansiedlungen entwickelte sich nach übereinstimmender Einschätzung rückläufig.[103]

98 *Ameln, Ralf v.:* Planung, Organisation und Instrumente kommunaler Wirtschaftsförderung. In: Ehlers, Dirk (Hrsg.): Kommunale Wirtschaftsförderung, Köln 1990, S. 22; *Knemeyer/Rost-Haigis* (Fn. 29), S. 245.

99 *Kistenmacher u.a.* (Fn. 30), S. 21.

100 Vgl. *Kröll, Joachim:* Kooperative Strategie der Wirtschaftsförderung als Antwort auf veränderte Rahmenbedingungen. In: Der Landkreis 52, 1982, S. 171.

101 *Kistenmacher u.a.* (Fn. 30), S. 21; *Steinröx* (Fn. 80), S. 88 f.; *Hartmann* (Fn. 3), S. 75 ff.

102 *Naßmacher* beziffert für das Jahr 1970 die Zahl der in der (damaligen) Bundesrepublik neuangesiedelten Betriebe auf fast 700 mit insgesamt 43.000 Beschäftigten. 1980 ging die Zahl der Neuansiedlungen auf weniger als 200 Betriebe mit insgesamt höchstens 10.000 Beschäftigten zurück [vgl. *Naßmacher* (Fn. 83), S. 444]. Identische Zahlen nennt auch *Steinmetz.* Er beziffert die Zahl der Betriebe mit mehr als 50 Beschäftigten, die pro Jahr einen neuen Standort außerhalb ihrer bisherigen Standortgemeinde gründen, auf weniger als 100 Betriebe [vgl. *Steinmetz* (Fn. 19), S. 10, 90].

103 *Ameln* (Fn. 98), S. 23; *Kröll* (Fn. 100), S. 171; *Naßmacher* (Fn. 83), S. 444; *Heuer* (Fn. 56) S. 24.

Ansiedlungen erweisen sich seither in den wenigsten Fällen als 'echte' Neuansiedlungen, sondern sind viel öfter Betriebsverlagerungen bereits bestehender (ortsansässiger) Unternehmen, die dadurch u.a. ihre Entwicklungsmöglichkeiten verbessern möchten.[104] Die wachstumsorientierte Förderung von Betriebsansiedlungen bleibt zwar nach wie vor ein Ziel der Wirtschaftsförderung, doch ist die Bestandspflege und -sicherung ins Zentrum der kommunalen Wirtschaftsförderung gerückt.[105] Bestandspflege ist nicht als Konservierung des Bestandes gewerblicher Aktivitäten und Strukturen misszuverstehen. Ein Einfrieren oder Festhalten bestehender wirtschaftlicher Strukturen ist unmöglich, es sei denn, man würde die örtliche Wirtschaft dem Konkurrenzdruck des nationalen und internationalen Wettbewerbs entziehen. Eine vorausschauende Bestandspflege ist vielmehr auf die Förderung einer endogenen Entwicklung gerichtet, d.h. auf die Mobilisierung bestehender und bislang nicht oder nicht ausreichend genutzter örtlicher Potentiale für die wirtschaftliche Entwicklung einer Region.[106] Qualitative Aspekte mit Blick auf eine zielorientierte Regionalentwicklung treten in der Folge neben rein quantitative Aspekte in der kommunalen Wirtschaftsförderung.

Neben der Orientierung auf eine Förderung endogener Potentiale sind die 'klassischen' Ziele der Wirtschaftsförderung unverändert erhalten geblieben. Nach wie vor wird z.B. eine wohnortnahe Versorgung der Bevölkerung mit Waren und Dienstleistungen angestrebt. Bestandspflege hat zudem eine wichtige strukturpolitische Funktion.[107] Ohne ein attraktives und differenziertes Angebot an Arbeitsplätzen besteht die Gefahr, dass Einwohner in Regionen mit besseren Erwerbsmöglichkeiten abwandern. Insbesondere im ländlichen Raum verfolgt Wirtschaftsförderung deshalb auch das Ziel, zum Erhalt einer tragfähigen Bevölkerungsdecke beizutragen und damit die Grundlage für eine wirtschaftliche Entwicklung zu erhalten. Die Sicherung und Steigerung kommunaler Einnahmen bleibt ein Motiv für die kommunale Wirtschaftsförderung. Im Blickpunkt steht hier die Gewerbesteuer und der kommunale Einkommenssteueranteil als die beiden steuerlichen Haupteinnahmequellen der Gemeinden[108], die

104 Indem Betriebe aus sog. Mischgebieten in "echte" Gewerbegebiete verlagert werden, können beispielsweise immissionsschutzrechtliche Betriebseinschränkungen gelockert werden.

105 Vgl. *Ameln* (Fn. 98), S. 23; *Kistenmacher u.a.* (Fn. 30), S. 21; *Behrendt* (Fn. 47), S. 11; *Ehlers* (Fn. 40) S. 107; *Heuer* (Fn. 56), S. 151.

106 *Ameln* (Fn. 98), S. 24; *Heuer* (Fn. 56), S. 151.

107 Vgl. *Orlisch/Pfeifer* (Fn. 32), S. 122 f.

108 *Milbradt, Georg H.:* Ziele kommunaler Wirtschaftsförderung. In: Ehlers, Dirk (Hrsg.): Kommunale Wirtschaftsförderung, Köln 1990, S. 10.

über die Kreisumlage indirekt auch eine Einnahmequelle für die Landkreise sind.[109]

Grundsätzlich gilt die Ausrichtung der kommunalen Wirtschaftsförderung auf die Entwicklung endogener Potentiale unverändert auch für die neuen Bundesländer.[110] Die kommunale Wirtschaftsförderung in den neuen Bundesländern steht aber zusätzlich unter dem politisch evozierten Erwartungsdruck einer schnellen und unkomplizierten Angleichung der materiellen und sozialen Lebensverhältnisse auf das Niveau der alten Bundesländer. Im Prozess der Umstellung von einer Zentralverwaltungswirtschaft auf eine marktwirtschaftliche Ordnung sind jedoch viele der ursprünglich regional strukturbestimmenden Unternehmen zusammengebrochen. Mit dem Wegbrechen von industriellen Strukturen sind erhebliche Arbeitsplatzverluste einher gegangen. Die kommunale Wirtschaftspolitik in den neuen Bundesländern ist daher noch verstärkt auf Neuansiedlungen von Unternehmen fixiert. Bis auf wenige Großinvestitionen, die sich überdies auf wenige Regionen in den neuen Bundesländer konzentrieren, hat sich bislang die Hoffnung auf einen flächendeckenden Ansiedlungsboom nicht erfüllt. Gleichzeitig wurden seit der Vereinigung von den Kommunen und Kreisen in den neuen Bundesländern eine Vielzahl von Gewerbegebieten ausgewiesen. Zumindest in kleineren Städten und Gemeinden in den neuen Bundesländern ist daraufhin ein Überangebot an Gewerbeflächen entstanden, was sich an den regional teilweise sehr niedrigen Auslastungsraten von erschlossenen Gewerbeflächen ablesen lässt.[111] Die ausbleibende Nachfrage verkehrte den Wunsch nach einem schnellen wirtschaftlichen Aufschwung nicht selten ins Gegenteil.[112] Für das Bundesland Brandenburg stellt sich die Situation wie folgt dar: Im Landesdurchschnitt lag die Auslastung der insgesamt 542 Gewerbegebiete im Frühjahr 1998 bei 55%.[113] Die Auslastung ist regional sehr unterschiedlich. So sind die Gewerbegebiete im Verflechtungsraum rund um Berlin zumeist bereits zu über 80% belegt. Demgegenüber liegt die Belegungsquote im äußeren Entwicklungsraum drastisch niedriger. Am geringsten ausge-

109 Vgl. § 65 LKrO

110 Vgl. *John* (Fn. 90), S. 62.

111 *Kühn/Floeting* (Fn. 48), S. 58 ff.

112 Ebd., S. 62.

113 Das MWMT bezifferte bereits im Jahreswirtschaftsbericht 1995 den durchschnittlichen Belegungsgrad der Gewerbegebiete im Land Brandenburg mit ca. 56% der damals zur Verfügung stehenden Nettofläche. Mit Stand vom 30.6.95 waren insgesamt 107 von 154 geförderten Industrie- und Gewerbeflächen in die Auswertung mit eingeschlossen. Der stagnierende Belegungsgrad der Gewerbeflächen seit 1995 legt den Schluß nahe, daß der gestiegenen Nachfrage nach Gewerbeflächen ein mindestens ebenso stark gestiegenes Flächenangebot gegenüber steht.

lastet sind die Gewerbeflächen im Landkreis Prignitz. Hier liegt die Belegungsquote im Frühjahr 1998 bei lediglich 28%.[114]

4.2 Neuere Entwicklungstrends

Kennzeichnend für neuere Strategien in der kommunalen Wirtschaftsförderung sind Stichworte wie Markt- und Marketingorientierung, Strategieorientierung, Langfrist- und Querschnittsorientierung, die Berücksichtigung qualitativer Aspekte sowie verschiedene Formen der Kooperation und damit verbunden eine veränderte Funktion für die Wirtschaftsförderungsinstitutionen. Die 'klassischen' Aufgabenfelder und Instrumente der Wirtschaftsförderung behalten gleichzeitig ihre ursprüngliche Bedeutung bei.

4.2.1 Qualitatives Wachstum

Die Bereitstellung von Gewerbeflächen gehört unverändert zu den zentralen Aufgaben der kommunalen Wirtschaftsförderung. Eine kurzfristig auf Ansiedlungserfolge ausgerichtete Wirtschaftsförderung ist aber nicht mehr zeitgemäß. Auch kann sich die Wirtschaftsförderung nicht mehr ausschließlich von dem Ziel leiten lassen, die kommunalen Einnahmen zu erhöhen. Gegenüber der rein quantitativ ausgerichteten Flächenbereitstellung und steigender Steuerkraft durch Unternehmensansiedlungen als gewünschte Folgewirkungen gewinnen qualitative Aspekte in der Gewerbeflächenpolitik an Bedeutung. Die Bereitstellung von Gewerbeflächen sollte sich beispielsweise flexibel an Unternehmensbedürfnisse anpassen können ("intelligente Flächennutzungskonzepte, Flächennutzungszyklen").[115] Die kommunale Wirtschaftsförderung steht damit vor der Herausforderung, sich an den spezifischen lokalen Problemen zu orientieren und gleichzeitig die lokalen und regionalen Wirtschaftsförderungsaktivitäten auf Zielgruppen zu spezifizieren.[116] Qualitative Aspekte bilden aber nicht nur einen Maßstab für das Angebot von Gewerbeflächen. Kommunale Wirtschaftsförderung kann nicht mehr isoliert von anderen Entwicklungszielen einer Gemeinde bzw. einer Region betrieben werden. In diesem Verständnis müssen

114 "Gewerbegebiete im Durchschnitt erst zur Hälfte ausgelastet", Der Tagesspiegel vom 22.2.1998.

115 *Hollbach-Grömig* (Fn. 66), S. 117.

116 Vgl. *Kistenmacher u.a.* (Fn. 30), S. 21.

sich die Maßnahmen der Wirtschaftsförderung in eine umfassende Strategie der lokalen und regionalen Wirtschaftsentwicklung einpassen, die wirtschaftliche und soziale Zielstellungen gleichermaßen umfasst. Neben den 'klassischen' Aufgabenstellungen, die auf eine Erneuerung des Wirtschaftsgefüges mit dem Ziel der Schaffung von Arbeitsplätzen, höheren Einkommen der Wohnbevölkerung und die Verbesserung der Wohnungsversorgung abzielen, gewinnen Initiativen, die soziale Gesichtspunkte in den Mittelpunkt stellen, für die kommunale Wirtschaftsförderung an Bedeutung. Diese können z.B. darin bestehen, eine stärkere Bürgerbeteiligung zu ermöglichen, um über die Erschließung lokaler Ressourcen und die Förderung neuer Solidaritätsbewegungen zur sozialen und wirtschaftlichen Erneuerung beizutragen.[117]

4.2.2 Strategische Handlungskoordination

Als Bindeglied zwischen einer Vielzahl von Initiativen, Projekten und Akteure innerhalb eines Wirtschaftsraums ist eine umfassende mittel- und langfristige Entwicklungsstrategie erforderlich. Diese sorgt für die Kontinuität kommunaler Wirtschaftsförderungsaktivitäten. Über die Ausrichtung der Aktivitäten in der Wirtschaftsförderung an einer Gesamtstrategie kann reaktives Handeln genauso verhindert werden wie ein "Flickenteppich von Einzelmaßnahmen" oder ein isoliertes Vorgehens nach dem 'Gießkannenprinzip'. Die Ansprüche an ein Entwicklungskonzept sind voraussetzungsvoll. Einerseits muss das Gesamtkonzept flexibel sein, um Handlungsspielräume nicht einzuengen, damit die strategischen Vorgaben auch tatsächlich umgesetzt werden können. Es darf aber andererseits auch nicht zu global und damit beliebig formuliert sein.[118] Trotzdem muss ein globaler, integrierter Ansatz für eine dauerhafte Entwicklung und Erneuerung in den Kommunen und der Region gewählt werden. Nur dann ist es möglich, Erfahrungen und Ressourcen verschiedener Akteure zu nutzen und für weitere eine zukunftsträchtige lokale Entwicklung und Erneuerung fruchtbar zu machen. Auf der Basis einer Zielgruppenanalyse sind zur Erstellung und Umsetzung eines Handlungskonzepts unterschiedliche Partizipations- und Förderinstrumente, Diskussionsforen und Entscheidungsgremien zu entwickeln.[119]

Integrierte Handlungskonzepte ziehen dabei den Bedarf an Kooperation und Koordination quasi automatisch nach sich. "Je ausdifferenzierter kommunale

117 Vgl. *Pröhl, Marga (Hrsg.):* Kommunale Wirtschaftsförderung. Internationale Recherchen und Fallbeispiele, Gütersloh 1998, S. 30.

118 *Kühn/Floeting* (Fn. 48), S. 140.

119 Vgl. *Pröhl* (Fn. 117), S. 138.

wirtschaftspolitische Strategien sind, desto größer ist der notwendige Koordinierungsbedarf mit externen Akteuren."[120] Die kommunale Wirtschaftsförderung ist auf die Mitwirkung anderer Akteure angewiesen. Sie kann diese Mitwirkung aufgrund der relativ schwachen eigenen Stellung und der Autonomie der anderen Akteure aber nicht durch hierarchische Steuerung erzwingen. Deshalb ist die kommunale Wirtschaftsförderung auf aushandelnde Koordination angewiesen. Parteien, Verbände und Kammern spielen hierbei eine wichtige Rolle, weil sie Legitimations-, Informations-, Mobilisierungs-, und eigene Steuerungsleistungen erbringen können. Voraussetzung für eine Kooperation zwischen unterschiedlichen Akteuren ist ein gewisser Handlungsdruck und gemeinsame Problem- und Interessenslagen.[121] Günstige Bedingungen für kooperative Problemlösungen sind desweiteren eine hohe Steuerungsfähigkeit der beteiligten Akteure, eine hohe gegenseitige Abhängigkeit und die Eröffnung von vielfältigen Handlungsoptionen der Verhandlungspartner durch einen geringen Institutionalisierungsgrad des Verhandlungssystems.[122]

4.2.3 Kooperation und Netzwerkbildung

Es kann Angesichts der neuen Handlungsanforderungen nicht das Ziel der Wirtschaftsförderung sein, kontinuierlich ihr Aufgabenspektrum zu erweitern und immer neue Aufgaben wahrzunehmen. Als neue Rolle der kommunalen Wirtschaftsförderung tritt stärker als bisher die Funktion als Moderator, Koordinator und Initiator in den Vordergrund. Kooperation und Netzwerkbildung gewinnen zunehmend an Bedeutung für die kommunale Wirtschaftsförderung und entwickeln sich zu neuen Erfolgsfaktoren für einen Wirtschaftsstandort. "Lokale und regionale Netzwerke zwischen unterschiedlichen Akteuren gelten als Zeichen der wirtschaftlichen Stabilität und eines zukunftsorientierten positiven Innovationsmilieus in einer Stadt oder Region."[123] Für die verschiedenen Initiativen und Projekte in der Standortentwicklung müssen Partner gesucht werden, beispielsweise in der Fortbildung und in der Arbeitsmarktpolitik. Projekte und Prozesse müssen, wenn sie erst einmal angestoßen sind, delegiert und wenn möglich anderen geeigneten Akteuren zur Durchführung überlassen werden.[124]

120 *McGovern, Karsten:* Wirtschaftsförderung und Kommunalpolitik. Kooperation und Koordination, Opladen 1997, S. 195.
121 *Hollbach-Grömig* (Fn. 66), S. 115 ff.
122 *McGovern* (Fn. 120), S. 195.
123 *Hollbach-Grömig* (Fn. 66), S. 119.
124 Vgl. ebd., S. 9.

Der Bedarf an Kooperation und Netzwerkbildung hat für die kommunale Wirtschaftsförderung drei vorherrschende Dimensionen: Koordinierung und Kooperation spielt in der Zusammenarbeit mit anderen Akteuren, innerhalb der Verwaltung und in bezug auf die Ermöglichung einer interkommunalen Zusammenarbeit eine Rolle.

Der kommunalen Wirtschaftsförderung wächst eine erweiterte Querschnittsfunktion zu. Stand bisher die Funktion als Anlaufpunkt und Clearingstelle für die Anliegen der Wirtschaft innerhalb der Verwaltung im Vordergrund, zeichnet sich die neue Querschnittsfunktion dadurch aus, dass verschiedene Initiativen und Projekte aus den unterschiedlichsten Politikfeldern, verschiedene Zielstellungen und unterschiedliche lokale und regionale Akteure von der Wirtschaftsförderung koordiniert werden müssen. Als Beispiele dafür werden außer den 'klassischen' Themen der kommunalen Wirtschaftsförderung wie die Liegenschafts-, Infrastruktur-, Finanz- und Steuerpolitik auch die Bereiche Technologie- und Innovationsförderung, Existenzgründerförderung, Arbeitsmarktstrategien und Maßnahmen zur Beschäftigungsförderung oder auch Initiativen zur wirtschaftlichen und sozialen Revitalisierung städtischer Problemzonen bis hin zu regionalen Verkehrskonzepten genannt.[125] Wichtig ist, dass diese Aufgaben von der Wirtschaftsförderung nicht ausschließlich mit eigenen Kräften wahrgenommen werden können. Vielmehr fällt der Wirtschaftsförderung die Aufgabe zu, lokale Netzwerke zu knüpfen, diese zu moderieren und zu unterstützen. "Die breite Kooperation mit einer Vielzahl von Akteuren ist unerlässlich, wobei sich Wirtschaftsförderer zumeist in der Rolle des Moderators bzw. Initiators befinden und selten eine Entscheidungsbefugnis besitzen."[126] Der spezifische Handlungsbeitrag der Wirtschaftsförderung besteht darin, Probleme zu analysieren, Themen perspektivisch vorzubereiten und Aktivitäten in Gang zu setzen.

Bestandspflege bleibt als Kernaufgabe für die kommunale Wirtschaftsförderung erhalten, doch können auch hier zusätzliche Potentiale aus Kooperationsbeziehungen erschlossen werden. Indem unternehmerische Akteure in informelle Kreise und formelle Runden mit einbezogen werden, kann ein Erfahrungsaustausch ermöglicht und persönliche Beziehungen aufgebaut werden. Neben konkreten Hilfestellungen für ortsansässige Unternehmen kann die kommunale Wirtschaftsförderung in anderen Fragen nur Mittler sein, der Hilfestellung und Hinweise auf Ansprechpartner gibt, der Kontakte anbahnt oder Unterstützung

125 Vgl. *Pröhl* (Fn. 117), S. 29 f.; *Hollbach-Grömig* (Fn. 66), S. 116.
126 *Kühn/Floeting* (Fn. 48), S. 139.

bei der Informationsverarbeitung gewährt.[127] Neben dem Bedarf an Kooperation und Koordination mit (verwaltungs-) externen Akteuren bleibt die kommunale Wirtschaftsförderung innerhalb der Verwaltung unverändert eine ressortübergreifende Querschnittsaufgabe. Ausgerichtet auf ein gemeinsames, übergeordnetes Entwicklungsziel muss die Wirtschaftsförderung auf die Vermeidung von Reibungs- und Effizienzverlusten innerhalb der Verwaltungsorganisation hinwirken.

Die Zusammenarbeit zwischen unterschiedlichen kommunalen Gebietskörperschaften ist schließlich eine weitere Dimension von Kooperation und Netzwerkbildung. Wirtschaftsräume sind i.d.R. nicht mit den Grenzen von Gemeinden und Kreisen deckungsgleich. "Erst mit der Herausbildung einer funktionalen Arbeitsteilung auf regionaler Ebene (Funktionsverbund) mit dem Ziel, die Wettbewerbsfähigkeit der Region als Ganzes zu sichern oder zu steigern, avanciert der Standort*raum* zu einer Standort*gemeinschaft*."[128] Ein Ansatzpunkt für eine gemeinde- oder kreisübergreifende Zusammenarbeit wird vor allem für die Gewerbeflächenpolitik gesehen. Interregionale Kooperationen bietet sich aber z.B. auch an für eine Regulierung von großflächigem Einzelhandel, für den Entwurf von Verkehrskonzepten, für Fragen der Abfallbeseitigung und Abwasserentsorgung, für Vermarktungsstrategien oder ein Regionalmarketing. Interkommunale Kooperationen müssen dabei eine adäquate Organisationsform haben und auf einvernehmliche Lösungen setzen. Als Organisationsform bietet sich entweder ein öffentlich-rechtlicher Zweckverband oder eine GmbH-Lösung an. Einschränkend wird aber darauf hingewiesen, dass sich brauchbare Resultate nur dann erzielen lassen, wenn sich die Kooperation auf ein konkretes Aufgabenfeld bezieht und entsprechender Handlungsdruck besteht. Erleichtert wird eine Zusammenarbeit zwischen Kommunen oder Kreisen, wenn bereits erste Gesprächsgrundlagen vorliegen, z.B. ein Rahmenplan oder ein Einzelhandelskonzept und die Akteure aus Politik, Verwaltung und der Wirtschaft eine zwischengemeindliche Zusammenarbeit auch wirklich wollen.[129]

4.2.4 Erfahrungen aus der Praxis

Für einige der beschriebenen Trends in der kommunalen Wirtschaftsförderung liegen bereits praktische Erfahrungen vor.

127 *Hollbach-Grömig* (Fn. 66), S. 116.
128 *Kistenmacher u.a.* (Fn. 30), Hervorhebungen im Original.
129 Vgl. *Kühn/Floeting* (Fn. 48), S. 146 f.

Anhand eines international angelegten Vergleichs der Wirtschaftsförderung von fünf Kommunalverwaltungen in Kanada, Großbritannien, Dänemark, Finnland und der Schweiz[130] konnte gezeigt werden, dass bestimmte Ergebnisse der kommunalen Wirtschaftsförderung sich quantitativ beziffern lassen. Dazu gehören Stellgrößen wie die Arbeitslosenquote, die Entwicklung des Steueraufkommens oder die Zahl der Existenzgründungen. Andere Ergebnisse sind hingegen weniger greifbar, werden aber dennoch als wichtig angesehen. Dazu gehören die Beiträge der kommunalen Wirtschaftsförderung für das soziale Klima und das Bemühen um eine Steigerung der Identifikation von Bürgern und ortsansässigen Unternehmen mit ihrer Kommune oder Region. Die als entscheidend angesehenen Faktoren wie Engagement, Mobilisierung, Einbeziehung und Beteiligung sind allerdings nicht quantifizierbar. Aus der Gegenüberstellung der internationalen Fallbeispiele wird das Fazit gezogen, dass Ziele und Maßnahmen nicht isoliert und vereinzelt, sondern im Kontext einer umfassenden Strategie verfolgt und durchgeführt werden. Wirtschaftsförderung stellt dabei an die Kommunalverwaltungen Anforderungen in vielerlei Hinsicht. Als zukunftsfähig werden Maßnahmen eingeschätzt, denen es gelingt, Grenzen zu überwinden zwischen Referaten, Dezernaten und Abteilungen innerhalb der Verwaltungen, zwischen öffentlichen Dienststellen und ihren Leistungen und den Bürgern oder zwischen dem öffentlichen Sektor und der Privatwirtschaft. Als zentrale Erfolgskriterien für die Herstellung einer globalen Wettbewerbsfähigkeit werden die Modernisierung der Infrastruktur, die Anpassung der Qualifikationsstruktur der Bevölkerung an die neuen Erfordernisse des Arbeitsmarkts, das Angebot flexibler Instrumente und Organisationsformen für die Unternehmensentwicklung, die Förderung von Partnerschaften und die Arbeit in Netzwerken angeführt. Insgesamt wird auf die Notwendigkeit für eine Vielzahl von Maßnahmen unter einer langfristig angelegten Perspektive für eine dauerhafte Entwicklung in den Kommunen hingewiesen.[131]

Eine weitere Studie beschäftigt sich mit der Analyse der "Zukunftsinitiative Montanregionen" als innovatives Verfahren zur sozialen Abfederung des Umstrukturierungsprozesses in der Kohle- und Stahlindustrie und als Instrument der aktiven Modernisierungspolitik in der Region des Ruhrgebiets.[132] Als ein Ergebnis der Entwicklung kooperativer Beziehungen zwischen den Akteuren in der Region im Rahmen der Zukunftsinitiative konnte festgestellt werden, dass ein "unmittelbarer Zusammenhang zwischen regionaler Kooperation und der

130 *Pröhl* (Fn. 117), S. 139.
131 Ebd., S. 14/15.
132 *Hesse u.a.* (Fn. 1).

Qualität der beantragten Projekte erkennbar war."[133] Regionale Kooperation wird als wesentliche Voraussetzung für die Einbindung von Projekten in regionale Entwicklungskonzepte, für die Verwirklichung von Public Private Partnerships und für die Koordination und Vernetzung von Einzelprojekten identifiziert. Weil Kooperationsbeziehungen nicht durch staatliche Entscheidungsträger erzwungen werden können, müssen sie sich 'von unten' entwickeln und haben daher eine erhebliche Eigendynamik. Kooperation ist also nur begrenzt steuerbar. Begünstigt werden Kooperationen durch eine homogene Problemstruktur. Kooperatives Verhalten wird daneben durch bestehende Organisationsstrukturen in der Region beeinflusst. So wurde festgestellt, dass sich z.B. Großunternehmen und dominante Wirtschaftsverbände nur schwer in regionale Kooperationen einbinden lassen. Kooperative Beziehungen entstehen nicht von selbst. Die Wahrnehmung einer Moderationsfunktion ist für das Zustandekommen von regionalen Kooperationen von entscheidender Bedeutung. Dazu gehört die Herstellung und Stabilisierung von Kontakten, Überzeugungsarbeit gegenüber den Akteuren und die Herstellung eines sachbezogenen Klimas. In bezug auf die Organisation von regionalen Kooperationen wurde festgestellt, dass eine Zusammenarbeit meist umso wirkungsvoller ist, je geringer die Formalisierung und Institutionalisierung der Kommunikationsbeziehungen ist, dennoch muss ein Rahmen für die Zusammenarbeit definiert werden. Kooperation ist meist mit zeitaufwendigen Kommunikationsprozessen verbunden. Kooperatives Handeln muss deshalb längerfristig angelegt sein.[134]

133 Ebd., S. 143.
134 Vgl. ebd., S. 143 ff.

C. KOMMUNALE WIRTSCHAFTSFÖRDERUNG IN BRANDENBURG

Die empirische Bestandsaufnahme der kommunalen Wirtschaftsförderung in den Kreisen in Brandenburg erfolgt in drei Schritten. Ausgangspunkt ist die wirtschaftliche Lage und der Verlauf der wirtschaftlichen Entwicklung im Land Brandenburg (Abschnitt I). Zusammen mit den Vorgaben aus der Raumordnung und Landesplanung wird damit der äußere Rahmen aufgespannt, innerhalb dessen die Wirtschaftsförderer vor Ort in den Kreisen und kreisfreien Städten agieren müssen. In einem zweiten Schritt werden die Ergebnisse einer schriftlichen Vollerhebung unter allen Brandenburger Kreisen und kreisfreien Städten dargestellt (Abschnitt II). Die Befunde aus der Fragebogenerhebung zu Organisation und Struktur, Zielen und Instrumenten sowie zur Zusammenarbeit zwischen den Akteuren in der kommunalen Wirtschaftsförderung auf Landkreisebene und mit Akteuren auf der Landesebene bzw. mit der ortsansässigen Wirtschaft werden anschließend durch vier Fallstudien vertieft (Abschnitt III). Im Zentrum der Fallstudien steht insbesondere die Frage nach der regionalen Handlungsfähigkeit.

I. Rahmenbedingungen

1. Wirtschaftliche Rahmenbedingungen im Überblick

1.1 Räumliche Struktur und Bevölkerungsentwicklung

Das Land Brandenburg ist das flächenmäßig größte der neuen Bundesländer und erstreckt sich über insgesamt 29.475,84 km². Die Regional- und Wirtschaftsstruktur des Landes ist durch erhebliche Unterschiede zwischen den einzelnen Teilregionen geprägt. Im einzelnen lässt sich die regionale und wirtschaftliche Gliederung Brandenburgs durch folgende Merkmale beschreiben:[1]

- Im Kern des Landes liegt der Ballungsraum Berlin und sein Brandenburger Umland. Hier liegt auch die brandenburgische Landeshauptstadt Potsdam. Das Berliner Umland ist die wirtschaftlich dynamischste Region des Landes. Auf der Höhe von Berlin erstreckt sich zudem in West-Ost-Richtung ein Band urbaner Zonen, das von Brandenburg/Havel im Westen bis Frankfurt/Oder im Osten reicht.

- Die peripheren Regionen des Landes liegen vor allem im Südwesten (Lausitz), im Norden (Prignitz) und Nordosten (Uckermark). Sie sind wirtschaftlich schwach entwickelt und zu großen Teilen ländlich geprägt. Die Landwirtschaft spielt für diese Regionen eine nach wie vor bedeutende Rolle.

- Industriestandorte und –regionen, die sich nicht innerhalb des Ballungsraumes um Berlin befinden, z.B. Schwedt, Eisenhüttenstadt oder Schwarze Pumpe, sind ohne gegenseitige Vernetzung großräumig im Land verteilt und z.T. stark monostrukturiert.

1 Vgl. *Deutsches Institut für Wirtschaftsforschung:* Brandenburg 2000: Entwicklungsstrategie für die Wirtschaftsregion Brandenburg, Gutachten im Auftrag des Ministeriums für Wirtschaft, Mittelstand und Technologie des Landes Brandenburg, Berlin 1996, S. 2.

• Der östliche Landesteil grenzt auf einer Länge von 252 km an die Republik Polen und macht Brandenburg zur Grenzregion der Europäischen Union nach Mittelost- und Osteuropa.

Das Land Brandenburg hat mit Stand vom 30.09.1997 insgesamt 2.568.089 Einwohner.[2] Die durchschnittliche Bevölkerungsdichte liegt mit 87 Einwohnern pro km² weit unter dem Durchschnittswert für die Bundesrepublik von 230 Personen pro km².

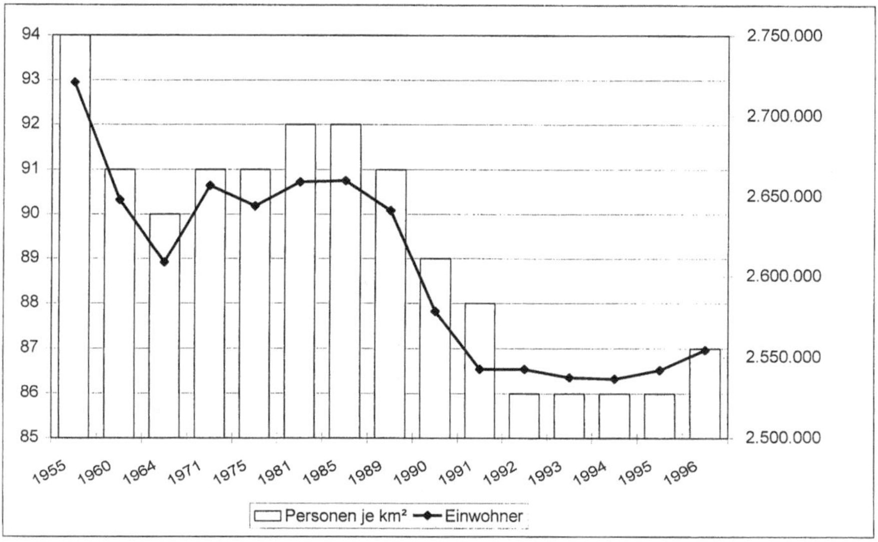

Abbildung 1: Bevölkerungsentwicklung in Brandenburg von 1955 bis 1996
Quelle: Landesamt für Datenverarbeitung und Statistik

Im Vergleich der Bundesländer ist Brandenburg zusammen mit Mecklenburg-Vorpommern das am dünnsten besiedelte Bundesland. Innerhalb des Landes Brandenburg weist die Bevölkerungsdichte ein Gefälle in Richtung der nördlichen und nordöstlichen Kreise auf. Die im nördlichen Landesteil gelegenen

2 Quelle: Internet-Homepage des *Landesamts für Datenverarbeitung und Statistik Brandenburg,* Dokument: http://www.brandenburg.de/lds/region/bev2/bev.htm. Auf die 14 Landkreise entfallen insgesamt 2.153.919 Einwohner, das entspricht 83,9%. In den vier kreisfreien Städten leben mit insgesamt 414.170 Einwohnern 16,1% der Bevölkerung Brandenburgs.

Landkreise Ostprignitz-Ruppin (46 Einwohner pro km²), Prignitz (47 Einwohner pro km²) und Uckermark (52 Einwohner pro km²) haben eine besonders geringe Bevölkerungsdichte, während die Bevölkerungsdichte in den Landkreisen Oberspreewald-Lausitz (127 Einwohner pro km²), Barnim (104 Einwohner pro km²) und Oberhavel (97 Einwohner pro km²) über dem Landesdurchschnitt liegt. Die Bevölkerungsdichte der kreisfreien Städte liegt zwischen 406 Einwohnern pro km² in Brandenburg/Havel und 1.233 Einwohnern pro km² in Potsdam.[3] Im Jahr 1955 wurden auf dem Gebiet des heutigen Landes Brandenburg über 2,7 Mio. Einwohner gezählt, was einer Bevölkerungsdichte von 94 Einwohner pro km² entsprach. Nach einer Phase des Bevölkerungsrückgangs in den 60er Jahren hat die Einwohnerzahl zu Beginn der 70er Jahre wieder zugenommen und blieb bis Mitte der 80er Jahre nahezu konstant. Ab 1985 zeigt die Einwohnerzahl eine leicht sinkende Tendenz. Mit dem Untergang der DDR und der Vereinigung mit der Bundesrepublik verstärkte sich der schon zuvor bestehende Trend des Bevölkerungsrückgangs stark. Allein in den Jahren 1989 und 1990 ging die Zahl der Einwohner um 62.840 Personen zurück. Zwischen 1989 und 1994 war in Brandenburg ein Bevölkerungsrückgang um 104.405 Personen zu verzeichnen. Seit 1995 nimmt die Zahl der Einwohner in Brandenburg nicht zuletzt durch den Zuzug aus Berlin wieder leicht zu. Vom Zuzug profitieren aber nicht alle Regionen Brandenburgs. Die Wanderungsgewinne konzentrieren sich hauptsächlich auf das Berliner Umland. Allein im Jahr 1996 ist im engeren Verflechtungsraum um Berlin die Einwohnerzahl migrationsbedingt um 2,6% gestiegen, während die brandenburgische Peripherie gleichzeitig einen Bevölkerungsverlust von ca. 0,6% hinnehmen musste.[4]

Durch die Wanderungsbewegungen verstärken sich die ohnehin bestehenden Ungleichgewichte zwischen dem Brandenburger Teil des engeren Verflechtungsraumes und den berlinfernen peripheren Regionen des Landes. Der engere Verflechtungsraum ist nicht mit administrativen Grenzen deckungsgleich, sondern wird gebildet aus Teilgebieten der acht Landkreise, die eine gemeinsame Grenze zu Berlin haben und der kreisfreien Stadt Potsdam. Der Brandenburger Teil des engeren Verflechtungsraumes nimmt eine Fläche von 4.477 km² ein, das entspricht etwa 15% der Landesfläche. Von den insgesamt 1.696 Gemeinden des Landes Brandenburg gehören 276 (16,3%) zum engeren Verflechtungs-

3 Quelle: Internet-Homepage des *Landesamts für Datenverarbeitung und Statistik Brandenburg,* Dokument: http://www.brandenburg.de/lds/daten/bevoelk5.htm. Die Zahlen beziehen sich auf das Jahr 1996.

4 *Seitz, Helmut:* Migration, Arbeitsmarkt, Wirtschaft und öffentliche Finanzen in Brandenburg und den anderen ostdeutschen Ländern, Diskussions-Paper der Europa-Universität Viadrina, Juni 1998 (überarbeitete Version), S. 4 f.

raum. Von insgesamt 116 Gemeinden mit Stadtrecht liegen 21 (18,1%) im engeren Verflechtungsraum. Zudem umfasst der engere Verflechtungsraum auch 31 von insgesamt 60 amtsfreien Gemeinden, was einem Anteil von 51,7% entspricht.[5] Ende 1996 lebten mit insgesamt 826.841 Einwohnern 32,4% der Brandenburger Bevölkerung im engeren Verflechtungsraum. Seit Anfang der 70er Jahre hält der Trend zum Bevölkerungswachstum im Umland zu Berlin ungebrochen an. Lebten 1971 noch 29,1% der Einwohner des heutigen Landes Brandenburg in einer der Gemeinden des engeren Verflechtungsraums, so waren es 1981 bereits 29,9% und 1990 schließlich 30,2%. Rückschlüsse auf die zukünftige Bevölkerungsentwicklung gibt auch der prognostizierte mittelfristige Wohnungsbedarf. Die Landesregierung geht bis zum Jahr 2010 von einem Bedarf von insgesamt 155.000 neuen Wohnungen aus. Davon entfällt mit 112.000 Wohnungen der Großteil des erwarteten Bedarfs auf das Berliner Umland. Für die flächenmäßig viel größeren berlinfernen Regionen wird hingegen mit einem zukünftigen Bedarf von nur 43.000 neuen Wohnungen gerechnet.[6] Schon jetzt liegt die Bevölkerungsdichte im engeren Verflechtungsraum mit 185 Einwohnern pro km^2 mehr als doppelt so hoch wie im Landesdurchschnitt.

Berlin und sein Brandenburger Umland haben sich zu einem gemeinsamen Wirtschaftsraum entwickelt. Neben Wanderungsbewegungen der Bevölkerung von Berlin und aus der Brandenburger Peripherie in den engeren Verflechtungsraum ist mit einem Schwerpunkt in den Jahren unmittelbar nach 1990 eine, wenn auch in geringerem Ausmaß, immer noch anhaltende "Gewerbemigration" von Unternehmen aus Berlin in das unmittelbare Brandenburger Umland zu verzeichnen. Betriebsverlagerungen in berlinferne Regionen Brandenburgs sind hingegen quantitativ bedeutungslos.[7] Erste Ergebnisse einer noch laufenden Untersuchung geben Hinweise auf die Motive für Betriebsverlagerungen von Berlin nach Brandenburg.[8] Als Vorteile des Brandenburger Umlands als neuer Standort für Berliner Unternehmen werden genannt:

- die bessere Anbindung an das Straßennetz bzw. die Autobahn,
- die vergleichsweise günstigen Immobilienpreise im Umland und
- fehlende Expansionsmöglichkeiten in Berlin.

5 *Landesamt für Datenverarbeitung und Statistik Brandenburg:* Statistisches Jahrbuch 1997, Potsdam 1997 und eigene Berechnungen.

6 "Tausende Wohnungen im Umland", Der Tagesspiegel vom 21.10.1998.

7 *Seitz* (Fn. 4), S. 7 ff.

8 Diplomarbeitsprojekt am Lehrstuhl für Makroökonomie der Europa-Universität Viadrina (Bearbeiter: Jan Poppe).

Ein Standortwechsel wird auch mit dem Wohnungswechsel des Firmeninhabers begründet. Kleinere Betriebe werden i.d.R. in unmittelbarer Wohnortnähe des Firmeninhabers betrieben. Bevölkerungsbewegungen ziehen deshalb zumindest bei Selbständigen quasi automatisch auch Gewerbeverlagerungen nach sich. Die befragten Unternehmen erwarten von einer Betriebsverlagerung ins Brandenburger Umland die Senkung von Produktionskosten, insbesondere durch die niedrigeren Standortkosten und eine größere Marktnähe. Nur wenige Unternehmen geben an, für die Betriebsverlagerung nach Brandenburg eine Förderung erhalten zu haben. Ebenfalls geringen Einfluss auf die Entscheidung zur Betriebsverlagerung hatte die Standortwerbung durch das Land Brandenburg.

1.2 Wirtschaftliche Leistungsfähigkeit und Wirtschaftsstruktur

Die Bruttowertschöpfung je Einwohner und Wirtschaftsbranche ist ein Maßstab für die wirtschaftliche Leistungsfähigkeit und gibt Auskunft über die anteilige Bedeutung der verschiedenen Branchen und damit über die Wirtschaftsstruktur. Der Faktor Erwerbstätige pro 1.000 Einwohner je Branche macht ergänzend dazu die Struktur des Arbeitsmarktes transparent.

Im produzierenden Gewerbe fällt für die neuen Bundesländer allgemein und speziell für Brandenburg der starke Anteil des Baugewerbes und die Schwäche des Verarbeitenden Gewerbes auf. Die ostdeutsche Bauwirtschaft übertraf 1994 gemessen an der Bruttowertschöpfung je Einwohner (jedoch nicht in der Produktivität) die Bauwirtschaft in Westdeutschland. 1994 entfiel mehr als ein Viertel der gesamten Bruttowertschöpfung der Bauwirtschaft in der Bundesrepublik auf die neuen Länder. Gemessen am Bevölkerungsanteil müsste es eigentlich nur knapp ein Fünftel sein.[9] Beim Anteil der Erwerbstätigen je 1.000 Einwohner übertrifft der Bausektor in den neuen Bundesländern die alten Bundesländer um mehr als das Doppelte. In Brandenburg liegt die Bedeutung des Bausektors sowohl bei der Bruttowertschöpfung je Einwohner wie beim Anteil der Beschäftigten je 1.000 Einwohner sogar noch über dem Durchschnitt der neuen Bundesländer insgesamt. Die im Vergleich geringe Bedeutung des Verarbeitenden Gewerbes in den neuen Bundesländern trifft auch für Brandenburg zu. Die Bruttowertschöpfung bezogen auf die Einwohnerzahl lag 1994 im Verarbeitenden Gewerbe in Brandenburg mit 3.704 DM je Einwohner etwas höher als im Durchschnitt der neuen Bundesländer (3.088 DM je Einwohner).

9 *DIW* (Fn. 1), S. 28.

	Bruttowertschöpfung je Einwohner (in DM)			Erwerbstätige je 1.000 Einwohner		
	Brandenburg	Neue Bundesländer	Alte Bundesländer	Brandenburg	Neue Bundesländer	Alte Bundesländer
Land- und Forstwirtschaft	514	399	454	20	14	13
Produzierendes Gewerbe	9.170	8.019	15.519	140	138	159
Energie-/ Wasserversorgung, Bergbau	1.451	943	1.134	13	8	7
Verarbeitendes Gewerbe	3.704	3.088	11.798	59	71	122
Baugewerbe	4.016	3.988	2.893	67	64	30
Handel und Verkehr	2.810	2.693	6.323	72	71	84
Dienstleistung	5.356	6.043	15.852	76	75	94
Staat, private Haushalte, Organisationen ohne Erwerbszweck	4.632	4.471	5.826	104	102	88
nachrichtlich: Bruttoinlandsprodukt bzw. insgesamt	22.810	21.942	45.600	411	400	438

Tabelle 2: Bruttowertschöpfung und Erwerbstätige nach Wirtschaftszweigen 1994
Quelle: Deutsches Institut für Wirtschaftsforschung, 1996

Im Verarbeitenden Gewerbe sind in Brandenburg mit 59 Erwerbstätigen je 1.000 Einwohner jedoch weniger Personen beschäftigt, als im Durchschnitt der neuen Länder (71 Beschäftigte je 1.000 Einwohner). Im Vergleich zu den alten Bundesländern (122 Erwerbstätige je 1.000 Einwohner) werden in Brandenburg damit weniger als halb so viele Industriebeschäftigte gezählt. Der Anteil der Beschäftigung im Bereich Staat, private Haushalte und Organisationen ohne Erwerbszweck liegt in den neuen Bundesländern mit 102 Beschäftigten je 1.000 Einwohnern und in Brandenburg mit 104 Beschäftigten je 1.000 Einwohnern wesentlich über dem Durchschnitt der alten Bundesländer (88 Beschäftigte je 1.000 Einwohner). Dies ist vor allem auf den vergleichsweise hohen Personalbestand in öffentlichen Dienst zurückzuführen. Als typisch für die Wirtschaftsstruktur Brandenburgs kann die große Bedeutung des Bereichs Land- und Forstwirtschaft gelten. In den neuen Bundesländern insgesamt liegt die Bruttowertschöpfung je Einwohner in diesem Bereich bei 399 DM und es sind 14 Beschäftigte pro 1.000 Einwohner in diesem Bereich tätig. Für Brandenburg hat der Bereich der Land- und Forstwirtschaft mit einer Bruttowertschöpfung je Einwohner von 514 DM und 20 Beschäftigten je 1.000 Einwohner eine weit überdurchschnittliche Bedeutung.

Die nachfolgende Tabelle zeigt die Entwicklung der Bruttowertschöpfung je Einwohner im Land Brandenburg bezogen auf die Landkreise und kreisfreien Städte.

	Bruttowertschöpfung je Einwohner (in DM)							
	1991		1992		1993		1994	
Land Brandenburg ohne Landkreis Uckermark	13.116	100%	16.472	100%	19.560	100%	22.051	100%
Brandenburg/ Havel	11.366	87%	17.366	105%	21.187	108%	25.103	114%
Cottbus	20.669	158%	20.225	123%	23.990	123%	28.013	127%
Frankfurt/Oder	17.306	132%	22.000	134%	26.821	137%	31.481	143%
Potsdam	21.214	162%	26.130	159%	30.524	156%	35.345	160%
Barnim	11.200	85%	15.575	95%	19.214	98%	21.764	99%
Dahme-Spreewald	11.573	88%	15.058	91%	17.711	91%	19.919	90%
Elbe-Elster	11.011	84%	14.777	90%	17.943	92%	21.004	95%
Havelland	9.535	73%	12.240	74%	13.969	71%	16.797	76%
Märkisch-Oderland	10.691	82%	14.337	87%	18.191	93%	21.230	96%
Oberhavel	11.189	85%	12.834	78%	15.750	81%	18.822	85%
Oberspreewald-Lausitz	15.765	120%	16.669	101%	19.697	101%	21.955	100%
Oder-Spree	10.166	78%	14.357	87%	15.797	81%	17.577	80%
Ostprignitz-Ruppin	11.115	85%	15.462	94%	16.640	85%	19.515	88%
Potsdam-Mittelmark	10.532	80%	15.328	93%	19.037	97%	21.577	98%
Prignitz	9.808	75%	12.953	79%	15.133	77%	16.976	77%
Spree-Neiße	21.848	167%	23.747	144%	28.292	145%	24.508	111%
Teltow-Fläming	9.664	74%	14.070	85%	16.405	84%	19.118	87%

Tabelle 3: Bruttowertschöpfung nach Landkreisen 1991 bis 1994
Quelle: MWMT: Brandenburger Wirtschaftsreport 1/98

Die Analyse der Bruttowertschöpfung pro Einwohner macht die unterschiedliche Leistungsfähigkeit der brandenburgischen Landkreise deutlich. Die zusätzlich bestehenden Ungleichgewichte *innerhalb* der Landkreise können mit dieser Darstellungsform jedoch nicht transparent gemacht werden. Bei der Analyse muss der Landkreis Uckermark gänzlich unberücksichtigt bleiben. Diesem Landkreis werden in der Statistik die Einnahmen aus der Mineralölsteuer gutgeschrieben, die auf den Verkauf der Erzeugnisse der Raffinerie in Schwedt erhoben wird. Diese Einnahmen sind weder getrennt auszuweisen noch können sie eliminiert werden. Durch die Leistungskraft der Mineralölindustrie entfällt auf den Kreis Uckermark rechnerisch bei einem Bevölkerungsanteil von nur 6,4% reichlich 12% der Wirtschaftsleistung des gesamten Landes Brandenburg. Der statistische Vergleich der regionalen Strukturen wird dadurch erheblich verzerrt.[10] Insgesamt ist festzustellen, dass sich die Spannbreite in der wirtschaftlichen Leistungskraft zwischen den Landkreisen/ kreisfreien Städten zwischen 1991 und 1994 insgesamt verkleinert hat. Dennoch gibt es auch im derzeit jüngsten statistisch belegten Jahr, 1994, große Unterschiede in der wirtschaftlichen Gesamtleistung zwischen den Kreisen. In Potsdam liegt die Wertschöpfung je Einwohner bei 35.345 DM, im Landkreis Spree-Neiße – dem Landkreis mit dem höchsten Wert aller Landkreise – werden 24.508 DM je Einwohner erreicht. Dagegen liegt die Wertschöpfung je Einwohner in den Kreisen Havelland und Prignitz bei 16.797 DM bzw. 16.976 DM. Der Wert für Potsdam liegt 60% über dem Landesdurchschnitt, die Wertschöpfung je Einwohner im Landkreis Spree-Neiße liegt 11% über dem Landesdurchschnitt, während die Werte für die Kreise Havelland 24% und Prignitz 23% unterhalb des Landesdurchschnitts liegen. Die auffallend hohe wirtschaftliche Leistungskraft der kreisfreien Städte im Vergleich zu den Landkreisen wird mit der grundsätzlich unterschiedlichen Wirtschaftsstruktur begründet. Der direkte Vergleich zwischen kreisfreien Städten und Landkreisen ist deshalb nur bedingt aussagekräftig.

Wie bereits bei der Verteilung der Einwohner und der Bevölkerungsdichte unterscheidet sich der engere Verflechtungsraum auch bei den wirtschaftlichen Rahmendaten vom Rest des Landes. Der engere Verflechtungsraum nimmt zwar nur etwa 15% der Landesfläche ein, bezogen auf seine wirtschaftliche Bedeutung für das Land Brandenburg kommt ihm aber eine überdurchschnittliche Stellung zu. Dies lässt sich am Beispiel der Branchen Bergbau/Verarbeitendes Gewerbe zeigen. Bezogen auf das Jahr 1996 hatten von insgesamt 960 Brandenburger Betrieben in dieser Branche 285 Betriebe (29,7%) ihren Firmensitz im engeren Verflechtungsraum. Von den insgesamt 92.299 Beschäftigten waren 26.034 Beschäftigte im engeren Verflechtungsraum tätig. Das entspricht einem Anteil von 28,2%. Auf den engeren Verflechtungsraum entfielen 25,7% der geleisteten Arbeitsstunden und 24,7% des Gesamtumsatzes dieser Branche. 30,8% der gesamten Bruttolohn- bzw. Gehaltssumme wurde dort verdient.[11] Für die Branche Bergbau/Verarbeitendes Gewerbe spielt der engere Verflechtungsraum damit eine wesentliche Rolle als Wirtschaftsstandort und das, obwohl die Brandenburger Bergbaustandorte in der Lausitz und nicht im engeren Verflechtungsraum liegen.

10 *Ministerium für Wirtschaft, Mittelstand und Technologie:* Brandenburger Wirtschaftsreport. Aktuelle Berichte und Statistiken, 1/98, S. 27.

11 *Landesamt für Datenverarbeitung und Statistik Brandenburg:* Statistisches Jahrbuch 1997, Potsdam 1997 und eigene Berechnungen.

1.3 Entwicklung von Erwerbstätigkeit und Arbeitslosigkeit

Seit 1990 hat sich der Arbeitsmarkt im Land Brandenburg entscheidend verändert. Die Zahl der Erwerbstätigen entwickelte sich insgesamt rückläufig. Wurden 1990 in Brandenburg noch 1.383.100 Erwerbstätige gezählt, waren 1995 noch 1.061.000 Menschen erwerbstätig. Das entspricht einem Rückgang um etwa 23% in nur fünf Jahren. Ein besonders starker Beschäftigungsabbau war in der Industrie zu verzeichnen. Die Industriebeschäftigung generell beträgt Ende 1998 nur noch ca. 40% des Standes von 1991.[12] Innerhalb Brandenburgs vollzog sich die Entwicklung dabei regional uneinheitlich. Unterschiede bestehen zwischen dem engeren Verflechtungsraum und dem äußeren Entwicklungsraum. Die Abnahme der Erwerbstätigkeit lag im engeren Verflechtungsraum im genannten Zeitraum bei insgesamt 25.000 Erwerbstätigen (von 408.000 in 1990 auf 383.000 in 1995). Das entspricht einem Rückgang um 6,1%. Der Rückgang im äußeren Entwicklungsraum fiel mit 294.000 Beschäftigten sehr viel drastischer aus. Dort kam es zum Rückgang der Beschäftigung um fast ein Drittel.[13]

Zum Beschäftigungsrückgang haben Beschäftigungseinbrüche in der Landwirtschaft und im Verarbeitenden Gewerbe insbesondere an den monostrukturierten Industriestandorten beigetragen. Der stärker ländlich geprägte nördliche Landesteil Brandenburgs wurde vom Beschäftigungsrückgang schon sehr frühzeitig und vergleichsweise härter betroffen als der engere Verflechtungsraum und der stärker industrialisierte Süden Brandenburgs.

Der Rückgang der Erwerbstätigkeit korrespondiert mit einer Zunahme der Arbeitslosigkeit. Die Arbeitsmarktsituation im Land Brandenburg und in den einzelnen Brandenburger Arbeitsamtsbezirken kann aber nicht unabhängig von der Entwicklung der Arbeitslosigkeit in den alten und neuen Ländern insgesamt beurteilt werden. Die Arbeitslosenquote in den fünf neuen Bundesländern liegt während des gesamten Untersuchungszeitraums von August 1996 bis Juni 1998 deutlich über dem Wert der alten Bundesländer. Den Verlauf der Arbeitslosenquote im Vergleich zwischen alten und neuen Bundesländern zeigt die folgende Graphik:

12 *MWMT:* Brandenburger Wirtschaftsreport, Ausgabe 2/98, Potsdam 1998, S. 19.

13 *Ministerium für Umwelt, Naturschutz und Raumordnung des Landes Brandenburg/ Senatsverwaltung für Stadtentwicklung, Umweltschutz und Technologie des Landes Berlin (Hrsg.):* Raumordnungsbericht 1998, Potsdam 1998., S. 214 f. und eigne Berechnungen.

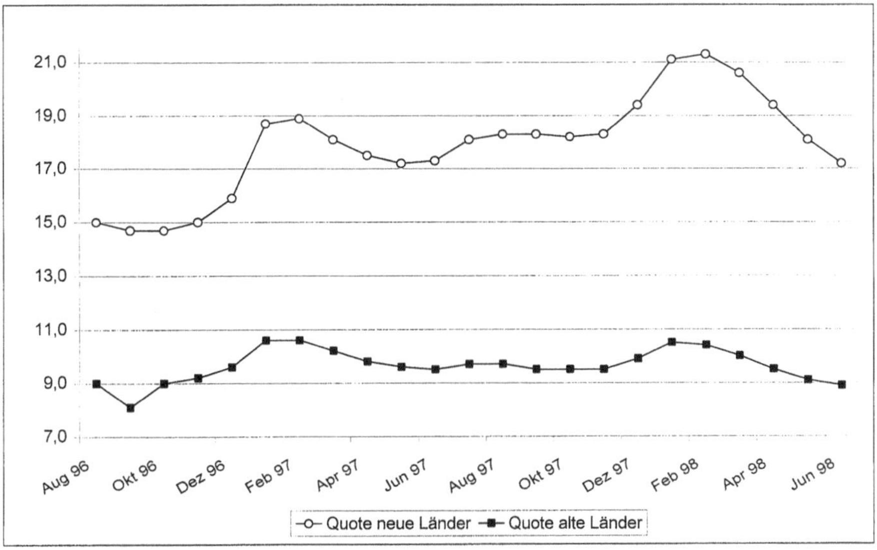

Abbildung 2: Arbeitslosenquote in den alten und neuen Bundesländern
Quelle: Ministerium der Justiz und für Bundes- und Europaangelegenheiten

Zu Beginn des Untersuchungszeitraumes im August 1996 lag die Arbeitslosenquote in den alten Bundesländern bei 9,0% und in den neuen Bundesländern bei 15,0%. Im Zeitraum von Januar bis März 1997 war in den neuen Bundesländern eine überdurchschnittlich starke Zunahme der Arbeitslosigkeit festzustellen. Dieses Phänomen wiederholt sich in noch verschärftem Ausmaß ein Jahr später von Januar bis April 1998. Während dieser Periode liegt die Arbeitslosenquote der neuen Bundesländer jeweils mehr als doppelt so hoch wie in den alten Bundesländern. Dieser Verlauf der Arbeitslosenquote lässt darauf schließen, dass der Arbeitsmarkt in den neuen Bundesländern großen jahreszeitlichen Schwankungen ausgesetzt ist. Hier schlägt sich u.a. die Dominanz des Bausektors in den neuen Bundesländern nieder. Jahreszeitliche Schwankungen werden auf den Arbeitsmarkt der alten Bundesländer dagegen nur in vergleichsweise abgeschwächter Form wirksam. Für das Jahr 1998 war auf dem Arbeitsmarkt in der alten Bundesländern eine leichte Erholung festzustellen. Lag die Arbeitslosenquote im Dezember 1997 noch 0,3%-Punkte über dem Vorjahreswert von 9,6%, so wurde im Januar 1998 mit 10,5% der Wert von 1997 erstmals um 0,1%-Punkte unterschritten. In den Monaten Februar bis Juni 1998 lag die Arbeitslosenquote jeweils unter dem entsprechenden Vorjahreswert. Die neuen Bundesländer konnten von der Erholung am Arbeitsmarkt in den alten Bundesländern zunächst nicht profitieren. Die Quote für Januar bis Mai 1998 lag teilweise deutlich über dem jeweiligen Vorjahresniveau. Erstmalig im Juni 1998 lag die

Arbeitslosenquote für die neuen Bundesländer mit 17,2% leicht um 0,1%-Punkte unterhalb der Quote des Vergleichsmonats im Jahr 1997. Die Entspannung auf dem Arbeitsmarkt ist dabei aber ausschließlich auf die Ausweitung der Stellen für ABM, Strukturanpassung und für Fortbildung/ Umschulung zurückzuführen. Im Jahresvergleich der Jahre 1997 und 1998 hat sich die Zahl der nicht, teilweise oder nicht regulär Beschäftigten nochmals erhöht, d.h. die Unterbeschäftigung hat also effektiv zugenommen.[14]

Während des gesamten Untersuchungszeitraumes konnte sich die Arbeitsmarktentwicklung für das Land Brandenburg nicht von der Entwicklung für die neuen Bundesländer insgesamt abkoppeln. Das zeigt die folgende Graphik:

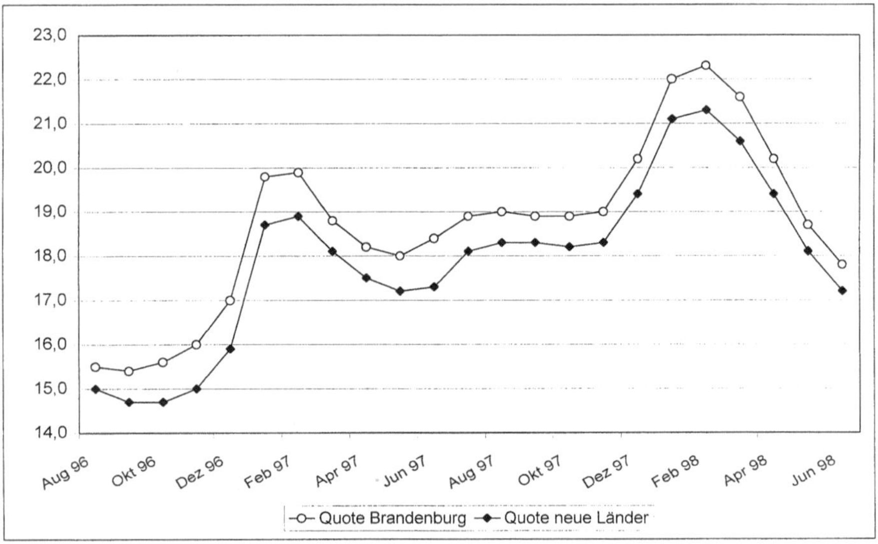

Abbildung 3: Vergleich Brandenburg und neue Bundesländer insg.
Quelle: Ministerium der Justiz und für Bundes- und Europaangelegenheiten

Die Quote für Brandenburg lag im gesamten Zeitraum jeweils über dem Wert für die neuen Bundesländer insgesamt. Die Differenz zwischen beiden Kurven lag im August 1996 noch bei 0,5%-Punkten und erreichte bis Dezember 1996 1,1%-Punkte. Die Arbeitslosenquote von Brandenburg näherte sich im Frühjahr 1997 dem Wert für die neuen Bundesländer zunächst wieder an und lag von da ab stabil um rund 1%-Punkt über dem Wert für die neuen Bundesländer. Erst

14 Ebd., S. 22.

zum Ende des Untersuchungszeitraumes näherte sich der Verlauf der Arbeitslosenquoten wieder an. Im April 1998 betrug die Differenz noch 0,8%-Punkte. Im Mai und Juni 1998 lag die Arbeitslosenquote in Brandenburg um 0,6%-Punkte über dem Wert der neuen Bundesländer insgesamt.

Die nachfolgenden Graphiken zeigt einen Vergleich der Arbeitslosenquoten der fünf Brandenburger Arbeitsamtsbezirke jeweils für den Zeitraum von August 1996 bis Juni 1998:

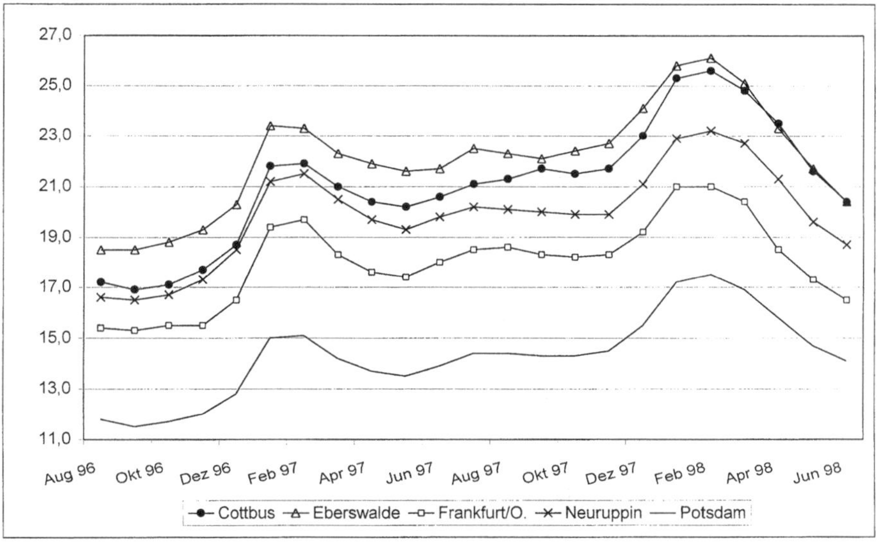

Abbildung 4: Arbeitslosenquote nach Arbeitsamtsbezirken
Quelle: Ministerium der Justiz und für Bundes- und Europaangelegenheiten

Die Arbeitslosenquoten aller Arbeitsamtsbezirke[15] weisen den für die neuen Bundesländer typischen saisonalen Verlauf auf. Über den Gesamtzeitraum hin-

15 Die Arbeitsamtsbezirke sind Cottbus (Arbeitsämter Lübbenau, Senftenberg, Finsterwalde, Spremberg, Forst, Guben, Herzberg, Luckau, Lübben, Bad Liebenwerda, Cottbus St./L.), Eberswalde (Arbeitsämter Angermünde, Bernau, Eberswalde, Prenzlau, Schwedt, Templin), Frankfurt/Oder (Arbeitsämter Bad Freienwalde, Beeskow, Eisenhüttenstadt St./L., Frankfurt/O., Fürstenwalde, Seelow. Strausberg), Neuruppin (Arbeitsämter Gransee, Kyritz, Nauen, Neuruppin, Oranienburg, Perleberg, Pritzwalk, Rathenow, Wittstock) und Potsdam (Arbeitsämter Belzig, Brandenburg St./L., Königs Wusterhausen, Luckenwalde/ Jüterbog, Potsdam St./L., Zossen).

weg wies der Arbeitsamtsbezirk Potsdam die mit Abstand niedrigste Arbeitslosenquote aller Arbeitsamtsbezirke auf, gefolgt von Frankfurt/Oder. Die Quote im Arbeitsamtsbezirk Neuruppin lag dauerhaft unterhalb der Quote des Arbeitsamtsbezirks Cottbus. Die höchste Arbeitslosenquote wurde während des gesamten Zeitraums im Arbeitsamtsbezirk Eberswalde registriert. Das unterschiedliche Niveau der Arbeitslosigkeit der fünf Arbeitsamtsbezirke zueinander bleibt im Zeitverlauf nahezu stabil. Die Ausnahme bilden die Quoten von Eberswalde und Cottbus, die sich im Zeitverlauf einander annähern und schließlich im Juni 1998 auf exakt dem gleichen Niveau liegen. Während des gesamten Zeitraums sind die regionalen Unterschiede der Arbeitslosigkeit enorm stark ausgeprägt. Die Differenz zwischen Potsdam mit einer Quote von 14,1% im Juni 1998 und Eberswalde bzw. Cottbus (jeweils 20,4%) beträgt 6,3%-Punkte.

Der Verlauf der Arbeitslosenquote in den fünf Arbeitsamtsbezirken des Landes Brandenburg macht deutlich, dass sich keine Region in Brandenburg von der Entwicklung der Arbeitslosigkeit in den neuen Bundesländern insgesamt hat abkoppeln können. Aus der nahezu stabilen Staffelung der Arbeitslosenquoten auf Arbeitsamtsbezirksebene lässt sich schließen, dass die unterschiedliche wirtschaftliche Entwicklung zwischen dem Berliner Umland und den peripheren Regionen vom tortenstückartigen Zuschnitt der administrativen Einheiten verdeckt wird. Betrachtet man hingegen die Entwicklung der Arbeitslosigkeit getrennt zwischen Berliner Umland und Peripherie, so werden interregionale Entwicklungsdifferenzen deutlich sichtbar. Im Jahr 1996 wurde in den berlinfernen Regionen ein Beschäftigungsrückgang von ca. 4,7% registriert, während gleichzeitig im Berliner Umland ein Zuwachs an Beschäftigung von ca. 1,1% festzustellen war. Für 1997 betrug der Arbeitsplatzabbau in der Peripherie fast 5,0%, während der Rückgang in Berliner Umland mit ca. 1,5% deutlich geringer ausfiel. Über einen längeren Zeitraum betrachtet zerfällt das Land Brandenburg in wachstumsstarke Gemeinden wie beispielsweise Königs Wusterhausen, Zossen oder Nauen, die seit 1993 mehr als 20% neue Arbeitsplätze hinzugewonnen haben und wachstumsschwache wie z.B. Eberswalde, Guben oder Lübbenau, wo im gleichen Zeitraum ein Arbeitsplatzverlust von 15% eingetreten ist. Insgesamt können die Wachstumsraten in der Beschäftigung in den "Top-Regionen" des Berliner Umlands die Beschäftigungsverluste in den berlinfernen Regionen nicht ausgleichen, so dass per Saldo das Land Brandenburg zwischen

1993 und 1997 einen Beschäftigungsabbau von 3,4% (ca. 30.500 Arbeitsplätze) hinnehmen musste.[16]

2. Raumordnung und Landesplanung

2.1 Ausgangssituation

Der Bedarf für eine enge Zusammenarbeit in der Raumordnung und Landesplanung zur Überwindung der strukturellen Disparitäten in der Region Berlin-Brandenburg wurde bereits kurz nach dem Fall der Mauer und damit noch vor der Vereinigung der beiden deutschen Staaten erkannt und vorangetrieben.[17] Als Ergebnis dieses Prozesses wurde im April 1995 zwischen Berlin und Brandenburg der Landesplanungsvertrag geschlossen. Darin wurde vereinbart, dass die Länder Berlin und Brandenburg in Fragen der Raumordnung und Landesplanung auf Dauer zusammenarbeiten. Institutionell verankert wurde der politische Wille für eine auf Dauer angelegte Kooperation beider Bundesländer in diesem Politikfeld in der Anfang 1996 eingerichteten und von Brandenburg und Berlin gemeinsam getragenen Gemeinsamen Landesplanungsabteilung mit Sitz in Potsdam.

Ausgangspunkte für eine abgestimmte Politik in den Aufgabenbereichen Raumordnung und Landesplanung zwischen den Ländern Berlin und Brandenburg sind die enormen strukturellen Asymmetrien zwischen der Metropole Berlin und dem Flächenland Brandenburg einerseits und die großen regionalen Disparitäten innerhalb des Landes Brandenburg andererseits. Es müssen also Konzepte zur Lösung der Stadt-Umland-Problematik und zum Ausgleich von regionalen Entwicklungsunterschieden innerhalb des Landes Brandenburg entwickelt werden. Folgende Aufgabenfelder müssen in Rahmen der gemeinsamen Raumordnung und Landesplanung bearbeitet werden:

- An der Schnittstelle zwischen Stadt und Umland besteht die Notwendigkeit zur Steuerung der Siedlungs- und Wirtschaftsentwicklung zur Sicherung von natürlichen Freiräumen und zum Abbau bereits bestehende bzw. zur

16 *Seitz* (Fn. 4) , S. 15 f.

17 Vgl. dazu ausführlich: *Kleger, Heinz:* Metropolitane Transformation durch urbane Regime. Berlin-Brandenburg auf dem Weg zu regionaler Handlungsfähigkeit, Amsterdam 1996, S. 45 ff.; *MUNR/ SenSUT* (Fn. 13), S. 21.

Verhinderung neuer regionaler Unterschiede innerhalb der Teilregionen Brandenburgs.

- Die Metropole Berlin braucht Erholungsräume im stadtnahen Umland. Brandenburg und Berlin haben ein gemeinsames Interesse an einer vernünftigen Koordination der verschiedenen Freiraumfunktionen wie Natur- und Landschaftsschutz, Landwirtschaft, Erholung und Tourismus etc.

- Brandenburg muss sich dem Aufgabenfeld der Braunkohle- und Sanierungsplanung stellen.

- Brandenburg hat ein Interesse am Ausgleich der bestehenden Ungleichgewichte in der wirtschaftlichen Entwicklung seiner Teilregionen.

Trotz der erkannten Notwendigkeit und dem politischen Willen zur kooperativen Zusammenarbeit war jedoch das praktische Zusammenwirken von Berlin und Brandenburg von Anfang an schwierig. Berlin und Brandenburg sind ungleiche Partner. Aus Brandenburger Sicht wird das Verhältnis beider Länder einerseits durch die Abhängigkeit Berlins von Brandenburg und andererseits durch eine tendenzielle Unterlegenheit Brandenburgs gegenüber Berlin geprägt. Als Beispiele für die Abhängigkeit Berlins von Brandenburg werden genannt:[18]

- der Ausbau eines Flughafenstandorts zum Großflughafen mangels eigener Flächenreserven in der Hauptstadt,

- die Bereiche Ver- und Entsorgung,

- die Bedeutung der Brandenburger Landschaften für die Naherholung der Berliner und

- die Bedeutung von Brandenburg als Transitland für den Verkehr von und nach Berlin.

Ungeachtet der vielfältigen Abhängigkeiten Berlins von seinem Umland sah sich Brandenburg bei der Kooperation mit Berlin von Beginn an in die Rolle des unterlegenen Juniorpartners gedrängt. Dafür spricht nicht zuletzt das offensichtliche Missverhältnis in den Einwohnerzahlen der benachbarten Länder. In einer erweiterten Perspektive, die langfristige Entwicklungschancen mit berück-

18 Vgl. *Mader, Hans-Joachim:* Raumordnungspolitik in Brandenburg – Was machen wir anders? In: Ministerium für Umwelt, Naturschutz und Raumordnung des Landes Brandenburg: Brandenburger Umweltjournal, Nr. 6-7/1992, S. 3.

sichtigt, wird in diesem Zusammenhang vor allem das Gefälle an regionaler und internationaler Attraktivität zulasten Brandenburgs betont.[19] Angesichts der vielfältigen Aufgaben innerhalb des Landes Brandenburg und nicht zuletzt aufgrund der von den Brandenburgern mehrheitlich abgelehnten Länderfusion wird die Vertiefung der Kooperation mit Berlin weder als prioritär angesehen noch ist sie populär.

2.2 Leitbild der dezentralen Konzentration

Die Grundsatzentscheidung für eine polyzentrische Landesentwicklung wurde bereits 1992 durch die Empfehlungen einer von der Landesregierung Brandenburg und dem Senat von Berlin eingesetzten Regierungskommission vorbereitet,[20] wohl auch im Hinblick auf eine spätere Länderfusion. Der zwischen Berlin und Brandenburg daraufhin 1995 geschlossene Landesplanungsvertrag[21] regelt Aufgaben, Zuständigkeiten, Organisation und Verfahren für die zukünftig von Berlin und Brandenburg gemeinsam wahrgenommenen Aufgabenbereiche Raumordnung und Landesplanung. Zur inhaltlichen Ausgestaltung regelt der Landesplanungsvertrag, dass Grundsätze und Ziele, die für die Gesamtentwicklung beider Länder von Bedeutung sind, in einem gemeinsamen Landesentwicklungsprogramm festgelegt werden. Weitere darüber hinausgehende Grundsätze und Ziele sind auf der Grundlage des gemeinsamen Landesentwicklungsprogramms in gemeinsamen Landesentwicklungsplänen festzuschreiben.[22] Auf dieser Grundlage wurden das Gemeinsame Landesentwicklungsprogramm Berlin/Brandenburg (LEPro) und darauf aufbauend der Gemeinsame Landesentwicklungsplan für den engeren Verflechtungsraum Brandenburg/Berlin (LEP eV) als Handlungsrahmen für eine länderübergreifende Politik in der Raumordnung und Landesplanung von Berlin und Brandenburg entworfen.

19 Vgl. Leitbild "Dezentrale Konzentration". In: Ministerium für Umwelt, Naturschutz und Raumordnung des Landes Brandenburg: Brandenburger Umweltjournal, Nr. 6-7/1992, S. 5 f.

20 Vgl. dazu ausführlich in: *Kleger* (Fn. 17), S. 46 f.

21 Vertrag über die Aufgaben und Trägerschaft sowie Grundlagen und Verfahren der gemeinsamen Landesplanung zwischen den Ländern Berlin und Brandenburg (Landesplanungsvertrag) vom 6. April 1995 (GVBl.Bbg I, S. 214 ff.).

22 Art. 7, 8 Landesplanungsvertrag.

Zur Sicherung eines Interessenausgleichs zwischen Stadt, Umland und ländlichem Raum wurde das raumordnerische Leitbild der *dezentralen Konzentration* als Kernstück der gemeinsamen Raumordnung und Landesplanung definiert.[23] Dezentrale Konzentration bedeutet, die Stadtnähe-Orientierung von Wohngebietsplanungen ("Siedlungsdruck") und Gewerbeentwicklung von der Metropole Berlin und dem Brandenburger Teil des engeren Verflechtungsraumes auf dezentral liegende Standorte, die an das überregionale Verkehrsnetz angebunden sind, umzulenken und dort zu konzentrieren. Dadurch soll ein Abbau der großräumigen Disparitäten innerhalb des Landes Brandenburg bewirkt und ein interregionaler Entwicklungs- und Strukturausgleich ermöglicht werden. Zur Umsetzung der Zielvorstellungen des Leitbilds der dezentralen Konzentration soll für Erhalt, Sicherung und Entwicklung von Freiflächen im engeren Verflechtungsraum Berlin/Brandenburg gesorgt und der für die Gesamtregion erwartete Einwohnerzuwachs sowie die wirtschaftliche Entwicklung gesteuert werden. Die dezentrale Konzentration ist also eine raumpolitische Strategie, die gleichzeitig Entlastungs- und Entwicklungsziele verfolgt. Durch eine räumliche Arbeitsteilung sollen Wachstumsimpulse für die Gesamtregion nutzbar gemacht werden.

Das Leitbild hat folgende Elemente: Das Hoheitsgebiet beider Bundesländer (gemeinsames Planungsgebiet) umfasst zwei Teilräume: den engeren Verflechtungsraum[24] Brandenburg/Berlin und den äußeren Entwicklungsraum. Für die Teilräume wird ausgehend von der zentralörtlichen Gliederung[25] eine polyzentrale Entwicklung angestrebt. Dazu wurden städtische Siedlungskerne als Zentren der dezentralen Konzentration ausgewiesen, die für die Teilräume jeweils spezifische Funktionen wahrzunehmen haben. Das Leitbild unterscheidet zwischen:

- regionalen Entwicklungszentren des äußeren Entwicklungsraumes (Wittenberge, Prenzlau, Schwedt, Finsterwalde, Lauchhammer/ Senftenberg),
- regionalen Entwicklungszentren des Städtekranzes ("3. Ring") in ausreichender Distanz aber dennoch mit besonderer Lagegunst um Berlin (Bran-

23 Vgl. § 1 LEPro mit Begründungstext.

24 Der engere Verflechtungsraum wird gebildet aus Berlin sowie in seinem Brandenburger Teil aus 35 Ämtern, 30 amtsfreien Städten und Gemeinden und der kreisfreien Stadt Potsdam. Der Brandenburger Teil des engeren Verflechtungsraums erstreckt sich über ein Gebiet von etwa 20 km außerhalb der Berliner Stadtgrenze.

25 Diese ergibt sich aus dem Landesentwicklungsplan Brandenburg – zentralörtliche Gliederung – (LEP I) vom 4. Juli 1995.

denburg/Havel, Neuruppin, Eberswalde, Frankfurt/Oder, Cottbus, Luckenwalde/Jüterbog) und

- besonderen Fördergebieten: Zentren des engeren Verflechtungsraums,[26] industriell gewerbliche Entwicklungsstandorte[27] und Orte mit besonderem Handlungsbedarf im engeren Verflechtungsraum.[28]

Wesentliche Entwicklungsimpulse für das nähere Umfeld werden von der Stärkung der regionalen Entwicklungszentren des Städtekranzes erwartet. Diese Städte sollen deshalb in allen Bereichen vorrangig entwickelt und besonders gefördert werden. Der angestrebte Ausgleich zwischen den Teilräumen soll dadurch ermöglicht werden, dass die regionalen Entwicklungszentren des Städtekranzes den äußeren Entwicklungsraum stabilisieren und wenn möglich stärken. Zudem sollen diese Städte Entlastungsaufgaben für die Metropole wahrnehmen. Zur Verbesserung der Standortbedingungen und um Synergieeffekte zu erschließen, sollen die regionalen Entwicklungszentren des Städtekranzes untereinander sowie mit Berlin und mit den Zentren der angrenzenden Bundesländer durch eine leistungsfähige Verkehrsinfrastruktur zu einem Städtenetz verbunden werden. Bei der Stadtentwicklung der regionalen Entwicklungszentren sollen neben Erhaltungs-, Sanierungs- und Stadterneuerungsmaßnahmen die Schaffung der planerischen Voraussetzungen für beabsichtigte Infrastrukturmaßnahmen, für Siedlungs- bzw. Gewerbeentwicklung und die Ansiedlung von Landes- oder Bundeseinrichtungen Priorität haben.[29]

Auch bei den regionalen Entwicklungszentren des äußeren Entwicklungsraumes steht die Entwicklung der Infrastruktur im Vordergrund, hier allerdings mit vorrangigem Bezug auf eine Verbesserung der Versorgungsstruktur der schwach besiedelten regionalen Einzugsbereiche. Durch den Ausbau der Verkehrs- und Kommunikationsinfrastruktur sollen Entwicklungsimpulse von den regionalen Entwicklungszentren des Städtekranzes und von Berlin für den äußeren Entwicklungsraum nutzbar gemacht werden.[30] Das Ziel ist ein "Netz von Zen-

26 Nauen, Oranienburg, Bernau, Strausberg, Fürstenwalde, Königs Wusterhausen/ Wildau, Ludwigsfelde und Potsdam.

27 Premnitz/ Rathenow, Eisenhüttenstadt, Guben, Forst, Lübbenau/ Vetschau, Spremberg, Elsterwerda, Perleberg, Pritzwalk, Wittstock und Zehdenik.

28 Henningsdorf/ Velten, Rüdersdorf/ Erkner, Wünsdorf, Teltow/ Stahnsdorf, Beelitz und Dallgow/ Elstal.

29 Vgl. § 8 Abs. 2 LEPro

30 Vgl. § 8 Abs. 3 LEPro

tren".[31] Gleichzeitig sollen vorhandene Potentiale erhalten bzw. für die Ansiedlung zukunftsorientierter Produktionsbereiche umstrukturiert werden. Dazu wurden im äußeren Entwicklungsraum industriell-gewerbliche Entwicklungsstandorte ausgewiesen.[32]

Die Entwicklung des Brandenburger Teils des engeren Verflechtungsraumes erfolgt mit dem Ziel, die Flächennachfrage zu kanalisieren, um so eine Zersiedelung der Landschaft zu verhindern. Der zwischen Berlin und den regionalen Entwicklungszentren liegende engere Verflechtungsraum soll sich qualitativ (und nicht in erster Linie quantitativ) entwickeln. Deshalb legt die Landesplanung bei der Entwicklung des engeren Verflechtungsraums den Schwerpunkt im Gegensatz zu den anderen Regionen des Landes nicht auf Aus- und Neubau von Infrastruktureinrichtungen, sondern auf eine verbesserte Auslastung der vorhandenen Infrastruktur.[33] Innerhalb des engeren Verflechtungsraums sind Orte mit besonderem Handlungsbedarf[34] ausgewiesen. In diesen Orten sollen bestehende städtebauliche und raumordnerische Aufgaben von landesweiter Bedeutung einer Lösung zugänglich gemacht und zukünftige Fehlentwicklungen verhindert werden. Dazu sieht die Landesplanung vor, für diese Orte kurzfristig problemorientierte, ressortübergreifende Konzepte und Aktivitäten zu entwickeln. Als Handlungsfelder und Problemlagen stehen Fragen um die Konversion ehemals militärisch genutzter Flächen, Folgen der industriell-gewerblichen Umstrukturierung und die Einbindung von verstreuten Siedlungsstrukturen ohne hinreichende Infrastrukturausstattung im Vordergrund.

Zusammen mit dem Verzicht auf eine einseitige Förderung Berlins sollen regionale Eigenkräfte als Motor für eine ausgeglichene Raum- und Siedlungsstruktur wirksam werden. Im Umfeld von Verdichtungsräumen vorhandene Freiräume, insbesondere im engeren Verflechtungsraum Brandenburg/ Berlin, sollen als "Grünachsen" erhalten bleiben.[35] In eher ländlich geprägten Räumen stehen dagegen die Sicherung der Siedlungsstruktur und die Verhinderung der Abwanderung der Bevölkerung als Ziele der Landesentwicklung im Vordergrund.

Nachdem das gemeinsame Landesentwicklungsprogramm Berlin/Brandenburg (LEPro) und der gemeinsame Landesentwicklungsplan für den engeren Ver-

31 Vgl. Teil IV, Pt. 3.1.1 LEP eV
32 Vgl. § 10 LEPro
33 Vgl. § 8 Abs. 4 LEPro
34 Vgl. § 9 LEPro
35 Vgl. Teil II.B Pt. 2.2 und 2.3 LEP eV ("Freiraum mit besonderem Schutzanspruch", "Entwicklungsraum Regionalpark")

flechtungsraum Brandenburg/Berlin (LEP eV) bereits seit 1995 im Entwurf vorliegen, haben das LEPro am 1. März 1998 und der LEP eV am 21. März 1998 Rechtsgültigkeit erlangt und sind damit als verbindliche Pläne in Kraft getreten.

2.3 Bewertung und Kritik

2.3.1 Erfolge der dezentralen Konzentration

Vom Ministerium für Umwelt, Naturschutz und Raumordnung (MUNR) und der Gemeinsamen Landesplanungsabteilung werden die bisherigen Erfahrungen mit dem Leitbild der dezentralen Konzentration positiv beurteilt. Hier wird argumentiert, dass es sich beim Leitbild im wesentlichen um ein Langfristkonzept handelt, das nicht an der Meßlatte des kurzfristigen Erfolgsdrucks abschließend beurteilt werden sollte. Als sichtbarer Erfolg der dezentralen Konzentration wird gewertet, dass die öffentliche Hand sich in der Standort- und Strukturplanung am Leitbild und an der dem Leitbild zugrundeliegenden zentralörtlichen Struktur des Landes orientiert hat. In diesem Zusammenhang wird auf die Ansiedlung von öffentlichen Einrichtungen in regionalen Entwicklungszentren und die damit verbundenen Synergieeffekte hingewiesen. Der dezentralen Konzentration wird zugeschrieben, dass sich die Bevölkerungsentwicklung im Land Brandenburg stabilisiert hat und der engere Verflechtungsraum sowie die Einzugsbereiche der regionalen Entwicklungszentren positive Wanderungsbilanzen aufweisen und auch Teilräume des äußeren Entwicklungsraumes, z.B. Frankfurt, Eisenhüttenstadt und Cottbus, Bevölkerungszuwächse erzielen bzw. die teilräumlichen Abwanderungen gemildert werden konnten. "Leitbildgerechte" Großinvestitionen in den regionalen Entwicklungszentren, die Verknüpfung brandenburgischer Städte mit Berlin durch ein verbessertes Schienenverkehrsangebot der Bahn und anziehende Grundstückspreise in den regionalen Entwicklungszentren werden ebenfalls als Beleg für die Akzeptanz des Leitbilds gewertet. Gerade wegen der Langfristorientierung des Leitbilds wird als Erfolg gewertet, dass es gelungen ist, die dezentrale Konzentration ideell zu verankern. Das raumordnerische Leitbild beeinflusst demnach die fachliche Diskussion über Ziele und Wege der Landesentwicklung. Als Argument für die dezentrale Konzentration wird zudem angeführt, dass das Konzept seit 1993 Eingang in die Ressortpolitik des Landes Brandenburg gefunden hat und daraufhin schrittweise der Einsatz der Fördermittel auf die räumlichen Schwerpunkte des Leitbilds konzentriert wird.[36]

2.3.2 Kritik an den Prioritäten des Leitbilds

Das Leitbild der dezentralen Konzentration ist im Kern darauf gerichtet, einen *Zuwachs* an Bevölkerung, Gewerbeaktivität und Flächennachfrage entsprechend den festgelegten Prioritäten *zu verteilen.* Das Leitbild geht also implizit von der Annahme wirtschaftlichen Wachstums und einer Bevölkerungszunahme für die Gesamtregion Berlin-Brandenburg aus. In der Prämisse des Leitbilds spiegelt sich die ungetrübt optimistische Einschätzung der Entwicklungschancen für die neuen Bundesländer allgemein und für die Hauptstadtregion im besonderen kurz nach der Vereinigung. Die Euphorie der Anfangsjahre ist inzwischen jedoch der nüchternen Analyse der bisherigen Entwicklung und der emotionslosen Einschätzung der realistischen Chancen gewichen. "Man kann aus einem wirtschaftsschwachen Land in einem Leitbild nicht ein wirtschaftsstarkes machen"[37] lautet deshalb der Grundtenor eines Gutachtens des DIW im Auftrag des brandenburgischen Wirtschaftsministeriums, in dem das Leitbild der dezentralen Konzentration einer kritischen Analyse unterzogen und Alternativen entwickelt werden.

Das DIW kritisiert am raumordnerischen Leitbild der dezentralen Konzentration dessen zu frühe Ausgleichsorientierung und dessen Steuerungsoptimismus. Das Leitbild räumt dem Ziel eines umfassenden Ausgleichs zwischen den unterschiedlich entwickelten Teilräumen der Gesamtregion absolute Priorität ein. Die ökonomische Prosperität der Gesamtregion steht im Rahmen der dezentralen Konzentration hingegen erst an zweiter Stelle. Dagegen gibt das DIW zu bedenken, dass unter der Prämisse einer geringer werdenden Transferalimentierung eine zu frühe Ausgleichsorientierung der Wirtschaftspolitik über längere Zeit gesehen das mögliche Umverteilungsvolumen in die weniger entwickelten Regionen des Landes mindert.[38] Die fast ausschließlich aus Transfers finanzierte und einseitig auf den regionalen Ausgleich orientierte Politik birgt für Brandenburg nach Einschätzung des DIW die Gefahr, nach Auslaufen dieser

36 Vgl. Pressemitteilung des Umweltministeriums vom 9.10.1997: "Leitbild der dezentralen Konzentration: Landesregierung zieht positive Zwischenbilanz" und Pressemitteilung des Umweltministeriums vom 12.5.1997: "Brandenburgs Entwicklungszentren weiter stärken" sowie *MUNR/SenSUT* (Fn. 13), S. 24.

37 *DIW* (Fn. 1), S. 21

38 Vgl. ebd., S. 112, 119.

Zahlungen quasi 'mit leeren Händen' dazustehen. Im schlechtesten Fall könnte es dazu kommen, dass Teilräume, die aufgrund ihrer Lagegunst und Standortbedingungen bessere Entwicklungsmöglichkeiten bieten, aber gemäß der dezentralen Konzentration nicht prioritär gefördert werden, nach Auslaufen der Transfers keine stabile, selbsttragende Wirtschaft aufweisen. Diese Teilräume wären dann nicht genügend stabilisiert, um für den ohnehin nicht aus eigener Kraft heraus entwicklungsfähigen äußeren Entwicklungsraum wirtschaftliche Impulse geben zu können. Gleichzeitig wird in Frage gestellt, ob die an der dezentralen Konzentration orientierte Landesplanung überhaupt über die geeigneten Instrumente verfügt, um insbesondere die wirtschaftliche Entwicklung wirksam 'leitbildgerecht' umzuverteilen. "Man sollte dabei die faktischen Möglichkeiten der Einflussnahme der Raumordnung auf die räumliche Verteilung der privaten wirtschaftlichen Aktivitäten nicht überschätzen",[39] lautet der Hinweis des DIW gegenüber dem Steuerungsoptimismus der dezentralen Konzentration.

Das DIW steht mit seiner Kritik am Leitbild nicht allein. So warnt *Helmut Seitz* davor, interregionale Entwicklungsdisparitäten innerhalb Brandenburgs im Rahmen "des ohnehin erfolglosen Konzepts der dezentralen Konzentration" zu Lasten der Wachstumsregion um Berlin zu lösen. Der Versuch, potentielle Investoren in die Brandenburger Peripherie "zu drängen", wäre zum Scheitern verurteilt und würde überdies die Wettbewerbsfähigkeit von in- und ausländischen Konkurrenzstandorten stärken. Eine Entwicklung im Berliner Umland durch die Umlenkung von Infrastrukturinvestitionen zu behindern oder eine restriktive Förderpolitik würde dem Land insgesamt schweren Schaden zufügen, weil 'Entwicklungsüberschüsse' im engeren Verflechtungsraum für das Überleben der Peripherie dringend erforderlich sind.[40]

Das DIW rät der brandenburgischen Landesregierung, zwar grundsätzlich weiter eine ausgleichsorientierte Politik zu betreiben, plädiert aber dafür, das Verfassungsziel gleichwertiger Lebensverhältnisse längerfristig zu interpretieren und eine Ausgleichspolitik für die wirtschaftlich schwächeren Regionen dann zu induzieren, wenn dies aus dem Wachstum der prosperierenden Regionen heraus als eine selbsttragende Entwicklung möglich wird.[41] Das würde bedeuten, dass nicht mehr der Ausgleich zwischen den Teilräumen, sondern die bestmögliche wirtschaftliche Entwicklung des Landes die oberste Priorität in der Wirtschaftspolitik einnimmt und somit andere räumliche Schlussfolgerungen zu

39 Ebd., S. 112.

40 *Seitz* (Fn. 4), S. 18, 20.

41 *DIW* (Fn. 1), S. 122.

ziehen sind.[42] Das DIW sieht die "eindeutig größten Wachstumschancen Brandenburgs"[43] in einer urbanen Zone in zentraler Lage mit den Städten Brandenburg/Havel, Potsdam sowie Frankfurt/Oder unter Einschluss von Berlin und seinem unmittelbaren Umland. Für diese "verdichtete Mitte" spricht einerseits die Größe ihres eigenen Potentials, andererseits die wirtschaftliche Verknüpfung dieser Teilregion mit den anderen Regionen Brandenburgs und mit den sich zukünftig entwickelnden Märkten in Mittelost- und Osteuropa. Aus der Nutzung des Entwicklungspotentials der verdichteten Mitte ergeben sich nach Auffassung des DIW Chancen für das Land insgesamt. Diese erwartet das DIW durch privatwirtschaftliche Spillover-Effekte aus der wirtschaftsstarken verdichteten Mitte des Landes für die wirtschaftlich schwächeren peripheren Teilräume, z.B. durch eine wachsende Nachfrage nach landwirtschaftlichen Erzeugnissen oder im Bereich Naherholung/ Tourismus. Zusätzliche Potentiale können sich aus einer möglichen Wohnfunktion für Pendler und Senioren aus den Städten der verdichteten Landesmitte aufgrund der begünstigten naturräumlichen Gegebenheiten der ländlichen Räume ergeben. Schließlich könnten durch die Verlagerung und Ansiedlung von Landesdienststellen, die nicht auf eine unmittelbare Nähe zur Landeshauptstadt angewiesen sind, weitere Potentiale für die ländlichen Regionen erschlossen werden. Das DIW geht davon aus, dass durch Steuererträge, die in der verdichteten Mitte durch eine selbsttragende Wirtschaftsentwicklung erwirtschaftet werden, langfristig auch wieder die finanziellen Spielräume für Transferzahlungen für die ärmeren Regionen im Rahmen einer ausgleichsorientierten Politik bestehen werden.

Eine durch die Veröffentlichung von Teilergebnissen der DIW-Studie Ende 1996 ausgelöste Diskussion um die Zukunft des raumordnerischen Leitbilds endete im Februar 1997 mit einem ausdrücklichen Bekenntnis des Brandenburger Wirtschaftsministeriums zugunsten des Leitbilds ("unverändert Richtschnur der Wirtschaftsförderung"[44]). Die Landesregierung hat keine Alternative zum ausgleichsorientierten Leitbild der dezentralen Konzentration. Auf die faktische Entwicklung des Landes, die sich nicht mit dem Szenario des Leitbilds deckt, findet die Landespolitik keine Antwort. Der brandenburgische Agrarstaatssekretär *Hans-Hermann Bentrup* zieht beispielsweise eine ernüchternde Bilanz aus den Ergebnissen der ausgleichsorientierten Politik für die ländlichen Regionen, sieht aber in der dezentralen Konzentration weiter das geeignete Rezept, um ein Ausbluten des ländlichen Raumes durch Abwanderung und Bevölke-

42 Ebd., S. 112.
43 Ebd., S. 118.
44 "Umlandentwicklung: mehr Abstimmung mit Berlin gefordert", Der Tagesspiegel vom 20.2.1997.

rungsrückgang zu verhindern. Faktisch bringe die derzeit geringe Wirtschaftsdynamik aber keine Perspektiven für eine durchgreifende Verbesserung des Angebots von Arbeits- und Ausbildungsplätzen in den Dörfern. Arbeitslosigkeit und geringe beruflichen Chancen würden zur Überalterung und Entleerung der Dörfer beitragen, so dass zukünftig "Wüstungen" nicht ausgeschlossen werden können.[45] Auch aus dem Sozialministerium wird darauf hingewiesen, dass die Probleme der ländlichen Regionen bekannt seien, es aber bislang nicht gelungen sei, wirtschaftliche Strukturen zu errichten, um negative Entwicklungstrends umkehren zu können. Auch hier wird eine "starke Abwanderung" der Bevölkerung aus dem äußeren Entwicklungsraum konstatiert. Die Folge ist eine Verschlechterung der Sozialstruktur. So hat die Zahl der Sozialhilfeempfänger insbesondere in der Uckermark und in Frankfurt/Oder von 1994 bis 1997 stark zugenommen.[46] Während in den Randregionen des Landes die Armut stark zunimmt, hat das Berliner Umland die besten Sozialdaten des Landes aufzuweisen.[47] Das uneingeschränkte Festhalten der Landesregierung am Leitbild der dezentralen Konzentration stößt in der Öffentlichkeit überwiegend auf ein negatives Echo. Angesichts der Abwanderung der Bevölkerung aus den Randregionen und der zunehmenden Armut dort, wird hämisch an die trotzige Ablehnung der Länderfusion durch die Brandenburger erinnert: "Der Märker blieb stur – nun ist er arm dran."[48] Ob und wann eine Länderfusion eine Perspektive für die Uckermark oder die Lausitz aufgezeigt hätte, könne zwar mit Gewissheit nicht gesagt werden. "Sicher aber ist, dass der Staatsvertrag Chancen aufgezeigt hat. Sie wurden leichtfertig vertan."[49] In Presseveröffentlichungen wird das Leitbild als "Trugbild" und "planwirtschaftliche Illusion" kritisiert, die keine Chance gegen die Kräfte des Marktes habe.[50]

45 "Ein zweigeteiltes Land", Der Tagesspiegel vom 3.1.1997.

46 Ende 1997 bezogen in der Uckermark durchschnittlich 34,2 von 1.000 Einwohnern Sozialhilfe. In Frankfurt/Oder liegt der Anteil bei 30,7 Empfängern auf 1.000 Einwohner. Deutlich niedriger liegen die Werte in den Kreisen Potsdam-Mittelmark (13,4) und Teltow-Fläming (14,2).

47 "In den Randregionen des Landes nimmt die Armut drastisch zu", Der Tagesspiegel vom 7.12.1998.

48 "Vertane Chance", Der Tagesspiegel vom 7.12.1998.

49 Ebd.

50 "Brandenburgs Leitbild ist ein Trugbild", Der Tagesspiegel vom 13.1.1997.

2.3.3 Halbherzige Umsetzung des Leitbilds

Zwar bleibt die dezentrale Konzentration formell Richtschnur der Landespolitik, die Praxis der Fördermittelvergabe sieht jedoch längst anders aus. Der Chef der brandenburgischen Staatskanzlei (wo das Leitbild der dezentralen Konzentration entwickelt wurde), *Jürgen Linde*, lässt in einem Interview kaum Zweifel an der untergeordneten Funktion des Leitbild für die Praxis der Fördermittelvergabe in Brandenburg: "In Einzelfällen wird es auch im Speckgürtel Höchstförderungen geben müssen, zum Beispiel, wenn wir bei Neuansiedlungen mit anderen Standorten in Deutschland oder auch in Berlin konkurrieren."[51] Diese Konkurrenzsituation dürfte indes für *alle* Neuansiedlungen gegeben sein und sich nicht auf Einzelfälle beschränken lassen. Die Fördermittelvergabe wird von der ILB im Auftrag des Landes koordiniert. Dort ist ein hochrangig besetzter Landesförderausschuß angesiedelt, zu dessen Aufgaben es auch gehört, über die Vergabe von Fördermitteln außerhalb der Förderrichtlinien zu entscheiden. Mitglieder dieses Gremiums sind Vertreter des Wirtschafts-, Finanz-, Umwelt-, Arbeits- und Verkehrsministeriums sowie von IHK, HWK, Landesarbeitsamt und der Wirtschaftsförderung Brandenburg GmbH.[52] Für eine Ausnahmeentscheidung entgegen den Förderschwerpunkten der dezentralen Konzentration kommen alle Vorhaben in Frage, denen eine große Bedeutung für das Land beigemessen wird.[53]

Im Land Brandenburg ist es ein offenes Geheimnis, dass die Praxis der Wirtschaftsförderung nichts mit den Grundsätzen der dezentralen Konzentration zu tun hat. Praktiker wie der Landrat des Landkreises Barnim, *Bodo Ihrke*, vertreten die Meinung, die dezentrale Konzentration stehe nur auf dem Papier. Wenn ein Investor komme, werde er gefördert, ganz gleich wo. "Das Prinzip ist nicht durchgesetzt worden."[54] Der wirtschaftspolitische Sprecher der PDS-Fraktion im brandenburgischen Landtag, *Ralf Christoffers*, ist der Ansicht, dass das Leitbild ausgehöhlt ist und die Förderstruktur in der Praxis dem Leitbild längst nicht mehr entspricht. So nähmen Ausnahmeentscheidungen mit höheren Fördersätzen im Berliner Umland zu. "Man sollte diese Realitäten auch politisch

51 "Linde: Berlin denkt nicht über seinen Tellerrand hinaus", Der Tagesspiegel vom 1.10.1997.

52 Vgl. *Investitionsbank des Landes Brandenburg:* Geschäftsbericht 1996, Potsdam 1997, S. 52.

53 Nach Auskunft des Vorsitzenden des Landesförderausschusses ist die Schwelle zur Vorlage im Landesförderausschuß bereits ab einem beabsichtigten Investitionsvolumen von 2,5 Mio. DM erreicht. Alle anderen Bewilligungen werden dem Ausschuß zur Kenntnis vorgelegt.

54 "Viele Speckgürtelchen jenseits des Speckgürtels", Der Tagesspiegel vom 15.1.1997.

anerkennen."[55] Der CDU-Abgeordnete *Uwe Bartsch* wirft der Landesregierung vor, Misserfolge der dezentralen Förderpolitik würden schöngeredet. Die ansteigende Zahl der Arbeitslosen und Insolvenzen sei ein hausgemachtes Problem und auf das falsche landesplanerische Leitbild zurückzuführen. Auch führende SPD-Politiker machen sich über die dezentrale Konzentration keine Illusionen. Der ehemalige Agrarminister *Zimmermann* sagt: "Das Prinzip der dezentralen Konzentration wird durch ständige Ausnahmeregelungen unterlaufen." Zwar nennt auch er keine Alternative zum Leitbild, "aber wir müssen darüber nachdenken, wie man über eine Reform der Förderpolitik den ländlichen Raum attraktiver macht."[56] Ministerpräsident *Stolpe* stellt indes klar, dass die Landesregierung das umstrittene Leitbild nicht aufgeben werde. Man wolle auch künftig soviel Geld wie möglich in die regionalen Entwicklungszentren hineinpumpen.[57] Das Plädoyer von Wirtschaftsminister *Dreher* zugunsten des Leitbilds fällt erwartungsgemäß zurückhaltender aus. Die dezentrale Konzentration bleibe zwar Richtschnur der Wirtschaftsförderung, doch dürfe das Leitbild "nicht als Korsett verstanden werden." Die Landesregierung könne periphere Standorte nur empfehlen, Standortentscheidungen würden jedoch von Investoren getroffen, nicht vom Staat. "Wirtschaftsförderung muss darum immer auch über die Beweglichkeit verfügen, Wachstumschancen dort wahrzunehmen wo sie sich bieten. Auch im Umland von Berlin."[58] Brandenburg betreibe eine pragmatische Politik. Dennoch ist der Wirtschaftsminister unzufrieden. Offensichtlich als Reaktion darauf, dass das Land Brandenburg über kein wirklich effektives Instrument zur Überwindung der enormen Strukturunterschiede verfügt, würde der Wirtschaftsminister die Verantwortung für die Strukturpolitik liebend gerne an die nächste politische Ebene durchreichen und fordert deshalb ein Infrastrukturprogramm der Bundesregierung.[59]

2.3.4 Fiskalische Effekte

Neben der von den Vorgaben des Leitbilds abweichenden Förderpraxis und den bislang ausgebliebenen Entwicklungseffekten für die peripheren Landesteile wird die einseitige Fixierung der Landesentwicklungspolitik auf die Bereiche Raumordnung und Landesplanung kritisiert. Für die Steuerung fiskalischer Ef-

55 "Auch PDS hängt Leitbild ab", Der Tagesspiegel vom 21.1.97.

56 "Zimmermann: 'Kühe totzuschlagen ist für mich keine Alternative'", Der Tagesspiegel vom 19.1.1999.

57 "Stolpe verspricht weitere Förderung der Peripherie", Der Tagesspiegel vom 23.1.1997.

58 Pressemitteilungen des MWMT vom 29.1.1997 und vom 5.2.1997.

59 "Dreher mit Ansiedlungspolitik zufrieden", Der Tagesspiegel vom 28.1.1998.

fekte im engeren Verflechtungsraum gibt es derzeit kein Instrumentarium. Seit der Wende sind ca. 72.000 Berliner netto, d.h. Zuzüge von Berlinern nach Brandenburg abzüglich der Zuzüge von Brandenburgern nach Berlin, nach Brandenburg übergesiedelt. Mit den Jahren wird die Wanderungstendenz dabei immer größer. Für das Jahr 1998 werden Nettowanderungen in der Größenordnung von 35.000 Personen von Berlin nach Brandenburg für realistisch erachtet.[60] Das Land Brandenburg profitiert dabei in mehrfacher Hinsicht vom anhaltenden Trend, dass viele Berliner ins Umland übersiedeln:[61]

- Brandenburg ist "fiskalischer Nettogewinner" in bezug auf Steuereinnahmen, da insbesondere Haushalte mit gesichertem Einkommen von Berlin ins Umland abwandern.

- Erfahrungen aus Westdeutschland und aus anderen Metropolenregionen zeigen, dass der Bevölkerungszuzug eine weitere Verlagerung von Betrieben nach Brandenburg zur Folge haben wird.

- Es ist mit einer Verbesserung der Gründeraktivitäten in Brandenburg zu rechnen, da ein Großteil der Unternehmensgründer ihren Betrieb in Wohnortnähe einrichten.

Umgekehrt aber ist der Bevölkerungszuzug von Berlin und den peripheren Regionen Brandenburgs in den Brandenburger Teil des engeren Verflechtungsraums nicht unproblematisch:

- Die berlinfernen Regionen des Landes werden durch bestehende Abwanderungsbewegungen noch schwächer. Dadurch nimmt die Chance auf eine eigenständige wirtschaftliche Entwicklung dort weiter ab.

- Die Zuwanderung in den engeren Verflechtungsraum ist für die betroffenen Gemeinden mit enormen Folgekosten verbunden (Verkehrsaufkommen, Schulangebot usw.). Problematisch ist dies deshalb, weil sich der Bevölkerungszuwachs erst mit großer zeitlicher Verzögerung auf der Einnahmenseite positiv bemerkbar macht, notwendige Infrastrukturmaßnahmen aber kurzfristig zur Verfügung gestellt werden müssen.

Die gemeinsame Politik der Länder Berlin und Brandenburg ist derzeit noch ausschließlich raumbezogen und deckt eines der Hauptprobleme im engeren Verflechtungsraum, die Umverteilung fiskalischer Effekte auf der Einnahmen-

60 *Seitz* (Fn. 4), S. 2.
61 Vgl. ebd., S. 3 ff.

und Ausgabenseite des gemeinsamen Wirtschaftsraums Berlin-Brandenburg, nicht ab. Für die Handhabung von fiskalischen Umverteilungswirkungen im engeren Verflechtungsraum wird deshalb kurzfristig eine gemeinsame Entwicklungspolitik gefordert. Aber: "Nur eine Fusion kann dieses Problem auf Dauer beseitigen."[62] Auch in der Politik wird die Notwendigkeit eines fiskalischen Ausgleichs zwischen Berlin und Brandenburg erkannt. Schon 1996 wurden von Berliner Seite entsprechende Vorschläge gemacht. So schlug die Berliner Abgeordnete *Gesine Lötzsch* einen "kleinen Finanzausgleich" vor, um Einzelkostenrechnungen wie für Schulbesuch oder Müllentsorgung zu vermeiden.[63] Wenig optimistisch zeigt sich hingegen Staatskanzleichef *Jürgen Linde* in dieser Frage: "In Zukunft muss sicherlich über die Neuordnung des Finanzausgleichs zwischen beiden Ländern nachgedacht werden. [...] Im Moment gibt es dafür aber keine Voraussetzungen."[64]

3. Regionalisierte Wirtschafts- und Strukturpolitik

3.1 Grundsätze und Ziele der Landesplanung für den Bereich Wirtschaft

Neben den allgemeinen Grundsätzen für die Landesentwicklung trifft die Landesplanung spezielle Festlegungen für die wirtschaftliche Entwicklung in der Region Berlin-Brandenburg.

In der Region Berlin-Brandenburg stimmen die Aktionsräume der Wirtschaft nicht mit den bestehenden administrativen Grenzen überein. Folgerichtig geht die Landesplanung davon aus, dass das Gebiet der Länder Berlin und Brandenburg einen gemeinsamen Wirtschaftsraum bildet. Angesichts der faktischen gegenseitigen Konkurrenz der beiden gleichermaßen strukturschwachen Bundesländer um die Gunst der wenigen Investoren ist die länderübergreifende Zusammenarbeit im Bereich der regionalen Wirtschaftspolitik nicht selbstverständlich. Die Landesplanung stellt den Eigeninteressen der beiden Länder die Anforderungen der Wirtschaft an einen Wirtschaftsstandort entgegen: "Die diesen Prozess entscheidend mitbestimmende Wirtschaft benötigt eine koordinier-

62 Ebd.

63 "Nachbarschaftsprobleme bei Kerzenschein", Der Tagesspiegel vom 17.11.1996.

64 "Linde: Berlin denkt nicht über seinen Tellerrand hinaus", Der Tagesspiegel vom 1.10.1997.

te, von weitgehend identischen Zielen geprägte Wirtschaftspolitik beider Länder."[65]

Das raumordnerische Leitbild der dezentralen Konzentration ist nicht nur die Richtschnur für die Landesplanung, sondern versteht sich auch als Strategie für eine länderübergreifend koordinierte Wirtschaftspolitik. "Entwicklungs- und Fördermaßnahmen sind an den Zielsetzungen dieses Leitbildes auszurichten. Standortentscheidungen für öffentliche Einrichtungen sind unter Beachtung des raumordnerischen Leitbildes zu treffen [...]. Die Vergabe der Fördermittel ist unter Beachtung der Zielsetzungen des raumordnerischen Leitbildes der dezentralen Konzentration vorzunehmen."[66] Auch Standortentscheidungen für öffentliche Einrichtungen sind leitbildgerecht vorzunehmen. Konkret bedeutet das, dass neben der Siedlungsstruktur auch die regionale Wirtschaftspolitik auf die im Leitbild der dezentralen Konzentration festgelegten Entwicklungspole hin zu konzentrieren ist. Damit sollen Entwicklungs- und Wachstumspole in den Entwicklungszentren des Städtekranzes ("3. Ring") außerhalb des engeren Verflechtungsraumes gestärkt werden, um einerseits den Ballungsraum zu entlasten und andererseits den äußeren Entwicklungsraum zu stabilisieren. Mit diesem Konzept der räumlichen Arbeitsteilung soll das ausgleichsorientierte Oberziel der Raumordnung, die Schaffung gleichwertiger Lebensverhältnisse, für den gesamten Planungsraum erreicht werden.[67]

Die regionale Wirtschaftsförderung ist neben dem Ausbau der Straßen-, Schienen- und Telekommunikationsinfrastruktur das wichtigste Instrument für die praktische Umsetzung der zentralen Zielstellung der gemeinsamen Landesplanung, einen Ausgleich zwischen Berlin, dem Brandenburger Teil des engeren Verflechtungsraumes und dem äußeren Entwicklungsraum zu ermöglichen. Die Landesplanung gibt deshalb vor, die Instrumente der regionalen Wirtschaftsförderung so auszurichten, dass damit

65 Begründungstext zu § 18 Abs. 1 LEPro.
Die Praxis sieht anders aus. So warf der Regierende Bürgermeister *Eberhard Diepgen* auf einer Sitzung des Kooperationsrates Brandenburg vor, gezielt Betriebe aus Berlin abzuwerben. ("Berlin und Brandenburg im Abwerbungsstreit", Der Tagesspiegel vom 2./3.10.1997.) Faktisch sind also die Länder Berlin und Brandenburg selbst weit mehr auf eine Zusammenarbeit in der Wirtschaftspolitik angewiesen als die Wirtschaft als der Adressat dieser Politik. Die koordinierte Wirtschaftspolitik ist im Kern darauf gerichtet, zu verhindern, daß Berlin und Brandenburg beim Wettlauf der Unternehmen um Fördergelder und Vergünstigungen gegeneinander ausgespielt werden können.

66 § 1 Abs. 5 LEPro

67 Vgl. *MUNR/SenSUT* (Fn. 13), S. 23 f.

- die Qualität der Standortfaktoren gesteigert werden kann,
- zukunftsorientierte Rahmenbedingungen geschaffen werden und
- Anreize für ansiedlungs- und investitionswillige Unternehmen geboten werden können.[68]

Mit Blick auf die bestehende Strukturschwäche des Gesamtraumes und die sowohl in Berlin wie in Brandenburg dringend benötigten Arbeitsplätze, priorisiert die Landesplanung im Bereich Wirtschaft die Förderung des industriellen, innovativen Mittelstandes sowie die Schaffung der standortmäßigen Voraussetzungen für eine Kooperation der Wirtschaft mit Wissenschaft und Forschung.

Da der angestrebte Ausgleich zwischen Berlin, dem Brandenburger Teil des engeren Verflechtungsraumes und dem äußeren Entwicklungsraum sowohl in ökonomischer wie ökologischer Hinsicht verwirklicht werden soll, gibt die Landesplanung in der Gewerbeflächenpolitik der Wiedernutzbarmachung bestehender industrieller (Alt-) Standorte Vorrang vor der Neuausweisung von Gewerbegebieten 'auf der grünen Wiese'. Bei der Ausweisung von Industrie- und Gewerbegebieten ist die kommunale Zusammenarbeit zu unterstützen. Für die Gewerbeentwicklung wird angestrebt, die bestehende industrielle Substanz zu erhalten und weiterzuentwickeln, industrielle Kerne im Rahmen von Maßnahmen der integrierten Standortentwicklung umzubauen und zu modernisieren sowie die strukturelle Erneuerung durch Betriebsgründungen und Neuansiedlungen zu fördern. Im Messewesen sollen die Kapazitäten von Berlin und Brandenburg gemeinsam genutzt werden. Für den Fremdenverkehr wird angestrebt, dass leistungsfähige aber auch naturverbundene und ökologische touristische Angebote entwickelt werden. Für den ländlichen Raum wird von der Landesplanung im Sinne eines integrierten Entwicklungsansatzes die Schaffung von Erwerbsmöglichkeiten außerhalb der Landwirtschaft als Zielvorgabe definiert. Im Bereich des Braunkohletagebaus stehen die Sanierung von Altlasten und die Rekultivierung devastierter Tagebaue im Vordergrund. Daneben ist im Rahmen der Umstrukturierung der Aufbau von zusätzlichen wirtschaftlichen Standbeinen zu fördern, um Alternativen zu den bestehenden Monostrukturen zu schaffen.

68 Vgl. § 18 Abs. 2 ff. LEPro

3.2 Abgestufte Förderpolitik

3.2.1 Regionalförderung der Europäischen Union

Die EU betreibt eine Politik zur Stärkung des wirtschaftlichen und sozialen Zusammenhalts der Mitgliedsstaaten und deren Regionen als Voraussetzung für das Gelingen des Europäischen Binnenmarktes. Hauptinstrument der EU zur Förderung von benachteiligten Regionen sind die Strukturfonds und die Gemeinschaftsinitiativen. Für den Planungszeitraum von 1994 bis 1999 haben die Strukturfonds ein Volumen von 141,471 Mrd. ECU.[69] Die EU wendet damit fast 1/3 ihres Haushalts für die Regionalförderung auf. Gegenüber dem vorausgegangenen Förderungszeitraum von 1989 bis 1993 haben sich die Mittel für die Regionalförderung damit verdoppelt.[70]

Der Einsatz der EU-Regionalförderung ist auf fünf vorrangige Ziele ausgerichtet:

- **Ziel 1:** Förderung der Entwicklung und der strukturellen Anpassung der Regionen mit Entwicklungsrückstand
- **Ziel 2:** Umstellung der Regionen, Grenzregionen oder Teilregionen, die von der rückläufigen industriellen Entwicklung schwer betroffen sind
- **Ziel 3:** Bekämpfung der Langzeitarbeitslosigkeit und Erleichterung der Eingliederung von Jugendlichen und der vom Ausschluss aus dem Arbeitsmarkt bedrohten Personen in das Erwerbsleben
- **Ziel 4:** Erleichterung der Anpassung der Arbeitskräfte an die industriellen Wandlungsprozesse und an Veränderungen der Produktionssysteme
- **Ziele 5a und 5b:** Förderung der Entwicklung des ländlichen Raumes

Die Ziele 1, 2 und 5b haben spezifisch regionalen Charakter, d.h. sie betreffen Maßnahmen, die auf bestimmte Gebiete begrenzt sind. Die Ziele 3, 4 und 5a sind nicht territorial begrenzt und gelten EU-weit. Die fünf neuen Bundesländer und die östlichen Bezirke Berlins sind als einzige Regionen in Deutschland als Ziel-1-Fördergebiet eingestuft. Auf die Ziel-1-Förderung werden im Förde-

69 *Europäische Kommission:* Die Strukturfonds in 1994. Sechster Jahresbericht, Luxemburg 1996, S. 1. (1 ECU entspricht ca. 1,90 DM)

70 *Bundesministerium für Wirtschaft (Hrsg.):* EU-Förderprogramme für die neuen Bundesländer und Berlin (Ost). Programme, Schwerpunkte und Ansprechpartner, Bonn 1995, S. 3 f.

rungszeitraum von 1994 bis 1999 EU-weit insgesamt 96,346 Mrd. ECU verwendet. Nahezu 70% der gesamten Strukturfondsmittel werden damit auf das Ziel-1 konzentriert.[71]

Zur Umsetzung der Ziele wurden als zentrales Instrument der EU-Regionalpolitik insgesamt vier Strukturfonds eingerichtet:

- der Europäische Fonds für regionale Entwicklung (EFRE),
- der Europäische Sozialfonds (ESF),
- der Europäische Ausgleichsfonds für die Landwirtschaft Abteilung Ausrichtung (EAGFL) und
- das Finanzinstrument zur Ausrichtung der Fischerei (FIAF).

Mittel aus dem Europäischen Fonds für regionale Entwicklung (EFRE), dem Europäischen Sozialfonds (ESF) und dem Landwirtschaftsfonds EAGFL bilden die zentralen Elemente der EU-Regionalförderung für das Land Brandenburg. Das Finanzinstrument zur Ausrichtung der Fischerei (FIAF) kommt nicht zur Anwendung. Die Strukturfonds-Mittel werden gemäß der Festlegung im Gemeinschaftlichen Förderkonzept für sieben Schwerpunktbereiche verwendet.

Die Tabelle unten zeigt die Förderbereiche der Strukturfonds und wie sich die bereitgestellten Mittel auf die einzelnen Schwerpunktbereiche konkret im Brandenburg verteilen: Die Förderung der einzelnen Schwerpunktbereiche speist sich jeweils aus Mitteln mehrerer Strukturfonds. Jeder Schwerpunktbereich wird jedoch von einem der drei Fonds dominiert. Die meisten Mittel werden im Zeitraum 1994 bis 1999 aus dem EFRE für Brandenburg bereitgestellt. Für die Strukturhilfen der EU gilt das Prinzip der Additionalität, d.h. die Mittel werden grundsätzlich nur als Ergänzung oder als Beteiligung an nationalen Maßnahmen gewährt. Die Mitgliedsstaaten unterbreiten der Europäischen Kommission Regionalentwicklungspläne, die von der Kommission entsprechend den Zielen der EU-Strukturpolitik beurteilt werden. Davon ausgehend legt die Kommission zusammen mit den betreffenden Mitgliedsstaaten die Förderschwerpunkte in einem Gemeinschaftlichen Förderkonzept fest. Die konkreten Einzelheiten regeln sich nach Operationellen Programmen. Der Anteil, an dem sich die Strukturfonds an der Finanzierung nationaler Programme beteiligen, liegt beim EFRE i.d.R. bei 50%, der ESF beteiligt sich i.d.R. zu 65% und die EAGFL-Förderung

71 Ebd.

beträgt i.d.R. bis zu 75% der Aufwendungen. Die Gegenfinanzierung der EU-Fonds erfolgt in Brandenburg i.d.R. mit Mitteln aus der Gemeinschaftsaufgabe.

Schwerpunkt	Strukturfonds (in Mio. ECU)							
	insg.	%	EFRE	%	ESF	%	EAGFL	%
1 Produktive Investitionen, ergänzende Infrastrukturen	258,0	11,9%	258,0	24,0%				
2 Kleine und mittlere Unternehmen	466,9	21,5%	417,1	38,8%	49,8	10,0%		
3 Forschung und Entwicklung, Innovationen	111,6	5,1%	96,7	9,0%	14,9	3,0%		
4 Umweltverbessernde Maßnahmen	117,5	5,4%	107,5	10,0%	10,0	2,0%		
5 Menschl. Ressourcen, Aus- und Weiterbildung, Förderung v. Beschäftigung	447,0	20,6%	75,2	7,0%	371,8	74,9%		
6 Landwirtschaft, ländl. Entwicklg und Fischerei	717,9	33,1%	107,5	10,0%	24,9	5,0%	585,5	98,0%
7 Technische Hilfe	49,9	2,3%	13,0	1,2%	24,9	5,0%	12,0	2,0%
Insgesamt	2.168,8	100,0%	1.075,0	100,0%	496,3	100,0%	597,5	100,0%

Tabelle 4: EU-Strukturförderung für Brandenburg 1994 bis 1999
Quelle: Europäische Kommission: Gemeinschaftliches Förderkonzept 1994-99

Von den für die Ziel-1-Regionen zur Verfügung gestellten Strukturfondsmittel hat die Europäische Kommission einen Anteil von 8% einbehalten. Dieses Mittelvolumen wird im Zeitraum 1994 bis 1999 für die Gemeinschaftsinitiativen als zusätzliche EU-Förderprogramme verwendet. Die Gemeinschaftsinitiativen sollen die Strukturfonds ergänzen, indem die Mittel zur Behebung einer Anzahl von sehr spezifischen Problemlagen und Förderzielen eingesetzt werden.[72] In 1997 wurden aus diesen Programmen Zuschüsse in Höhe von insgesamt 68 Mio. DM an Kommunen und Unternehmen in Brandenburg bewilligt.[73]

72 Die wichtigsten Gemeinschaftsinitiativen, aus denen Mittel für Brandenburg zur Verfügung gestellt werden, sind INTERREG II (Kooperation zwischen Grenzregionen), RESIDER II (Umstrukturierung von Stahlstandorten), RECHAR II (Umstrukturierung

Was die Fortsetzung der EU-Strukturförderung über das Jahr 1999 hinaus betrifft, vertritt die brandenburgische Landesregierung die Ansicht, dass die Rückständigkeit und die Defizite der ostdeutschen Wirtschaft noch nicht überwunden werden konnten. Angesichts sich abzeichnender tiefgreifender Reformen der EU wie der Neuordnung der Förderpolitik in der "Agenda 2000" oder die EU-Osterweiterung möchte die brandenburgische Landesregierung deshalb möglichst viel von der derzeitigen Förderstruktur beibehalten. Wichtige Punkte sind dabei z.B. die weitere Konzentration der Mittel auf die Ziel-1-Gebiete, die Verhinderung einer Renationalisierung der Förderpolitik oder die Beibehaltung des Bruttoinlandsprodukts pro Kopf als Förderkriterium.[74]

3.2.2 Gemeinschaftsaufgabe gem. Art. 91a GG

Das zweite wichtige Wirtschaftsförderungsinstrument auf Landesebene ist die Bund-Länder-Gemeinschaftsaufgabe "Verbesserung der regionalen Wirtschaftsstruktur". Die Gemeinschaftsaufgabe (GA) wird im Land Brandenburg größtenteils zur Kofinanzierung der Mittel der Europäischen Union schwerpunktmäßig aus dem "Europäischen Fonds für regionale Entwicklung" (EFRE) und dem "Europäischen Sozialfonds" (ESF) verwendet. Im Rahmen eines Geschäftsbesorgungsvertrages hat das Land Brandenburg die Investitionsbank des Landes Brandenburg (ILB) mit der administrativen Abwicklung der Fördermittelvergabe beauftragt.

Die Förderung nach der Gemeinschaftsaufgabe erfolgt auf der Grundlage eines Rahmenplans und den auf Länderebene dazu erlassenen Verwaltungsvorschriften ("Förderrichtlinie").[75] Im Land Brandenburg ist die GA-Förderung der gewerbliche Wirtschaft und des Fremdenverkehrsgewerbes seit 1996 auf Schwerpunktorte konzentriert. Jeder Gemeinde im Land Brandenburg wurde dazu ein

von Braunkohlestandorten), RETEX (Umstrukturierung von Textilstandorten), KONVER II (Revitalisierung von Militärbrachen) und KMU (Qualitätsmanagement und ÖKO-Auditierung).

73 Vgl. *Investitionsbank des Landes Brandenburg:* Geschäftsbericht 1997, Potsdam 1998, S. 38.

74 *Krämer, Raimund:* Die Europäisierung des Ostens – Die ostdeutschen Länder in der Europäischen Union. In: Ders. (Hrsg.): Regionen in der Europäischen Union. Beiträge zur Debatte, Berlin 1998, S. 275 f.

75 Vgl. *Bekanntmachung des MWMT vom 19. Mai 1998:* Änderung der Richtlinie des Ministeriums für Wirtschaft, Mittelstand und Technologie des Landes Brandenburg zur Förderung der gewerblichen Wirtschaft im Rahmen der Gemeinschaftsaufgabe "Verbesserung der regionalen Wirtschaftsstruktur" – GA – vom 20. Juni 1996.

Fördersatz der Kategorie A, B oder C zugewiesen. Den Förderschwerpunkten der Kategorie A und B sind ausnahmslos Orte zugeordnet, die von der Landesplanung als Entwicklungszentren oder als Orte mit besonderem Handlungsbedarf ausgewiesen sind. Für die Schwerpunktorte der Kategorie A[76] gilt ein Regelfördersatz von 30%. Die Regelfördersätze können sich für Investitionen der gewerblichen Wirtschaft auf bis zu 35% erhöhen, wenn durch die beabsichtigte Investition bestimmte Struktureffekte bewirkt werden. Ein solcher Struktureffekte ist gegeben, wenn durch die beabsichtige Investition eine Stabilisierung der Beschäftigung in Regionen mit schwerwiegenden Arbeitsmarktproblemen erreicht werden kann, die Innovationskraft gestärkt wird, es sich um eine Existenzgründung handelt oder Arbeitsplätze bzw. Ausbildungsplätze für Frauen und Jugendliche geschaffen werden.

Für Orte der Kategorie B gelten zwei Regelfördersätze. Gewerbliche Investitionen in Fürstenwalde, Strausberg und Waldstadt (Wünsdorf) werden mit einem Satz von 25% gefördert, für alle anderen Orte der Kategorie B[77] gilt ein Regelfördersatz von 20%. Ein erhöhter Regelfördersatz von 30% bzw. 24% kann gewährt werden, wenn durch die Investition Struktureffekte wie unter Kategorie A erzielt werden können. Ein sog. Rahmenhöchstfördersatz von 35% bzw. 28% kann ausgeschöpft werden, wenn für die Investition besondere Voraussetzungen vorliegen. Als besondere Voraussetzung gilt, wenn es sich beim Investitionsvorhaben um einen Medienstandort handelt, wenn mehr als 50% Arbeitsplätze für Frauen geschaffen werden, wenn durch die beabsichtigte Investition schwerwiegende regionalwirtschaftliche oder arbeitsmarktpolitische Nachteile von einer Region abgewendet werden können, ein bereits vorher mit GA-Mitteln gefördertes Gewerbegebiet belegt oder die Investition als sehr innovativ beurteilt wird. Die Fördersätze der Kategorie A und B können sich für kleine und mittlere Unternehmen jeweils zusätzlich um bis zu 15% erhöhen.

Zur Kategorie C werden alle Orte gezählt, die weder zum Teilgebiet A oder B gehören, also alle Orte in Brandenburg, denen von der Landesplanung keine besondere Funktion zugewiesen worden ist oder für die die Landespolitik keinen

76 Als A-Gebiet sind eingestuft: Bad Liebenwerda, Beeskow, Belzig, Brandenburg/Havel, Cottbus, Eberswalde, Eisenhüttenstadt, Elsterwerda, Finsterwalde, Forst, Frankfurt/Oder, Guben, Herzberg, Jüterbog, Lauchhammer/Schwarzheide, Lübben, Lübbenau, Luckenwalde, Neuruppin, Perleberg, Premnitz, Prenzlau, Pritzwalk, Rathenow, Schwedt/Oder, Senftenberg, Spremberg, Templin, Vetschau, Wittenberge, Wittstock und Zehdenick.

77 Beelitz, Bernau, Dallgow, Elstal, Erkner, Henningsdorf, Königs Wusterhausen, Ludwigsfelde, Nauen, Oranienburg, Potsdam, Rüdersdorf, Stahnsdorf, Teltow, Velten, Wildau.

prioritären Handlungsbedarf definiert hat. Investitionsvorhaben in Orten der Kategorie C werden nicht gefördert. Eine Förderung ist nur im Ausnahmefall möglich, wenn das Vorhaben von erheblichem Interesse für das Land ist.

Im Mittelpunkt der GA steht die Unterstützung der regionalen Investitionstätigkeit durch direkte Investitionsanreize für private Unternehmen sowie die Förderung gezielter Verbesserungen in der wirtschaftsnahen Infrastruktur vorrangig für Kreise, Gemeinden und Gemeindeverbände. Die folgende Tabelle zeigt für den Zeitraum von 1990 bis 1997 die Anzahl der geförderten Vorhaben mit den dafür bereitgestellten Fördermitteln aus der Gemeinschaftsaufgabe:

Jahr	Gewerbliche Wirtschaft			Infrastruktur		
	Anzahl der geförderten Vorhaben	Fördermittel in Mio. DM	%	Anzahl der geförderten Vorhaben	Fördermittel in Mio. DM	%
1990	10	6	0,1%	4	14	0,4%
1991	660	1.464	22,7%	70	511	13,8%
1992	480	515	8,0%	32	244	6,6%
1993	1.327	950	14,7%	93	611	16,5%
1994	1.086	1.459	22,6%	104	563	15,2%
1995	767	495	7,7%	95	1.180	31,8%
1996	791	830	12,9%	75	239	6,4%
1997	865	734	11,4%	101	347	9,4%
1990-97	**5.986**	**6.453**	**100,0%**	**574**	**3.709**	**100,0%**

Tabelle 5 : GA-Förderung 1990 bis 1997
Quelle: MWMT: Jahreswirtschaftsbericht Brandenburg 1998

Kernelement der koordinierten Wirtschaftspolitik von Berlin und Brandenburg ist der räumlich und zeitlich konzentrierte Einsatz der begrenzten Ressourcen und finanziellen Mittel.[78] Die Landesplanung gibt vor, dass die Förderung der regionalen Wirtschaft abgestuft nach den im Leitbild der dezentralen Konzentration definierten regionalen Prioritäten erfolgen soll. Faktisch waren aber noch im Jahr 1994 43% aller Städte und Gemeinden in Brandenburg Nutznießer einer Förderung. Der Förderpraxis trug das dem Vorwurf des "Gießkannen-Prinzips" ein, was vom Wirtschaftsministerium später auch explizit bestätigt worden ist.[79] Die Wirtschaftspolitik stellte sich in den folgenden Jahren die

78 Vgl. Begründungstext zu § 18 Abs. 2 LEPro

79 Vgl. *Ministerium für Wirtschaft, Mittelstand und Technologie des Landes Brandenburg (Hrsg.):* Jahreswirtschaftsbericht Brandenburg 1995, S. 59.

Aufgabe, ein Regelwerk für eine differenzierte Regionalförderung zu entwikkeln und die Förderung stärker auf Schwerpunkte zu konzentrieren.[80] Ergebnis war die oben dargestellte Definition der Förderkategorien A, B und C ab dem Jahr 1996. Wie stark der im raumordnerischen Leitbild definierte Anspruch von der Wirklichkeit der Förderpolitik in Brandenburg abweicht, wird aus der Tabelle ersichtlich, wenn man die zeitliche Entwicklung der Fördermittelvergabe betrachtet. In den Jahren 1991 und 1994 wurde das bislang größte Fördervolumen aus Mitteln der Gemeinschaftsaufgabe für die gewerblichen Wirtschaft erreicht. In den Jahren 1996 und 1997 kam es dagegen zu einer rückläufigen Entwicklung des Mittelabflusses im Vergleich zu den Vorjahren. Der bisherige Schwerpunkt für Infrastrukturinvestitionen lag im Jahr 1995. Auf dieses eine Jahr entfiel über ein Drittel des Gesamtvolumens der bewilligten GA-Mittel für diese Zwecke im Zeitraum 1990 bis 1997. Das höchste Fördervolumen für die gewerbliche Wirtschaft fiel also in einen Zeitraum, in dem selbst nach Einschätzung des Wirtschaftsministeriums noch nicht von einer regionalisierten Wirtschaftspolitik gesprochen werden konnte. Während die Landesregierung erst langsam begann, die Regionalisierung der Förderpolitik umzusetzen, nahm die Nachfrage nach Fördergeldern deutlich ab und damit auch die Steuerungswirkung für die wirtschaftliche Entwicklung, die man sich in Brandenburg von der Fördermittelvergabe erhofft. Das wichtigste wirtschaftspolitische Steuerungsinstrument der Wirtschaftspolitik in Brandenburg hat sich in der Praxis damit bislang als wirkungslos erwiesen.

3.2.3 Landesprogramme

Ergänzend zur Gemeinschaftsaufgabe und der Strukturförderung der EU hat das Land Brandenburg in vergleichsweise geringem Umfang eigene Förderprogramme aufgelegt. Noch 1995 war vom "berüchtigten Brandenburger Förderdschungel" die Rede.[81] Der Brandenburger Landtag erteilte der Landesregierung deshalb den Auftrag, die Förderprogramme zu straffen. Daraufhin war geplant worden, die Zahl der Programme bis 1997 drastisch zu verringern.[82] Angesichts einer Deckungslücke von 711 Mio. DM im Haushalt 1998 wurde dem MWMT die Hauptlast der Haushaltskonsolidierung auferlegt,[83] was als Folge den Förderprogrammen des Landes die finanzielle Grundlage entzog. Wirt-

80 Vgl. *Ministerium für Wirtschaft, Mittelstand und Technologie des Landes Brandenburg (Hrsg.):* Jahreswirtschaftsbericht Brandenburg 1998, S. 88 f.

81 "Wie die Glucke auf den Eiern“, Der Tagesspiegel vom 19.9.1995.

82 "Licht im Dschungel der Förderrichtlinien", Der Tagesspiegel vom 5.12.1996.

83 "Überraschend geschlossen auf Sparkurs", Der Tagesspiegel vom 6.3.1997.

schaftsminister *Dreher* drohte daraufhin indirekt sogar mit seinem Rücktritt, sollte durch die Kürzungsmaßnahmen auch die Kofinanzierung der Mittel von Bund und EU in Frage gestellt werden.[84]

Geblieben sich im wesentlichen folgende Instrumente:

Mit dem Mittelstandskreditprogramm soll der Aufbau mittelständischer Strukturen unterstützt werden. Auf die Überwindung vorübergehender Liquiditätsengpässe sind das Liquiditätssicherungsprogramm (LISI) und der Konsolidierungsfonds (KONSI) gerichtet. Im Jahr 1997 wurden im Rahmen dieser Landesprogramme 48 Darlehen in Höhe von 33 Mio. DM ausgereicht. Auf Initiative des Landes hat die ILB 1996 die Kapital-Beteiligungsgesellschaft für das Land Brandenburg (KKB) gegründet. Diese hält Anfang 1998 acht Beteiligungen mit einem Gesamtvolumen von ca. 20 Mio. DM und unterstützt damit die Eigenkapitalausstattung von Unternehmen im Land.[85]

84 "Das Wort Rücktritt fiel noch nicht", Der Tagesspiegel vom 2.5.1997.
85 *Investitionsbank des Landes Brandenburg* (Fn. 73), S. 38.

II. Wirtschaftsförderung in den Landkreisen

1. Erhebungsinstrumente und Datenlage

1.1 Fragebogen

Im Zeitraum von Oktober 1996 bis Januar 1997 wurde eine schriftliche Befragung der Akteure in der kommunalen Wirtschaftsförderung in den Landkreisen im Bundesland Brandenburg durchgeführt. Befragt wurden alle Landkreise und kreisfreien Städte sowie Wirtschaftsförderungsgesellschaften und Wirtschaftsförderungsvereine, die ihren Tätigkeitsschwerpunkt auf der Ebene der Landkreise haben.

Für die Befragung wurden zwei Fragebogeninstrumente entwickelt. Ein Fragebogen war auf verwaltungsinterne Formen der Wirtschaftsförderung zugeschnitten, das andere Erhebungsinstrument wurde für die Befragung privatrechtlicher Institutionen in der Wirtschaftsförderung angepasst. Beiden Fragebogen vorangestellt waren jeweils allgemeine Fragen zu Name, Adresse und Ansprechpartner in der Institution, zum räumlichen Zuständigkeitsgebiet sowie zur Organisation und Struktur. Im zweiten Teil des Fragebogens wurden Angaben über Kontakte der befragten Institution zu anderen Akteuren in der kommunalen Wirtschaftsförderung auf Landkreisebene, zur Art dieser Kontakte und zur Kontaktdichte erhoben. Nach dem gleichen Muster wurden im dritten Teil des Fragebogens Informationen zu Kontakten der kommunalen Wirtschaftsförderung auf Landkreisebene zu den überregionalen Akteuren in der Wirtschaftsförderung abgefragt. Weitere Abschnitte des Fragebogens beschäftigten sich mit Zielen und Instrumenten der kommunalen Wirtschaftsförderung und dem Informationsstand über die Situation der Wirtschaft vor Ort. Um Art und Umfang der Kooperation der kommunalen Wirtschaftsförderung zur ortsansässigen Wirtschaft zu ermitteln, wurden Fragen zur Form und Art der Kontaktpflege gestellt. Die Landkreise wurden zusätzlich zu ihrer Einschätzung kooperativer Verwaltungsverfahren und nach den vor Ort praktizierten kooperativen Handlungsformen der Verwaltung befragt. Am Ende des Fragebogens standen Fragen zu Erfahrungen und Bewertungen der Wirtschaftsförderung. Der Fragebogen zur Befragung der privatrechtlich organisierten Wirtschaftsförderungsinstitutionen war mit dem Fragebogen für die öffentlich-rechtlichen Institutionen weitgehend identisch. Lediglich der Abschnitt mit Fragen zu Kontakten zur örtlichen Wirtschaft war hier weniger ausführlich. Weil privatrechtlich organisierte Wirtschaftsförderungsgesellschaften und -vereine nicht mit der Durchführung von formellen Verwaltungsverfahren befasst sind, war der hierauf gerichtete Fragenkomplex in diesem Fragebogen nicht enthalten.

1.2 Teilnahme an der schriftlichen Umfrage

Insgesamt wurden 32 Fragebogen verschickt. Befragt wurden alle 14 Landkreise und die 4 kreisfreien Städte im Land Brandenburg. Weitere insgesamt 14 Fragebogen wurden an Wirtschaftsförderungsgesellschaften und Wirtschaftsförderungsvereine, die auf Landkreisebene tätig sind, versandt. Von den insgesamt 32 Fragebogen wurden 19 Fragebogen beantwortet zurückgeschickt. Die Rücklaufquote beträgt somit insgesamt 59,4%.

Betrachtet man die Untersuchungsbeteiligung der Landkreise und der Wirtschaftsförderungsgesellschaften bzw. Wirtschaftsförderungsvereine einzeln, so ergibt sich folgendes Bild: Von den insgesamt 14 Landkreisen und 4 kreisfreien Städten (Wifö-Ämter[1]) haben sich 11 kommunale Gebietskörperschaften an der Befragung beteiligt. Das entspricht einer Untersuchungsbeteiligung von 61,1% für diese Teilgruppe. Zwei Landkreise haben den Fragebogen jeweils an die im Landkreis tätige Wirtschaftsförderungsgesellschaft zur Beantwortung weitergeleitet. Diese sind in der Rücklaufquote für die Landkreise nicht enthalten. Von den 14 angeschriebenen Wirtschaftsförderungsgesellschaften bzw. Wirtschaftsförderungsvereinen (WFG[2]) haben sich 8 Gesellschaften bzw. Vereine an der Befragung beteiligt, das entspricht einer Rücklaufquote von 57,1% für diese Teilgruppe. Die Rücklaufquote der öffentlich-rechtlichen Wirtschaftsförderer fällt also im Vergleich zu den privatrechtlich organisierten Institutionen geringfügig höher aus.

Die Untersuchungsbeteiligung wirft die Frage auf, ob die Angaben aus den Fragebogen die kommunale Wirtschaftsförderung im Land Brandenburg flächendeckend abbilden können. Die folgende Tabelle macht die räumliche Verteilung

1 Die Bezeichnungen Wirtschaftsförderungsamt (Wifö-Amt) bzw. Wirtschaftsförderungsgesellschaft (WFG) in den Tabellenköpfen und im Text geben keine Auskunft über die konkrete Organisationsform einzelner Institutionen, sondern sollen lediglich die generelle Unterscheidung zwischen öffentlich-rechtlichen und privatrechtlichen Formen in der kommunalen Wirtschaftsförderung deutlich machen.

2 Siehe Anmerkung in Fn. 1.

der Institutionen in der kommunalen Wirtschaftsförderung, die sich an der Untersuchung beteiligt haben, auf die Landkreise in Brandenburg deutlich. Eine Beteiligung an der schriftlichen Befragung ist in der Tabelle jeweils mit "x" gekennzeichnet.

	Kreis/kreisfreie Stadt	**Wifö-Amt**	**WFG**
1	Barnim		x
2	Dahme-Spreewald		x
3	Elbe-Elster	x	
4	Havelland		
5	Märkisch-Oderland		x
6	Oberhavel		x
7	Oberspreewald-Lausitz	x	
8	Oder-Spree		x x
9	Ostprignitz-Ruppin	x	
10	Potsdam-Mittelmark	x	x
11	Prignitz	x	x
12	Spree-Neiße	x	
13	Stadt Brandenburg/H.		
14	Stadt Cottbus	x	
15	Stadt Frankfurt/O.	x	
16	Stadt Potsdam	x	
17	Teltow-Fläming	x	
18	Uckermark	x	
	Gesamt	**11**	**8**

Tabelle 6: Untersuchungsbeteiligung nach Landkreisen

Aus den Landkreisen Potsdam-Mittelmark und Prignitz liegen Fragebogen jeweils sowohl vom Wirtschaftsförderungsamt wie von der Wirtschaftsförderungsgesellschaft vor. Nur für diese beiden Landkreise können die Angaben des Wirtschaftsförderungsamts denen der Wirtschaftsförderungsgesellschaft direkt gegenübergestellt werden. Aus dem Landkreis Oder-Spree liegen Frageboden von zwei verschiedenen privatrechtlich organisierten Wirtschaftsförderungsinstitutionen, dem Wirtschaftsförderungsverein Fürstenwalde/Spree e.V. und der Ostbrandenburgischen Wirtschaftsförderungsgesellschaft mbH, vor. Die Landkreise Märkisch-Oderland und Barnim haben den Fragebogen jeweils an die im Kreisgebiet tätige Wirtschaftsförderungsgesellschaft zur Beantwortung weitergeleitet. Über die kreisfreie Stadt Brandenburg/Havel und den Landkreis Havelland liegen keine Daten vor. Beide kommunalen Gebietskörperschaften müssen bei den folgenden Auswertungen deshalb unberücksichtigt bleiben. Aus allen anderen Landkreisen bzw. kreisfreien Städten hat sich jeweils ein Akteur der kommunalen Wirtschaftsförderung an der Befragung beteiligt. Der Abgleich zwischen den beantworteten Fragebogen mit der Landkreisgliederung ergibt somit, dass die Ergebnisse der schriftlichen Befragung das Land Brandenburg nahezu flächendeckend abbilden können. Ein durchgängiger Vergleich der Angaben von privatrechtlichen und öffentlich-rechtlichen Akteuren bezogen auf die einzelnen Kreise ist mit Ausnahme für die Kreise Potsdam-Mittelmark und Prignitz hingegen nicht möglich.

2. Organisation der kommunalen Wirtschaftsförderung

2.1 Organisationsformen auf Landkreisebene

Alle Landkreise und kreisfreien Städte, die sich an der Befragung beteiligt haben, nehmen das Aufgabengebiet Wirtschaftsförderung als Verwaltungsaufgabe wahr. Die Einbindung der Wirtschaftsförderung in die Verwaltungsorganisation unterscheidet sich von Fall zu Fall. Ein eigenes Dezernat für die Aufgaben der Wirtschaftsförderung existiert in keinem der befragten Landkreise. 6 der insgesamt 11 an der Befragung beteiligten kommunalen Gebietskörperschaften haben ein eigenes Amt für Wirtschaftsförderung eingerichtet. In 4 Landkreisen ist Wirtschaftsförderung als Sachgebiet innerhalb eines Amtes mit größerem Aufgabenspektrum organisiert. So ist in den Landkreisen Potsdam-Mittelmark und Ostprignitz-Ruppin das Sachgebiet Wirtschaftsförderung im Amt für Landwirtschaft und Wirtschaftsförderung bzw. im Amt für Wirtschaft und Landwirtschaft angesiedelt. Der Landkreis Elbe-Elster hat das Sachgebiet Wirtschaftsförderung innerhalb des Amts für Strukturentwicklung eingebunden, das außerdem für Planungsaufgaben zuständig ist. Über die Amtzuordnung des Sachgebiets Wirtschaftsförderung/ Tourismus im Landkreis Oberspreewald-Lausitz liegen keine Angaben vor. Eine Sonderstellung nimmt der Landkreis Teltow-Fläming ein. Hier ist der Aufgabenbereich Wirtschaftsförderung als Stabstelle organisiert und wird vom 'Wirtschaftsbeauftragten des Landrats' wahrgenommen.

Neben den Dienststellen für Wirtschaftsförderung innerhalb der Kreisverwaltungen sind in den Landkreisen zusätzlich Wirtschaftsförderungsgesellschaften bzw. –vereine eingerichtet. Die Mehrzahl der befragten Landkreise sind entweder Gesellschafter einer Wirtschaftsförderungsgesellschaft oder Vereinsmitglieder eines Wirtschaftsförderungsvereins. Von den insgesamt 11 an der Befragung beteiligten Landkreisen und kreisfreien Städten sind 8 an einer privatrechtlich organisierten Wirtschaftsförderungsgesellschaft bzw. einem Wirtschaftsförderungsverein beteiligt. Die anderen 3 kommunalen Gebietskörperschaften sind nicht an privatrechtlichen Wirtschaftsförderungsinstitutionen beteiligt, davon sind 2 kreisfreie Städte.

Vier Landkreise und eine kreisfreie Stadt sind (Mit-) Gesellschafter einer Wirtschaftsförderungs-GmbH, zwei Landkreise sind Mitglieder in einem Wirtschaftsförderungsverein. Für die Gesellschaft im Landkreis Spree-Neiße wurde keine Angabe zur Rechtsform gemacht.

	Öffentl. Beteiligung ?	Rechtsform	Gesellschafter/Mitglieder
Elbe-Elster	ja	GmbH	Landkreis Elbe-Elster
Oberspreewald-Lausitz	nein	-	-
Ostprignitz-Ruppin	ja	e.V.	18 Mitglieder, u.a. IHK, Kreishandwerkerschaft, Städte (Neuruppin, Wittstock, Kyritz), Ämter (Neustadt, Wusterhausen, Fehrbellin), Landkreis Ostprignitz-Ruppin, Wirtschaftsverbände
Potsdam-Mittelmark	ja	e.V.	Landkreis PM, IHK, Handwerkskammer, WFB, Kreisbauernverband, Amt Brück, kommunale Entwicklungsgesellschaft Neuseddin
Prignitz	ja	GmbH	Landkreis Prignitz, Stadt Wittenberge
Spree-Neiße	ja	k.A.	k.A.
Stadt Cottbus	ja	GmbH	k.A.
Stadt Frankfurt/O.	nein	-	-
Stadt Potsdam	nein	-	-
Teltow-Fläming	ja	GmbH	Kreissparkasse TF, Landkreis TF, Raiffeisenbank Zossen
Uckermark	ja	GmbH	Landkreis Uckermark, Stadt Prenzlau, Stadt Angermünde, Gemeinde Berkholz-Meyenburg, WFB

Tabelle 7: Beteiligung der Landkreise an privatrechtlichen Wirtschaftsförderungsinstitutionen

An einer Wirtschaftsförderungs-GmbH sind außer den Landkreisen i.d.R. kreisangehörige Städte und Ämter als weitere Gesellschafter beteiligt. Als Gesellschafter sind teilweise auch andere öffentlich-rechtliche Akteure eingebunden. Im Landkreis Teltow-Fläming sind Kreissparkasse und Raiffeisenbank, im Landkreis Uckermark u.a. auch die Wirtschaftsförderung Brandenburg GmbH (WFB) Gesellschafter der jeweiligen Wirtschaftsförderungs-GmbH. Im Vergleich zu den Wirtschaftsförderungs-GmbH ist die Mitgliederstruktur der beiden Wirtschaftsförderungsvereine in den Landkreisen Ostprignitz-Ruppin und Potsdam-Mittelmark breiter angelegt. Neben dem Landkreis, kreisangehörigen Städten und Ämtern sind auch Kammern und Verbände sowie im Landkreis

Potsdam-Mittelmark zudem eine kommunale Entwicklungsgesellschaft sowie die WFB als Vereinsmitglieder präsent.

Auch die befragten Wirtschaftsförderungsvereine bzw. –gesellschaften wurden nach ihrer Organisation gefragt. Von den insgesamt 8 an der Befragung beteiligten Wirtschaftsförderungsvereinen bzw. -gesellschaften sind 5 als Gesellschaften mit beschränkter Haftung und 3 als eingetragene Vereine organisiert. Andere Rechtsformen wurden nicht genannt.

Mit Ausnahme der Wirtschaftsförderungsgesellschaft Oberhavel mbH, die ihre Aufwendungen als einzige Institution vollständig durch eigene Einnahmen ausgleichen kann, decken alle anderen privatrechtlichen Institutionen in der Wirtschaftsförderung auf Landkreisebene ihre Aufwendungen in der Form einer Mischfinanzierung aus verschiedenen Quellen. Die Finanzierung wird in 4 von insgesamt 8 Fällen durch Beiträge der Gesellschafter bzw. Vereinsmitglieder, eigenen Einnahmen und sonstigen Zuschüssen gedeckt. 3 Wirtschaftsförderungsgesellschaften bzw. Wirtschaftsförderungsvereine haben keine eigenen Einnahmen und finanzieren sich ausschließlich aus Beiträgen der Gesellschafter bzw. Mitglieder und aus sonstigen Quellen. Die Anteile, zu denen die Geldgeber zur Finanzierung beitragen, unterscheidet sich je nach Institution.[3] Als Geldgeber "sonstiger Zuschüsse" werden das Land Brandenburg bzw. das Ministerium für Wirtschaft, Mittelstand und Technologie des Landes Brandenburg, sowie Zuschüsse von Stadtverwaltungen und/oder des Landkreises genannt. 3 privatrechtlich organisierte Institutionen machen keine Angaben zur Herkunft ihrer sonstigen Zuschüsse.

3 Nur drei von acht Wirtschaftsförderungsgesellschaften/ -vereine machen Angaben zur Gewichtung der Finanzierungsquellen. Demnach decken zwei der drei Wirtschaftsförderungsgesellschaften/ -vereine ihren Finanzbedarf zu jeweils über der Hälfte durch die Beiträge der Gesellschafter/Mitglieder. Im dritten Fall werden die Kosten fast vollständig durch Zuschüsse des Landes gedeckt. Nur zwei Wirtschaftsförderungsgesellschaften/ -vereine machen Angaben zur Höhe des Budgets. Dieses liegt im einen Fall bei 450.000 DM und im anderen Fall bei 172.000 DM.

WFG	Gesellschafter/ Mitglieder	Wer deckt Aufwendungen?		
		Mitglieder	Einnahmen	Sonstige
Wirtschaftsförderverein Märkisch-Oderland e.V.	Landkreis MOL Sparkasse MOL Privatpersonen	x	x	x
Barnimer Wirtschaftsförderung GmbH	Landkreis BAR Sparkasse BAR	x	x	x
Wirtschaftsförderungsgesellschaft Potsdam-Mittelmark e.V.	Landkreis PM Kreisbauernverband IHK Potsdam HWK Potsdam Gewerbeverein Amt Neuseddin Amt Brück	x		x
Wirtschaftsförderungsverein Fürstenwalde (Spree) e.V.	102 Vereinsmitglieder, davon 95 Unternehmen u. 7 ordentliche Mitglieder (Fraktionsvorsitzende, Stadtverwaltung)	x	x	x
Ostbrandenburgische Wirtschaftsförderungsgesellschaft mbH	Landkreis Oder-Spree Stadt Fürstenwalde Gemeinde Erkner Amt Spreenhagen Amt Tauche Amt Steinhöfel	x		x
Wirtschaftsförderungsgesellschaft Dahme-Spreewald mbH	Landkreis Kreissparkasse	x		x
Wirtschaftsförderungsgesellschaft Oberhavel mbH	Oberhavel Holding GmbH		x	
Wirtschaftsfördergesellschaft Prignitz mbH	k.A.	x	x	x

Tabelle 8: Träger und Finanzierung der Wirtschaftsförderungsgesellschaften bzw. -vereine

An den Wirtschaftsförderungs-GmbH sind i.d.R. Landkreise, Städte und Ämter sowie die Sparkasse als Gesellschafter beteiligt. Ausnahme ist die Wirtschaftsförderungsgesellschaft Oberhavel mbH, deren Alleingesellschafter die Oberhavel Holding GmbH ist. Mitglieder der Wirtschaftsförderungsvereine sind neben den kommunalen Gebietskörperschaften fast immer Verbände und Kammern. Darüber hinaus ist die Mitgliederstruktur von Wirtschaftsfördervereinen eher einzelfallspezifisch ausgeprägt. Vereinsmitglieder sind z.B. im Fall des Wirtschaftsförderungsvereins Märkisch-Oderland e.V. auch Privatpersonen oder im Fall des Wirtschaftsförderungsvereins Fürstenwalde/Spree e.V. auch ortsansässige Unternehmen. Dieser Befund deckt sich mit den Angaben der Landkreise, die an privatrechtlichen Wirtschaftsförderungsinstitutionen beteiligt sind.[4] Insoweit kann eine breit angelegte Mitgliederstruktur als typisches Strukturmerkmal für Wirtschaftsfördervereine gelten.

Typisch für die kommunale Wirtschaftsförderung auf Landkreisebene in Brandenburg ist in struktureller Hinsicht das Nebeneinander von verwaltungsinternen Wirtschaftsförderungsdienststellen in den Landratsämtern und Stadtverwaltungen und privatrechtlichen Wirtschaftsförderungsgesellschaften und Wirtschaftsförderungsvereinen, an denen die Landkreise als Gesellschafter bzw. Vereinsmitglieder beteiligt sind.

2.2 Räumliche Zuständigkeit und Dienstsitz

Mit Ausnahme des Wirtschaftsförderungsvereins Fürstenwalde/Spree e.V. deckt sich der räumliche Zuständigkeitsbereich aller anderen an der Befragung beteiligten Wirtschaftsförderämter und Wirtschaftsförderungsgesellschaften bzw. Wirtschaftsförderungsvereine mit dem Gebiet des jeweiligen Landkreises bzw. der kreisfreien Stadt.

Der Wirtschaftsfördervereein Fürstenwalde/Spree e.V. versteht sich als regionaler Unternehmensverband mit einem Tätigkeitsschwerpunkt in der Stadt Fürstenwalde. Betrachtet man den Sitz der Wirtschaftsförderungsinstitutionen, so fällt auf, dass alle Wirtschaftsförderungsdienststellen der Landkreise ihren Dienstsitz am Sitz des Landkreises haben. Dem raumordnerischen Leitbild der dezentralen Konzentration folgend, wurde der jeweilige Kreissitz im Zuge der Kreisgebietsreform meist in einer berlinfernen Region des Kreisgebiets angesiedelt. Die Wirtschaftsförderungsgesellschaften bzw. Wirtschaftsförderungsvereine haben dagegen ihren Sitz eher im wirtschaftlich stärker entwickelten engeren Verflechtungsraum um Berlin. Insofern liegt der Schluss nahe, dass privatrechtlich organisierte Wirtschaftsförderungsinstitutionen durch ihren Sitz

4 Bis auf 2 Landkreise beziehen sich die Angaben auf unterschiedliche Landkreise.

die Nähe zur ortsansässigen Wirtschaft demonstrieren wollen, während sich der Dienstsitz der Wirtschaftsförderämter der Landkreise an verwaltungspolitischen Vorgaben orientiert.

2.3 Stellenausstattung und Personaleinsatz

Die Institutionen der kommunalen Wirtschaftsförderung im Land Brandenburg weisen eine stark unterschiedliche Ausstattung an Personalstellen auf.

Kreis/kreisfreie Stadt	**Personalstellen**	
	Wifö-Amt	**WFG**
Barnim		3
Dahme-Spreewald		4
Elbe-Elster	k.A.	
Märkisch-Oderland		2
Oberhavel		k.A.
Oberspreewald-Lausitz	10	
Oder-Spree		2
Oder-Spree		4
Ostprignitz-Ruppin	4	
Potsdam-Mittelmark	6	4
Prignitz	k.A.	2
Spree-Neiße	14	
Teltow-Fläming	2	
Uckermark	7	
Stadt Cottbus	14	
Stadt Frankfurt/O.	k.A.	
Stadt Potsdam	18	

Tabelle 9: Stellenausstattung der kommunalen Wirtschaftsförderung

Die Bandbreite der Ausstattung mit Personalstellen bewegt sich bei den Wirtschaftsförderungsämtern zwischen 2 und 18 Stellen. Mit 14 bzw. 18 Stellen nehmen die kreisfreien Städte Cottbus und Potsdam die Spitzenposition ein. In der Gruppe der Landkreise weist die Wirtschaftsförderung im Kreis Spree-Neiße mit ebenfalls 14 Stellen die größte Personalausstattung auf.

Die Stellenausstattung der Wirtschaftsförderungsgesellschaften bzw. -vereine weist eine kleinere Spannbreite auf deutlich niedrigerem Niveau auf und liegt zwischen 2 und 4 Stellen. Die Wirtschaftsförderung durch Verwaltungsdienststellen ist im Vergleich zu den Wirtschaftsförderungsgesellschaften bzw. Wirtschaftsförderungsvereinen damit allgemein besser mit Personalstellen ausgestattet.

Alle befragten Institutionen bis auf eine Ausnahme geben an, dass die Mitarbeiter ausschließlich für die jeweilige Institution tätig sind. Eine Ausnahme bildet die kreisfreie Stadt Cottbus. Der Geschäftsführer der Entwicklungsgesellschaft Cottbus mbH (EGC) ist gleichzeitig als Mitarbeiter im Amt für Wirtschaftsförderung tätig.

3. Ziele und Instrumente

3.1 Planung von Maßnahmen

Die Landkreise und kreisfreien Städte wurden gefragt, ob die Aktivitäten der Wirtschaftsförderung in eine kommunale Entwicklungsplanung eingebunden sind und ob es sich dabei ggf. um ein Zielprogramm, einen Maßnahmenkatalog oder um eine Kombination von beidem handelt.

	Programm				**Art**		
	ja		nein		Zielprog.	Maßn.	Ziel/Maßn.
Wifö-Ämter	7	64%	4	36%	3	1	3
WFG	5	63%	2	25%	4	0	1

Tabelle 10: Planungsgrundlagen der Wirtschaftsförderung

Insgesamt 7 kommunale Gebietskörperschaften geben an, dass den Aktivitäten der Wirtschaftsförderung ein Wirtschaftsentwicklungsprogramm, wirtschaftspolitische Leitlinien o.ä. zugrunde liegen. Davon greift ein Landkreis auf die Planungen der Altkreise zurück. 4 Landkreise geben an, dass derzeit keine entsprechende Planung vorliegt. In einem Landkreis werden derzeit die vorliegenden Kreisentwicklungsprogramme der Altkreise fortgeschrieben. In einem weiteren Landkreis wird ein Kreisentwicklungsprogramm derzeit neu erstellt. Von den vorliegenden Wirtschaftsentwicklungsprogrammen der Landkreise sind 3 als Zielprogramm ausgestaltet. Weitere 3 haben Elemente eines Zielprogramms als auch eines Maßnahmenkatalogs. Ein Programm ist als reiner Maßnahmenkatalog konzipiert. 3 Programme geben den Planungsstand der Jahre 1993 bzw. 1994/95 wider. 4 Pläne wurden dagegen 1996 neu erstellt. Die Mehrzahl der Programme wurde innerhalb der Kreisverwaltung von der für Wirtschaft zuständigen Dienststelle oder direkt vom Wirtschaftsförderungsamt erstellt. In 2

Fällen wurde bzw. wird das Kreisentwicklungskonzept von externen Firmen entworfen.

Auch der Tätigkeit von 5 der insgesamt 8 beteiligten Wirtschaftsförderungsgesellschaften bzw. -vereinen liegt ein Wirtschaftsentwicklungsprogramm zugrunde. In 4 Fällen handelt es sich dabei um ein Zielprogramm, in einem Fall sind Zielprogramm und Maßnahmenkatalog kombiniert. 2 Wirtschaftsförderungsgesellschaften geben an, dass keine entsprechende Planung vorliegt. Eine Wirtschaftsförderungsgesellschaft macht keine Angaben. Die Wirtschaftsförderungsgesellschaften und -vereine stützen sich in allen Fällen auf entsprechenden Planwerke der Landkreise.

3.2 Ziele der kommunalen Wirtschaftsförderung

Die Wirtschaftsförderämter und Wirtschaftsförderungsgesellschaften/ -vereine wurden gebeten, die wichtigsten Ziele, die sie mit ihrer Arbeit erreichen wollen, nach ihrer Rangfolge zu nennen.

Die dominierenden Ziele in der kommunalen Wirtschaftsförderung sind Schaffung und Erhalt von Arbeitsplätzen, Bestandspflege und Ansiedlung von Investoren. Von den Wirtschaftsförderämtern wird das Ziel "Arbeitsplätze" in unterschiedlichen Zusammenhängen am häufigsten genannt. Mit Ausnahme des Landkreises Spree-Neiße nennen alle anderen an der Untersuchung beteiligten Landkreise und kreisfreien Städte dieses Stichwort. "Schaffung von Arbeitsplätzen" nennen davon 7 Wirtschaftsförderungsämter als Ziel. Auf das Ziel "Sicherung vorhandener Arbeitsplätze" entfallen 6 Nennungen. "Stabilisierung des Arbeitsmarkts" und "Senkung der Arbeitslosigkeit" wird je einmal genannt. 7 von 10 Wirtschaftsförderungsämter nennen eines dieser Arbeitsmarkt-Ziele an erster Stelle als das wichtigste Ziel der kommunalen Wirtschaftsförderung im Kreis. "Bestandspflege" und "Bestandssicherung" nennen insgesamt 8 Wirtschaftsförderungsämter als Ziel. Ebenfalls 8 Nennungen entfallen auf "Akquisition" bzw. "Ansiedlung von Unternehmen" als Ziel der Wirtschaftsförderung. Davon setzen 2 Landkreise das Ziel "Ansiedlung" an die Spitze ihrer Zielhierarchie. Häufiger jedoch werden die Ziele "Ansiedlung" und "Bestandssicherung" an zweiter Stelle genannt. Sowohl als auch werden die Ziele "Ansiedlung" und "Bestandssicherung" von insgesamt 7 Landkreisen genannt. Davon nennen 2 Landkreise beide Ziele in einem gemeinsamen Zusammenhang ("Entwicklung bzw. Besiedlung von Industrie- und Gewerbegebieten", "optimale Bestandspflege und Akquisition neuer Investoren"). 2 Landkreise setzten das Ziel "Ansiedlung" vor "Bestandssicherung", von 3 Landkreisen wird dagegen "Bestandssicherung" vor "Ansiedlung" genannt.

Mit insgesamt 7 Nennungen knapp hinter den Zielen Arbeitsplätze, Ansiedlung und Bestandssicherung werden wirtschafts- und infrastrukturelle Ziele genannt wie "Entwicklung/ Verbesserung der Infrastruktur", "Standortentwicklung", "Schaffung von Rahmenbedingungen" oder "Verbesserung der wirtschaftlichen Rahmenbedingungen". Zwei Landkreise nennen ein wirtschafts- und infrastrukturelles Ziel in ihrer Zielhierarchie sogar an zweiter Stelle. In dieser Bewertung spiegelt sich der nach wie vor bestehende Nachholbedarf in der wirtschaftsnahen Infrastruktur sowie die einschneidenden Veränderungen in der Wirtschaftsstruktur in Brandenburg nach der Vereinigung.

Die Ziele der Wirtschaftsförderungsgesellschaften und Wirtschaftsförderungsvereine unterscheiden sich erheblich von denen der Wirtschaftsförderämter. Zunächst fällt auf, dass alle befragten Landkreise Ziele nennen, während die Wirtschaftsförderungsgesellschaften Dahme-Spreewald und Prignitz sowie der Wirtschaftsförderungsverein Fürstenwalde/Spree e.V. keine Angaben zu ihren Zielen machen. Erhalt bzw. Schaffung von Arbeitsplätzen wird zwar mit insgesamt 5 Nennungen am häufigsten als Ziel genannt, jedoch werden diese Ziele nur von einer WFG als das wichtigste Ziel ausgegeben. Ebenfalls 5 Nennungen entfallen auf wirtschafts- und infrastrukturelle Ziele wie "Entwicklung einer wirtschaftlichen, sozialen und kulturellen Infrastruktur", "Entwicklung einer Wirtschaftsachse entlang der A12 zwischen Berlin und Frankfurt/Oder", "Projektentwicklung /-begleitung im ländlichen Raum", "Erhaltung der regionalen Wirtschaftszentren" und "Zusammenarbeit mit Osteuropa". Von den insgesamt 5 Nennungen entfallen aber allein 3 auf die Ostbrandenburgische Wirtschaftsförderungsgesellschaft mbH mit Sitz in Fürstenwalde, die damit ausschließlich wirtschafts- und infrastrukturelle Ziele verfolgt. Das Ziel "Ansiedlung von Unternehmen" wird mit insgesamt 3 Nennungen einmal häufiger genannt als das Ziel "Bestandssicherung". Die Zielhierarchie der privatrechtlich organisierten Wirtschaftsförderer ist damit insgesamt uneinheitlicher als die der Ämter.

3.3 Instrumente

Alle an der Untersuchung beteiligten Wirtschaftsförderämter und ebenfalls alle Wirtschaftsförderungsgesellschaften und -vereine geben übereinstimmend an, dass sie Beratungsleistungen für ansiedlungswillige Unternehmen, Existenzgründer und für ortsansässige Unternehmen anbieten. Ebenfalls sämtliche Wirtschaftsförderer in den Landratsämtern sowie alle Gesellschaften und Vereine geben an, dass sie für Unternehmen eine "Lotsenfunktion" bei der Durchführung von Verwaltungsverfahren wahrnehmen. Unterschiede zwischen Wirtschaftsförderämtern und privatrechtlich organisierten Wirtschaftsförderungsinstitutionen werden in hoheitlichen Handlungsfeldern deutlich. So erbringen 6

Landkreise Planungsleistungen. Eine kreisfreie Stadt gewährt Unternehmen sogar Nachlässe auf kommunale Gebühren und Abgaben. Die Wirtschaftsförderung der Landratsämter ist im Vergleich zu den Wirtschaftsförderungsgesellschaften und -vereinen auch häufiger an der Errichtung und dem Betrieb vom Gründerzentren, Gewerbehöfen und Technologiezentren beteiligt.

Die folgende Tabelle zeigt die Instrumente, die von den Akteuren der kommunalen Wirtschaftsförderung in den Landkreisen eingesetzt werden nach der Häufigkeit der Nennungen.

	Ämter		**WFG**	
	Anzahl	%	Anzahl	%
Bereitstellung, Erschließung v. Gewerbeflächen	6	55%	4	50%
Vermarktung, Verkauf von Gewerbeflächen	6	55%	5	63%
Ankauf von Flächen zur späteren Ausweisung	2	18%	2	25%
Nachlaß, Stundung von Abgaben	1	9%	0	0%
Beratung ansiedlungswilliger Unternehmen	11	100%	8	100%
Beratung von Existenzgründern	11	100%	8	100%
Beratung ortsansässiger Unternehmen	11	100%	8	100%
Lotsenfunktion in Verwaltungsverfahren	11	100%	8	100%
Planungsleistungen	6	55%	1	13%
Gründung/Betrieb Gewerbehof, Gründerzentrum	7	64%	2	25%

Tabelle 11: Instrumente der kommunalen Wirtschaftsförderung

Wirtschaftsförderungsgesellschaften und -vereine sind stärker im Bereich des Grundstückswesens aktiv. Der Schwerpunkt liegt hier insbesondere in der Vermarktung und im Verkauf von vorhandenen Gewerbeflächen. Trotz der insgesamt breiten Übereinstimmung bei den eingesetzten Instrumenten von Wirtschaftsförderungsgesellschaften/-vereinen und Wirtschaftsförderämtern wird in diesem Punkt eine Aufgabenteilung zwischen den öffentlich-rechtlichen und privatrechtlichen Institutionen erkennbar.

3.4 Informationsbasis

Für die Wirtschaftsförderung sind Informationen über den Standort allgemein, die Wirtschaftsstruktur und die wirtschaftliche Entwicklung vor Ort von hoher Bedeutung. Daten über die örtliche Lage am Arbeitsmarkt und Informationen über Neugründung, Stillegung und Verlagerung von Betrieben geben Basisinformationen über Struktur und wirtschaftliche Dynamik eines Wirtschaftsstandorts. Diese Daten werden vom zuständigen Arbeitsamt, dem Gewerberegister oder vom Landesamt für Statistik und Datenverarbeitung laufend erhoben und bereitgestellt, liegen also bereits bei Behörden außerhalb der Landratsämter vor.

Die Akteure in der Wirtschaftsförderung auf Landkreisebene wurden gefragt, ob Daten über die wirtschaftliche Entwicklung am Standort und Daten über den örtlichen Arbeitsmarkt für die Zwecke der Wirtschaftsförderung ausgewertet werden. Allen 11 an der Befragung beteiligten Ämter für Wirtschaftsförderung und 6 von 8 Wirtschaftsförderungsgesellschaften bzw. -vereinen liegen Daten über den örtlichen Arbeitsmarkt vor. Von der Wirtschaftsförderungsgesellschaft Oberhavel mbH wurde keine Angabe über das Vorliegen von Arbeitsmarktdaten gemacht.

Insgesamt 10 von 11 an der Befragung beteiligte Wirtschaftsförderämter und 6 von 8 Wirtschaftsförderungsgesellschaften/-vereinen geben an, dass Informationen über Neugründung, Stillegung und Verlagerung von Unternehmen vor Ort vorliegen. Die Wirtschaftsförderungsgesellschaft Dahme-Spreewald mbH macht keine Angaben über das Vorliegen dieser Daten. Zwar gibt damit die überwiegende Mehrzahl der Akteure in der kommunalen Wirtschaftsförderung an, dass Daten zur Entwicklung der Wirtschaftsstruktur vorliegen, doch machen 6 von 11 Wirtschaftsförderämter auf die Frage nach Angabe der genauen Zahlen keine Angaben. Der Landkreis Ostprignitz-Ruppin gibt an, dass es eine solche Statistik nicht gibt. Der Landkreis Spree-Neiße und die Stadt Cottbus verweisen darauf, dass eine Auswertung möglich, aber mit hohem Aufwand verbunden ist. Die Landkreise Oberspreewald-Lausitz und Elbe-Elster waren als einzige in der Lage, wenigstens den Bestand an Betrieben, die sich auf den Industrie- und Gewerbegebieten im Kreis angesiedelt haben mit der ungefähren Beschäftigtenzahl anzugeben. Von den Wirtschaftsförderungsgesellschaften und -vereinen kann allein die Ostbrandenburgische Wirtschaftsförderungsgesellschaft mbH die Zahl der neu gegründeten bzw. angesiedelten Betriebe zusammen mit der Anzahl der Beschäftigten nennen. 5 der insgesamt 8 beteiligten Wirtschaftsförderungsgesellschaften/ -vereine machen keine Angaben, 2 verweisen auf allgemeine statistische Übersichten des Landes.

Aus diesem Befund ist der Schluss zu ziehen, dass verbreitet Daten über den örtlichen Arbeitsmarkt zur Verfügung stehen. Der kommunalen Wirtschaftsförderung mangelt es aber offensichtlich an Informationen über die örtliche Wirtschaftsstruktur und über die aktuelle wirtschaftliche Entwicklung der Betriebe vor Ort. Die offensichtlich fehlende bzw. lückenhafte Datenbasis steht in auffallendem Kontrast zum erklärten Ziel der Wirtschaftsförderungsinstitutionen, zur Entwicklung der regionalen Wirtschafts- und Infrastruktur beitragen zu wollen. Das deutet entweder darauf hin, dass man sich über die fehlende Datenbasis als Arbeitsgrundlage in den Landkreisen nicht bewusst ist oder dass die faktischen Tätigkeitsschwerpunkte der Wirtschaftsförderung weniger im konzeptionellen, planerischen Bereich liegen, als vielmehr in der operativen Einzelfallbearbeitung.

3.5 Standortwerbung

Standortwerbung gehört zu den wichtigsten Instrumenten in der kommunalen Wirtschaftsförderung. Alle befragten Institutionen der Wirtschaftsförderung auf Landkreisebene praktizieren eine Form der Standortwerbung.

	Ämter		**WFG**	
	Anzahl	%	Anzahl	%
Broschüren	11	100%	7	88%
überregionale Zeitung	4	36%	4	50%
lokale Zeitung	6	55%	4	50%
(Fach-) Zeitschriften	7	64%	3	38%
Datenbanken	9	82%	4	50%
Internet	2	18%	0	0%
Bilder/Film	7	64%	1	13%
Plakate	0	0%	1	13%
Sonstige	0	0%	1	13%

Tabelle 12: Instrumente der Standortwerbung

Broschüren sind das am weitesten verbreitete Medium in der Standortwerbung. Alle Wirtschaftsförderämter und alle Wirtschaftsförderungsgesellschaften/-vereine mit Ausnahme der Ostbrandenburgischen Wirtschaftsförderungsgesellschaft mbH setzten Broschüren ein. 9 von 11 Wirtschaftsförderämter setzten Datenbanken als Informationsträger ein. Von der Hälfte der befragten Wirtschaftsförderungsgesellschaften werden Datenbanken sowie Anzeigen in überregionalen und in lokalen Zeitungen genannt. Zumindest Anzeigen in lokalen Zeitungen werden von den Wirtschaftsförderämtern in etwa gleich oft genannt wie von den Wirtschaftsförderungsgesellschaften/-vereinen, während Anzeigen in überregionalen Zeitungen von den Wirtschaftsförderämtern vergleichsweise weniger häufig zur Standortwerbung eingesetzt werden. Dafür setzen diese wesentliche häufiger audiovisuelle Medien ein. Neue Medien wie das Internet werden von den Ämtern und Sachgebieten für Wirtschaftsförderung der Kreise derzeit noch selten und von den Wirtschaftsförderungsgesellschaften bzw. -vereinen gar nicht als Werbeträger eingesetzt, doch geben 3 Landkreise/ kreisfreie Städte und 2 Wirtschaftsförderungsgesellschaften/-vereine an, dass sie die

Einrichtung einer Homepage im Internet vorbereiten. Plakate werden nur in einem Fall als Werbeträger genannt. Die Wirtschaftsförderungsgesellschaft Potsdam-Mittelmark e.V. erstellt als Instrument der Standortwerbung einen Newsletter über Themen der Wirtschaftsförderung, der an Betriebe, Ämter und die Presse weitergegeben wird.

Informationsmaterialien werden dabei überwiegend von den Akteuren der Wirtschaftsförderung innerhalb der Landkreise selbst erarbeitet. Eine Hilfestellung z.B. der WFB bei der Erstellung von Informationsunterlagen ist wenig verbreitet. Eine regionenübergreifende Koordination der Standortwerbung gibt es nicht. Bei der Art der Weitergabe von Informationen über den Wirtschaftsstandort sind kaum Unterschiede zwischen Ämtern und Gesellschaften festzustellen. Die Teilnahme an Messen und die Bearbeitung von schriftlichen und mündlichen Anfragen sind die gängigen Formen zur Weitergabe von Informationen. Streusendungen von Werbematerialien an Unternehmen werden von den Landkreisen nicht und von den WFG nur vom Wirtschaftsförderungsverein Märkisch-Oderland e.V. praktiziert.

Direktansprache von...	**Ämter**		**WFG**	
	Anzahl	%	Anzahl	%
einheimischen Betrieben	6	55%	6	75%
überregionalen Betrieben	7	64%	5	63%
Großunternehmen	5	46%	1	13%

Tabelle 13: Direktansprache von Unternehmen

Die Mehrzahl sowohl der Ämter wie der WFG sprechen dagegen Unternehmen in bezug auf eine mögliche Investition im Kreisgebiet gezielt direkt an.Gezielt direkt angesprochen werden von den Akteuren der Wirtschaftsförderung in den Landkreisen in der Mehrzahl der Fälle bereits ortsansässige und überregionale Unternehmen. Großunternehmen werden immerhin von fast der Hälfte der Wirtschaftsförderungsämter bzw. Sachgebiete für Wirtschaftsförderung kontaktiert, aber fast gar nicht von Wirtschaftsförderungsgesellschaften und Vereinen. Die Resonanz von Direktansprachen wird durchaus positiv gesehen: Dort wo Unternehmen gezielt direkt auf die Möglichkeit einer Investition angesprochen worden sind, kommen in der Mehrzahl der Fälle tatsächlich Gespräche über eine mögliche Ansiedlung zustande. 73% der Wirtschaftsförderämter und 88% der Wirtschaftsförderungsgesellschaften geben an, dass aufgrund einer Direktansprache eine Ansiedlung tatsächlich zustande gekommen ist.

Der tatsächliche Erfolg von Standortwerbung lässt sich insgesamt nur schwer messen. Die Wirtschaftsförderämter von Cottbus, Frankfurt/Oder und Teltow-Fläming sind der Ansicht, dass der Erfolg von Standortwerbung nicht bewertet werden kann bzw. machen keine Angaben. Die Ämter in Potsdam und im Kreis Elbe-Elster schätzen den Erfolg ihrer Maßnahmen in der Standortwerbung dagegen als gut ein. Der Landkreis Oberspreewald-Lausitz bezeichnet die Ergebnisse der Bemühungen in der Standortwerbung als "differenziert". Im Kreis Ostprignitz-Ruppin wird der Erfolg in der Anfangsphase bis 1994 als zufriedenstellend bewertet, danach als konjunkturell verschlechtert. Als nicht ausreichend, unbefriedigend, zurückhaltend und schleppend wird der Erfolg von Maßnahmen zur Standortwerbung in den Kreisen Potsdam-Mittelmark, Prignitz, Spree-Neiße und Uckermark beschrieben. Von der Gruppe der Wirtschaftsförderungsgesellschaften/-vereine schätzen der Wirtschaftsförderungsverein Märkisch-Oderland e.V., die Wirtschaftsförderungsgesellschaft Potsdam-Mittelmark e.V. und die Ostbrandenburgische Wirtschaftsförderungsgesellschaft mbH ihren Erfolg als gut ein. Als weniger erfolgreich, steigerungsfähig oder eingegrenzt durch personelle und finanzielle Ressourcen werden die Maßnahmen der Standortwerbung von den Wirtschaftsförderungsgesellschaften Dahme-Spreewald, Oberhavel und dem Wirtschaftsförderungsverein Fürstenwalde bewertet. Die Wirtschaftsfördergesellschaft Prignitz und die Barnimer Wirtschaftsförderungsgesellschaft machen keine Angaben.

Für die Landkreise Potsdam-Mittelmark und Prignitz liegen jeweils sowohl vom Wirtschaftsförderungsamt des Kreises wie von der Wirtschaftsförderungsgesellschaft Angaben vor. Die Wirtschaftsförderungsgesellschaft Potsdam-Mittelmark bewertet die eigene Standortwerbung als "erfolgreich" und verweist auf die hohe Auslastung der Gewerbegebiete. Im Amt für Landwirtschaft und Wirtschaftsförderung im Landkreis Potsdam-Mittelmark ist man dagegen der Ansicht, dass die Resultate der Standortwerbung "noch nicht ausreichend" sind. Das Amt für Wirtschaftsförderung im Landkreis Prignitz bewertet die Standortwerbung im Kreis als "zurückhaltend, schleppend". Die Wirtschaftsfördergesellschaft Prignitz mbH macht keine Angaben zum Erfolg der Standortwerbung. Die widersprüchliche Bewertung des Erfolgs in der Standortwerbung der Akteure in den Landkreisen Potsdam-Mittelmark und Prignitz macht deutlich wie stark die Erfolgsbewertung von unterschiedlichen Erwartungshaltungen bestimmt wird und dass sich Standortwerbung keinen nachvollziehbaren Erfolgskriterien unterwirft.

4. Kooperation innerhalb der Wirtschaftsförderung

4.1 Akteure der Wirtschaftsförderung im Kreis

Die Wirtschaftsförderungsämter und Wirtschaftsförderungsgesellschaften bzw. -vereine wurden gefragt, welche anderen Akteure in der kommunalen Wirtschaftsförderung auf Kreisebene tätig sind.

Akteure	Nennungen	%
Industrie- und Handelskammer	7	64%
Handwerkskammer, Kreishandwerkerschaft	6	55%
Wirtschaftsförderungsgesellschaften	5	46%
Investitionsbank des Landes Brandenburg	4	36%
Technologiezentrum	3	27%
"Unternehmerstammtisch", Gewerbeverein	3	27%
Arbeitsförderungsgesellschaften, LASA	3	27%
Kreistagsausschüsse	2	18%
T.IN.A.	2	18%
Städte, Ämter, regionale Planungsgemeinschaften	2	18%
Wirtschaftsförderung Brandenburg GmbH (WFB)	1	9%
Sonstige	8	73%

Tabelle 14: Akteure auf Landkreisebene aus Sicht der Wifö-Ämter

Die Wirtschaftsförderämter bzw. Sachgebiete für Wirtschaftsförderung der Landkreise und kreisfreien Städte nennen eine große Anzahl von verschiedenen Akteuren in der kommunalen Wirtschaftsförderung im Kreis. Betrachtet man die Häufigkeiten, mit denen die einzelnen Akteure in der kommunalen Wirtschaftsförderung von den Landkreisen genannt wurden, ergibt sich folgendes Bild: 7 der insgesamt beteiligten 11 Landkreise nennen die Industrie- und Handelskammer (64%) sowie die Handwerkskammer bzw. die Kreishandwerkerschaft (6 Nennungen/55%) als Akteur in der Wirtschaftsförderung auf Landkreisebene. Etwas weniger häufig werden Wirtschaftsförderungsgesellschaften bzw. -vereine genannt (5 Nennungen/46%). 4 Nennungen entfallen auf die Investitionsbank des Landes Brandenburg als Akteur in der Wirtschaftsförderung im Landkreis. Technologiezentren, die Technologie- und Innovationsagentur des Landes Brandenburg (T.IN.A.) sowie im Kreis tätige Arbeitsförderungsgesellschaften und die LASA als Landesagentur für Beschäftigungsförderung werden weniger häufig als Akteur der kommunalen Wirtschaftsförderung genannt. Ebenfalls weniger oft genannt worden sind Kreistagsausschüsse sowie kreisangehörige Städte, Ämter und regionale Planungsgemeinschaften. Nur einmal wird die Wirtschaftsförderung Brandenburg GmbH (WFB) als Akteur in der Wirtschaftsförderung im Landkreis genannt. Als sonstige Akteure in der Wirtschaftsförderung werden von den Landkreisen u.a. private Anbieter, eine Fachhochschule und ein Fremdenverkehrsverband je einmal erwähnt.

Betrachtet man die Kontaktdichte differenziert nach den genannten Akteuren, so ergibt sich folgendes Bild: Zu den meisten der genannten Akteure haben die Wirtschaftsförderungsdienststellen der Landratsämter einen regelmäßigen Kontakt. Regelmäßiger Kontakt besteht insbesondere zu den häufig genannten Akteuren IHK, Handwerkskammer und Investitionsbank. Es fällt zudem auf, dass der Kontakt zu den Kammern oft im Rahmen von Gremienarbeit, z.B. in Ausschüssen, zustande kommt. Die Mehrzahl der Kontakte zu den anderen Akteuren kommt hingegen eher einzelfallbezogen bzw. zu einzelnen Sachfragen zustande. Die Angaben der Landkreise zur Art der Kontakte zu den Wirtschaftsförderungsgesellschaften bzw. -vereinen im Kreis sind uneinheitlich. Es werden alle Arten des Zusammenwirkens genannt. So werden institutionalisierte Formen wie Gremienarbeit oder Arbeitsgemeinschaften genau so oft genannt wie der Kontakt zu einzelnen Sachfragen oder Informationsaustausch als nicht institutionalisierte Formen der Kontaktpflege.

Die Wirtschaftsförderungsgesellschaften bzw. -vereine machen folgende Angaben zu den Akteuren im Bereich der Wirtschaftsförderung im Landkreis: Betrachtet man die Anzahl der genannten Institutionen, fällt auf, dass die Wirtschaftsförderungsgesellschaften bzw. -vereine insgesamt eine kleinere Anzahl von Akteuren nennen als die Wirtschaftsförderungsämter. Betrachtet man die Häufigkeit, mit der die verschiedenen Akteure genannt worden sind, so ergibt sich folgendes Bild: Mit 6 Nennungen (75%) wird das Wirtschaftsförderungsamt bzw. Sachgebiet für Wirtschaftsförderung des Landkreises am häufigsten genannt. Mit 5 Nennungen werden fast ebenso häufig andere kommunale Wirtschaftsförderungsgesellschaften bzw. kommunale Wirtschaftsförderungsvereine als weitere Akteure identifiziert (63%). Die Hälfte der an der Befragung beteiligten Wirtschaftsförderungsgesellschaften bzw. –vereine nennen Wirtschaftsförderungsdienststellen von kreisangehörigen Kommunen. Auffallend weniger häufig als die Wirtschaftsförderämter nennen die Wirtschaftsförderungsgesellschaften die IHK, die Handwerkskammer bzw. Kreishandwerkerschaft oder die Investitionsbank. Die Wirtschaftsförderung Brandenburg GmbH und sonstige

Akteure u.a. die Technologie- und Innovationsagentur des Landes Brandenburg und eine touristische Gebietsgemeinschaft werden je einmal genannt.

Akteure	**Nennungen**	**%**
Wirtschaftsförderungsamt im Landkreis	6	75%
Wirtschaftsfördergesellschaften, -vereine	5	63%
Kommunale Wirtschaftsförderämter	4	50%
Industrie- und Handelskammer	3	38%
Handwerkskammer, Kreishandwerkerschaft	2	25%
Unternehmerverbände	2	25%
Wirtschaftsförderung Brandenburg GmbH (WFB)	1	13%
Investitionsbank des Landes Brandenburg	1	13%
Sonstige	5	63%

Tabelle 15: Akteure auf Landkreisebene aus Sicht der WFG

Kontakte der Wirtschaftsförderungsgesellschaften bzw. –vereine zu den kommunalen Wirtschaftsförderämtern bestehen überwiegend nur im Einzelfall. Institutionalisierte Formen des Informationsaustausches werden nur für den Kontakt zu den Wirtschaftsförderungsdienststellen der Landkreise und zur IHK genannt. Zu den anderen Akteuren in der kommunalen Wirtschaftsförderung dominieren dagegen nicht institutionalisierte Kontakte zu einzelnen Sachfragen und zum gegenseitigen Informationsaustausch.

Für die Landkreise Potsdam-Mittelmark und Prignitz ist jeweils ein direkter Vergleich der Angaben von Amt und WFG möglich. Die Wirtschaftsförderungsgesellschaft Potsdam-Mittelmark e.V. nennt als Akteure im Kreisgebiet die Ämter für Wirtschaftsförderung der kreisfreien Städte Brandenburg/Havel und Potsdam sowie die Ämter innerhalb der Kreisverwaltung, insbesondere das Amt für Landwirtschaft und Wirtschaftsförderung. Zum Landkreis bestehen regelmäßige Kontakte. Der Informationsaustausch findet sowohl auf persönlicher Ebene statt sowie durch die Zusammenarbeit in gemeinsamen Arbeitsgruppen. Umgekehrt nennt das für Wirtschaftsförderung im Landkreis Potsdam-Mittelmark zuständige Amt für Landwirtschaft und Wirtschaftsförderung die im Kreis tätige Wirtschaftsförderungsgesellschaft Potsdam-Mittelmark e.V. nicht als Akteur. Dafür werden die Kammern und private Anbieter sowie die Wirtschaftsförderung Brandenburg GmbH und die Investitionsbank genannt. Während die Kontakte zu den Kammern und zur Investitionsbank regelmäßig zu einzelnen Sachfragen stattfinden, wird der Austausch mit der WFB nur im Einzelfall gesucht. Kontakte mit privaten Anbietern werden ebenfalls nur zu einzelnen Sachfragen aufgenommen. Im Landkreis Prignitz machen die Akteure folgende Angaben: Das Amt für Wirtschaftsförderung nennt die Wirtschaftsfördergesellschaft Prignitz, die Kammern, das Technologiezentrum und die Technologie- und Innovationsagentur T.IN.A. sowie die Investitionsbank und die Wirtschaftsförderung Brandenburg als Akteure. Zur Wirtschaftsfördergesellschaft Prignitz und zur WFB werden regelmäßige Kontakte gepflegt, zur Wirtschaftsfördergesellschaft Prignitz mbH in stärker formalisierter Form als Gremien- bzw. Ausschussarbeit. Die Kontakte zu den Technologievermittlern erfolgen dagegen im Einzelfall. Die Wirtschaftsfördergesellschaft Prignitz mbH erwähnt das entsprechende Amt des Landkreises nicht. Dafür werden regelmäßige Kontakte zur IHK, Investitionsbank, T.IN.A. und Wirtschaftsförderung Brandenburg GmbH angegeben.

Die Angaben der Wirtschaftsförderungsdienststellen in den Landratsämtern und der privatrechtlichen Wirtschaftsförderungsinstitutionen zu den Akteuren in der Wirtschaftsförderung im Kreis sind in beiden Fällen nicht deckungsgleich. Das kann als Hinweis auf eine gelungene Aufgabenteilung zwischen öffentlich-rechtlichen und privatrechtlichen Akteuren bewertet werden, kann umgekehrt aber auch als Indiz für die mangelnde Koordination in der kommunalen Wirtschaftsförderung gewertet werden. Deshalb muss die Zusammenarbeit der unterschiedlichen Akteure in der kommunalen Wirtschaftsförderung im Kreis näher analysiert werden.

4.2 Kooperation zwischen den Wirtschaftsförderern im Kreis

Die Struktur der kommunalen Wirtschaftsförderung auf Landkreisebene ist im Land Brandenburg geprägt durch das Nebeneinander von Wirtschaftsförderämtern, die in den Landratsämtern und Stadtverwaltungen der kreisfreien Städte eingerichtet sind und privatrechtlichen Wirtschaftsförderungsgesellschaften und -vereinen, an denen die Landkreise i.d.R. als Gesellschafter oder Vereinsmitglied beteiligt sind. Wirtschaftsförderungsämter und Wirtschaftsförderungsgesellschaften bzw. -vereine wurden nach den Tätigkeitsfeldern gefragt, in denen sie mit dem jeweils anderen Akteur im Landkreis zusammenwirken, falls ein solcher eingerichtet ist.

In allen Landkreisen und kreisfreien Städten, in denen sowohl ein Wirtschaftsförderungsamt wie eine Wirtschaftsförderungsgesellschaft oder -verein eingerichtet ist, bestehen zwischen beiden Akteuren in der Wirtschaftsförderung Kontakte. Betrachtet man die Aufgaben, in denen eine Zusammenarbeit stattfindet, nach der Häufigkeit der Nennungen, erhält man das folgende Bild: Aus

Sicht der Wirtschaftsförderungsämter ist das koordinierte Auftreten in der Außendarstellung des Landkreises, z.B. gegenüber von Ministerien, mit 8 Nennungen die am stärksten gemeinsam wahrgenommene Aufgabe. Die Ausweisung von Gewerbegebieten steht mit 7 Nennungen an zweiter Stelle. Die Wirtschaftsförderungsgesellschaften sehen mit je 6 Nennungen den Schwerpunkt ihres Zusammenwirkens mit den Wirtschaftsförderämtern dagegen eher in der Betreuung von Betrieben und Existenzgründern. Ein koordiniertes Auftreten nach außen wird von 5 Gesellschaften bzw. Vereinen genannt und folgt damit nach der Häufigkeit der Nennungen an zweiter Stelle. Mit gleicher Gewichtung nennen die Wirtschaftsförderungsgesellschaften bzw. -vereine Ausweisung, Vermarktung und Verkauf von Gewerbeflächen als Kooperationsfelder mit dem jeweiligen Wirtschaftsförderungsamt bzw. Sachgebiet für Wirtschaftsförderung.

Die Zusammenarbeit zwischen den Wirtschaftsförderungsinstitutionen in den Landkreisen und kreisfreien Städten vollzieht sich häufig im institutionalisierten Rahmen gemeinsamer Gremien oder Arbeitskreise. Im einzelnen wurden über die Form des Zusammenwirkens von Wirtschaftsförderämtern und Wirtschaftsförderungsgesellschaften/-vereinen folgende Angaben gemacht: In 5 Landkreisen sind zur Koordinierung der Zusammenarbeit zwischen der Wirtschaftsförderung des Landkreises mit privatrechtlich organisierten Akteuren Gremien oder Arbeitskreise eingerichtet. Die Landkreise Potsdam-Mittelmark und Uckermark nennen als gemeinsame Gremien Vorstandssitzungen bzw. Dienstberatungen. In den Landkreisen Oberspreewald-Lausitz und Uckermark sind die Wirtschaftsförderer gemeinsam im Rahmen einer regionalen Entwicklungsgesellschaft bzw. einer Arbeitsgruppe "Regionalentwicklung" tätig. Der Kreis Oberspreewald-Lausitz nennt als Gremium den Zweckverband "Gewerbegebiet Altdöbern". Im Landkreis Spree-Neiße wirken die Wirtschaftsförderungsinstitutionen in der Arbeitsgruppe "Grenzlandförderung" zusammen. Im Landkreis Prignitz vollzieht sich die gemeinsame Gremienarbeit zwischen den Wirtschaftsförderungsinstitutionen im Rahmen des Kreistags und seiner Ausschüsse. In der kreisfreien Stadt Cottbus und im Landkreis Ostprignitz-Ruppin sind keine gemeinsamen Gremien eingerichtet, in denen eine Zusammenarbeit zwischen Wirtschaftsförderämtern und -gesellschaften bzw. -vereinen koordiniert wird. Im Landkreis Ostprignitz-Ruppin bezieht sich die Kooperation zwischen dem Wirtschaftsförderungsamt und dem Wirtschaftsförderungsverein ausschließlich auf die gemeinsame Außenvertretung des Landkreises. Gremienarbeit ist im Fall der Stadt Cottbus überflüssig, da der Geschäftsführer der Entwicklungsgesellschaft Cottbus mbH (EGC) gleichzeitig Mitarbeiter des Amtes für Wirtschaftsförderung ist. Für die Landkreise Elbe-Elster und Teltow-Fläming liegen keine Angaben vor. Sonstige Formen der Zusammenarbeit zwischen den Wirtschaftsförderämtern der Landkreise und Wirtschaftsförderungsvereinen bzw. -gesellschaften sind im Landkreis Elbe-Elster ein Unternehmerstammtisch und Informationsveranstaltungen mit Banken sowie Zulieferkonferenzen. Im Landkreis Spree-Neiße finden Amtsdirektorentagungen zum Thema Wirtschaftsförderung statt.

Die an der Untersuchung beteiligten Wirtschaftsförderungsgesellschaften und – vereine machen folgende Angaben: Insgesamt 5 von 8 an der Befragung beteiligten Wirtschaftsförderungsgesellschaften und Wirtschaftsförderungsvereine wirken in Gremien und Arbeitskreisen mit den Wirtschaftsförderungsdienststellen der Landkreise und der kreisangehörigen Städte zusammen. So ist die Wirtschaftsförderungsgesellschaft Oberhavel mbH im Marketingausschuss Henningsdorf vertreten. Der Wirtschaftsförderungsverein Fürstenwalde/Spree e.V. wirkt in den Bereichen Stadtmarketing und im Messebeirat mit der Stadt Fürstenwalde zusammen. Die Barnimer Wirtschaftsförderung GmbH und der Wirtschaftsförderverein Märkisch-Oderland e.V. beteiligen sich gemeinsam am Fachbeirat Tourismus bzw. an der Wirtschaftskonferenz sowie an den Vorbereitungen zum 250-jährigen Jubiläum des Oderbruchs. Zwei der an der Befragung beteiligten Wirtschaftsförderungsgesellschaften verneinen die Frage nach einer Zusammenarbeit im Rahmen von Gremien und Arbeitsgruppen, von einer Gesellschaft liegen dazu keine Angaben vor.

4.3 Kooperation in Verwaltungsverfahren

Eine Zusammenarbeit zwischen Wirtschaftsförderämtern und Wirtschaftsförderungsgesellschaften kann sich auch auf die Vorbereitung von Verwaltungsakten erstrecken.

Im einzelnen ergibt sich für die Kooperation unter den Wirtschaftsförderern in Verwaltungsverfahren, die Betriebe betreffen, aus Sicht der Kreise und kreisfreien Städte folgendes Bild:[5] Die überwiegende Mehrzahl, nämlich 6 der insgesamt 9 Wirtschaftsförderämter in den Landkreisen und kreisfreien Städten, in denen jeweils neben dem Amt für Wirtschaftsförderung auch eine Wirtschaftsförderungsgesellschaft oder ein Wirtschaftsförderungsverein eingerichtet ist, wirkt bei der Vorbereitung von Verwaltungsakten, die Betriebe betreffen, mit den privatrechtlich organisierten Wirtschaftsförderern zusammen. Der Landkreis Prignitz ist der einzige im Untersuchungsfeld, der die Frage nach der Zusammenarbeit mit der Wirtschaftsförderungsgesellschaft ausdrücklich verneint. Die Landkreise Ostprignitz-Ruppin und Oberspreewald-Lausitz machen keine

5 In Frankfurt/Oder und Potsdam sind keine Wirtschaftsförderungsgesellschaften eingerichtet. die Felder sind deshalb schattiert wiedergegeben.

Angaben. Der Landkreis Elbe-Elster gibt zwar an, dass dort Verwaltungsakte in Kooperation mit der im Kreis ansässigen Wirtschaftsförderungsgesellschaft vorbereitet werden, macht aber keine Angaben zu den Rechtsgebieten, in denen diese Kooperation zum Tragen kommt.

Kreis/kreisfreie Stadt	**VA**		**Rechtsgebiet**
	ja	nein	
Stadt Cottbus	x		Baugenehmigungen, Fördermitteleinsatz
Elbe-Elster	x		k.A.
Stadt Frankfurt/O.			
Oberspreewald-Lausitz			k.A.
Ostprignitz-Ruppin			k.A.
Stadt Potsdam			
Potsdam-Mittelmark	x		Baugenehmigungen, Eigentümerverschaffung, naturschutzrechtliche und wasserrechtliche Genehmigungen
Prignitz		x	-
Spree-Neiße	x		Vorbereitung von Entscheidungsunterlagen zum Verkauf v. Grundstücken (Bsp. Stadt Spremberg)
Teltow-Fläming	x		Baugenehmigungen, beschleunigte Grundbucheintragungen, Stellungnahmen für ILB
Uckermark	x		Investitionsvorrangbescheide, Baugenehmigungen, Stellungnahmen zu Fördermittelanträgen

Tabelle 16: Kooperation in Verwaltungsverfahren nach Rechtsgebieten (Angaben Ämter)

Aus Sicht der Wirtschaftsförderungsämter bezieht sich die Zusammenarbeit mit den Wirtschaftsförderungsgesellschaften/ -vereinen im Kreis mehrheitlich auf Grundstücksangelegenheiten sowie auf Fördermittelanträge von Unternehmen. So werden in der kreisfreien Stadt Cottbus und den Landkreisen Potsdam-Mittelmark, Teltow-Fläming und Uckermark die Erteilung von Baugenehmigungen als Kooperationsfelder genannt. Die Beschleunigung von Grundbucheintragungen sowie Eigentumsbeschaffungen werden in den Kreisen Teltow-Fläming und Potsdam-Mittelmark in Zusammenarbeit mit der örtlichen

WFG gelöst. Im Landkreis Spree-Neiße steht bei der Zusammenarbeit zwischen der WFG und dem Amt der Verkauf von Grundstücken im Vordergrund. Die Zusammenarbeit zwischen Amt und WFG im Landkreis Uckermark bezieht sich zudem auf die Erstellung von Investitionsvorrangbescheiden. Neben der Stadt Cottbus nehmen die Landkreise Teltow-Fläming und Uckermark die Abgabe von Stellungnahmen zu Fördermittelanträgen sowie Fragen des Fördermitteleinsatzes gemeinsam mit der jeweiligen WFG wahr. Im Landkreis Potsdam-Mittelmark geht die Kooperation des Wirtschaftsförderungsamts mit der Wirtschaftsförderungsgesellschaft über Grundstückssachen und Fördermittelangelegenheiten hinaus und umfasst auch naturschutzrechtliche und wasserrechtliche Genehmigungsverfahren.

WFG/Verein	VA		Rechtsgebiet
	ja	nein	
Wirtschaftsförderverein Märkisch-Oderland e.V.	x		Investitionsförderanträge, Stellungnahmen für Investitionsvorrangverfahren
Barnimer Wirtschaftsförderung GmbH	x		Investitionsbescheinigungen, Fördermittelanträge
Wirtschaftsförderungsgesellschaft Potsdam-Mittelmark e.V.	x		Eigentumsfragen
Wirtschaftsförderungsverein Fürstenwalde (Spree) e.V.	x		Bauvoranfragen
Ostbrandenburgische Wirtschaftsförderungsgesellschaft mbH	x		Stellungnahmen für Fördermittelanträge, Grundbucheintragungen, Baugenehmigungen
Wirtschaftsförderungsgesellschaft Dahme-Spreewald mbH	x		k.A.
Wirtschaftsförderungsgesellschaft Oberhavel mbH		x	-
Wirtschaftsfördergesellschaft Prignitz mbH		x	-

Tabelle 17: Kooperation in Verwaltungsverfahren nach Rechtsgebieten (Angaben WFG)

Die Angaben der Wirtschaftsförderungsgesellschaften und –vereinen sind mit den Angaben der Wirtschaftsförderungsämter der Kreise weitgehend deckungsgleich. 6 der insgesamt 8 beteiligten Wirtschaftsförderungsgesellschaften geben an, dass sie bei der Vorbereitung von Verwaltungsakten, die Betriebe betreffen, mit den Wirtschaftsförderämtern der Landkreise zusammenarbeiten. Lediglich die Wirtschaftsförderungsgesellschaft Oberhavel mbH und die Wirtschaftsfördergesellschaft Prignitz mbH wirken bei der Vorbereitung von Verwaltungsakten ausdrücklich nicht mit dem jeweiligen Landkreis zusammen.

Mehrheitlich bezieht sich die Kooperation der Wirtschaftsförderungsgesellschaften bzw. –vereine mit der öffentlichen Verwaltung auf das Baurecht sowie auf Verfahren zu Fördermittelanträgen von Unternehmen. Die genannten Rechtsgebiete decken sind mit den entsprechenden Angaben der Wirtschaftsförderämter. Eine Ausnahme bildet der Wirtschaftsförderungsverein Fürstenwalde/Spree e.V., der im Rahmen einer Mitgliedschaft im Bauausschuss der Stadt Fürstenwalde darüber hinaus auch an der Bearbeitung von Bauvoranfragen beteiligt ist.

4.4 Kooperation zwischen Landkreis- und Landesebene

Folgende Tabelle zeigt die Kontaktdichte der Wirtschaftsförderämter zu den überregional bzw. landesweit tätigen Akteuren in der Wirtschaftsförderung.

Akteur	**Kontaktdichte** (Anzahl der Nennungen)		
	regelmäßig	manchmal	im Einzelfall
MWMT	8	2	2
WFB	7	3	3
LEG	0	2	3
T.IN.A.	3	1	7
ILB	10	0	1
BRAHA	0	2	7
IHK	10	0	2
HWK	10	1	0
Arbeitsamt	10	1	0
Banken	1	2	8
Sparkassen	3	3	6
Sonstige	2	2	0

Tabelle 18: Kooperation der Wifö-Ämter mit landesweiten Akteuren (Mehrfachnennungen)

Im Land Brandenburg sind außer den Akteuren in der kommunalen Wirtschaftsförderung auf Landkreisebene mehrere Akteure überregional oder landesweit mit Wirtschaftsförderung befasst. Die Wirtschaftsförderer auf Landkreisebene wurden zu Kontakten zu den Wirtschaftsförderern auf den übergeordneten Ebenen befragt. Als Ergebnis lässt sich festhalten, dass die Wirtschaftsförderämter der Landkreise nicht zu allen überregional tätigen Akteuren in der Wirtschaftsförderung einen gleich intensiv ausgeprägten Kontakt haben. Mit jeweils 10 Nennungen besteht die höchste Kontaktdichte zur Investitionsbank, zu den Industrie- und Handelskammern, zur Handwerkskammer sowie zu den Arbeitsämtern. Es wurde bereits festgestellt, dass die IHK von den Wirtschaftsförderämtern am stärksten als Akteur in der Wirtschaftsförderung auf Kreisebene wahrgenommen wird. Die hohe Kontaktdichte der Wirtschaftsförderämter zur IHK überrascht daher nicht. Mit 8 Nennungen wird regelmäßigen Kontakten zum brandenburgischen Wirtschaftsministerium ebenfalls hohe Priorität eingeräumt.

Die Kontaktdichte der Wirtschaftsförderämter zur Wirtschaftsförderung Brandenburg GmbH (WFB) ist ebenfalls ausgeprägt. Dies überrascht, da bereits festgestellt werden konnte, dass die WFB kaum als Akteur im Kreis wahrgenommen wird. Das lässt den Schluss zu, dass die WFB zwar nicht direkt in den Kreisen und kreisfreien Städten tätig wird, die Wirtschaftsförderer in den Landratsämtern aber dennoch an guten Kontakten zur WFB interessiert sind, um von möglichen Akquisitionserfolgen der WFB zu profitierten.

Lediglich einzelfallbezogene Kontakte unterhalten die Wirtschaftsförderämter der Landkreise zu Banken und Sparkassen (8 bzw. 6 Nennungen) sowie zu den Landesagenturen für Außenhandel (BRAHA) und für Technologietransfer (T.IN.A.). Dem Austausch mit diesen Akteuren messen die Wirtschaftsförderer in den Landratsämtern also weniger Bedeutung zu.

Bei der Art der Kontakte zwischen den Ämtern und Sachgebieten für Wirtschaftsförderung in den Landratsämtern mit den Wirtschaftsförderern auf der überregionalen bzw. Landesebene überwiegt der nicht institutionalisierte Informationsaustausch. Eine institutionelle Einbindung der Kontakte von Wirtschaftsförderämtern der Landkreise zu landesweit tätigen Akteuren im Rahmen von Gremien ist schwach ausgeprägt und wird ausschließlich für Kontakte mit dem Wirtschaftsministerium und der IHK angegeben. Die Kontakte zu den Wirtschaftsförderern auf Landesebene beziehen sich zum weit überwiegenden Teil auf die Klärung einzelner Sachfragen.

Im Vergleich zu den Wirtschaftsförderämtern/ -sachgebieten stellt sich die Kontaktdichte der Wirtschaftsförderungsgesellschaften bzw. -vereine zu den überregional und landesweit tätigen Akteuren in der Wirtschaftsförderung wie folgt dar:

Akteur	Kontaktdichte (Anzahl der Nennungen)		
	Regelmäßig	Manchmal	im Einzelfall
MWMT	6	2	0
WFB	4	0	3
LEG	0	1	5
T.IN.A.	2	2	3
ILB	6	1	1
BRAHA	0	1	5
IHK	5	1	1
HWK	4	2	1
Arbeitsamt	4	1	2
Banken	2	2	3
Sparkassen	5	1	1
Sonstige	0	0	1

Tabelle 19: Kooperation der WFG mit landesweiten Akteuren (Mehrfachnennungen)

Im Vergleich zu den Nennungen der Wirtschaftsförderämter fällt auf, dass die Wirtschaftsförderungsgesellschaften und -vereine häufiger regelmäßige Kontakte zu den Sparkassen unterhalten (5 Nennungen). Auch der Kontakt zur Technologietransferagentur des Landes Brandenburg (T.IN.A.) ist intensiver ausgeprägt. Etwas weniger häufig als die Wirtschaftsförderungsämter nennen die Wirtschaftsförderungsgesellschaften/-vereine hingegen regelmäßige Kontakte zu den Kammern. Die höchste Kontaktdichte mit jeweils insgesamt 6 Nennungen entfällt auf Kontakte zum brandenburgischen Wirtschaftsministerium und zur Investitionsbank.

Informationsaustausch und persönliche Bekanntschaften überwiegen bei der Art der Kontakte der Wirtschaftsförderungsgesellschaften bzw. -vereinen zu den landesweit tätigen Institutionen in der Wirtschaftsförderung. Eine institutionalisierte Zusammenarbeit in Gremien und Arbeitsgruppen spielt für Wirtschaftsförderungsgesellschaften im Zusammenwirken mit den landesweiten Akteuren keine wichtige Rolle.

5. Kooperation mit der ortsansässigen Wirtschaft

5.1 Kontaktpflege und Informationsbeschaffung

Für eine auf die Entwicklung endogener Potentiale hin ausgerichteten Wirtschaftsförderung ist von hoher Bedeutung, ob es gelingt, Informationen und Bedürfnisse von ortsansässigen Unternehmen aufzunehmen und zu verarbeiten. Die Akteure in der kommunalen Wirtschaftsförderung wurden deshalb gefragt, ob ortsansässige Unternehmen und Betriebe nach ihren Wünschen und Bedürfnissen gefragt werden, wie oft und in welcher Form das geschieht.

Art der Kontakte	Kontaktdichte (Angaben in %)			
	regelmäßig	manchmal	im Einzelfall	nie
Informelle Treffen, z.B. Unternehmerstammtisch	55%	18%	18%	0%
Zusammenarbeit mit Geschäftsleutevereinen u.ä.	36%	18%	27%	0%
Schriftliche Befragung	0%	0%	55%	9%
Betriebsbesuche	27%	45%	18%	0%
Persönliche Bekanntschaft	18%	27%	36%	0%
Treffen im Rahmen von Parteien, Vereinen usw.	0%	27%	36%	0%
Berufsverbände, Standesorganisationen	45%	9%	18%	0%
Zusammenarbeit mit IHK, Handwerkskammer	91%	0%	0%	0%

Tabelle 20: Kontakte und Kontaktdichte zwischen Wifö-Ämter und ortsansässigen Unternehmen

10 von 11 Wirtschaftsförderämter geben an, dass sie ortsansässige Unternehmen nach deren Wünschen und Bedürfnissen fragen. Nur das Wirtschaftsförderungsamt im Landkreis Potsdam-Mittelmark verzichtet auf Unternehmensbefragungen. Fast alle Wirtschaftsförderämter ermitteln Bedürfnisse und Wünsche der ortsansässigen Wirtschaft über die regelmäßige Zusammenarbeit mit der Industrie- und Handelskammer und der Handwerkskammer. Damit wird erklär-

lich, warum die Kammern von den Wirtschaftsförderämtern als so bedeutsame Akteure für die kommunale Wirtschaftsförderung auf Landkreisebene eingeschätzt werden. Abgesehen vom Wirtschaftsförderungsamt im Landkreis Potsdam-Mittelmark pflegen alle anderen Ämter bzw. Sachgebiete für Wirtschaftsförderung in den Landratsämtern Kontakte zu ortsansässigen Unternehmen im Rahmen von informellen Treffen, z.B. Unternehmerstammtische u.ä.. Zudem nutzen fast alle Wirtschaftsförderämter die persönliche Bekanntschaft mit Unternehmern zur Zusammenarbeit, davon 18% regelmäßig, 27% manchmal und 36% im Einzelfall. Eine stärker formalisierte Form der Kooperation mit der örtlichen Wirtschaft ist beispielsweise die Zusammenarbeit mit Geschäftsleutevereinen, die von 36% der Wirtschaftsförderämter regelmäßig betrieben wird. Weitere 18% bzw. 27% der Ämter geben an, dass sie mit Geschäftsleutevereinen manchmal oder im Einzelfall zusammenarbeiten. Stärker institutionalisierte Formen der Kooperation mit der örtlichen Wirtschaft sind also nicht so häufig anzutreffen wie informelle Kooperationen. Zu den klassischen Instrumenten der Kontaktpflege zwischen Wirtschaftsförderung und ortsansässigen Unternehmen gehören Betriebsbesuche und schriftliche Befragungen der ortsansässigen Unternehmen durch die Wirtschaftsförderung. 91% der Wirtschaftsförderämter geben an, dass Betriebsbesuche ein von ihnen eingesetztes Instrument zur Kontaktpflege zur ortsansässigen Wirtschaft darstellen. Betrachtet man die Häufigkeit, mit denen Betriebsbesuche durchgeführt werden, so gibt fast ein Drittel der Wirtschaftsförderämter an, dass diese regelmäßig durchgeführt werden, fast die Hälfte praktizieren Betriebsbesuche manchmal. 10 von 11 Wirtschaftsförderämter geben an, dass die Initiative zu Betriebsbesuchen vom Amt ausgeht, in etwa der Hälfte der Fälle finden diese auf Wunsch von Unternehmen statt. Schriftliche Befragungen werden von insgesamt über der Hälfte der Wirtschaftsförderämter jeweils im Einzelfall durchgeführt.

Bei der Frage nach der Zusammenarbeit mit den ortsansässigen Unternehmen antworten die Wirtschaftsförderungsgesellschaften bzw. –vereine wie folgt: Insgesamt 6 der insgesamt 8 beteiligten Wirtschaftsförderungsgesellschaften und Wirtschaftsförderungsvereine fragen ortsansässige Betriebe nach deren Wünschen und Bedürfnissen. Unter den Wirtschaftsförderungsgesellschaften und –vereinen verzichtet nur die Wirtschaftsförderungsgesellschaft im Kreis Potsdam-Mittelmark ausdrücklich auf den direkten Informationsaustausch mit Unternehmen. Wünsche und Bedürfnisse von Unternehmen werden im Landkreis Potsdam-Mittelmark damit weder vom Wirtschaftsförderungsamt des Landkreises noch von der Wirtschaftsförderungsgesellschaft ermittelt. Über die Art der Kontakte werden folgende Angaben gemacht:

Art der Kontakte	Kontaktdichte (Angaben in %)			
	regel-mä-ßig	manch-mal	im Ein zel-fall	nie
Informelle Treffen, z.B. Unternehmer-stammtisch	50%	38%	0%	0%
Zusammenarbeit mit Geschäftsleuteverei-nen u.ä.	50%	13%	0%	0%
Schriftliche Befragung	13%	25%	13%	13%
Betriebsbesuche	38%	25%	25%	0%
Persönliche Bekanntschaft	38%	25%	13%	0%
Treffen im Rahmen von Parteien, Vereinen usw.	13%	0%	25%	0%
Berufsverbände, Standesorganisationen	13%	38%	13%	0%
Zusammenarbeit mit IHK, Handwerks-kammer	63%	0%	13%	0%

Tabelle 21: Kontakte und Kontaktdichte zwischen WFG und ortsansässigen Unternehmen

Ein regelmäßiger Kontakt zur ortsansässigen Wirtschaft findet am häufigsten über die Kammern statt. Damit messen neben den Wirtschaftsförderern in den Stadt- und Kreisverwaltungen auch die Wirtschaftsförderungsgesellschaften und –vereine der Zusammenarbeit mit den Kammern die größte Bedeutung bei der Kontaktpflege zur örtlichen Wirtschaft zu. Informelle Formen der Kontaktpflege haben ebenfalls eine herausragende Bedeutung. Die Hälfte der Wirtschaftsförderungsgesellschaften/-vereine sehen informelle Treffen als regelmäßige Form der Kontaktpflege. Die stärker institutionalisierte Zusammenarbeit im Rahmen von Geschäftsleutevereinen u.ä. wird ebenfalls von der Hälfte der Wirtschaftsförderungsgesellschaften und -vereine regelmäßig und von immerhin 13% manchmal praktiziert. Persönliche Bekanntschaft spielt in der Kontaktpflege bei insgesamt über zwei Drittel der befragten Wirtschaftsförderungsgesellschaften/-vereine eine Rolle. Betriebsbesuche werden von privatrechtlichen Wirtschaftsförderungsinstitutionen vergleichbar häufig praktiziert wie von den Ämtern. Je ein Viertel der Wirtschaftsförderungsgesellschaften und -vereine geben an, dass Betriebsbesuche manchmal oder im Einzelfall stattfinden. Schriftliche Befragungen als Instrument der Kontaktpflege und Informationsbeschaffung werden von den Wirtschaftsförderungsgesellschaften/-vereinen dagegen weniger häufig durchgeführt.

Fragen um finanzielle Fördermöglichkeiten und Finanzierungsprobleme stehen bei den Kontakten der Wirtschaftsförderungsgesellschaften bzw. -vereine mit ortsansässigen Unternehmen im Vordergrund. Weitere Problemfelder, die von den Betrieben bei Gesprächen mit der Wirtschaftsförderung thematisiert werden, sind Standortprobleme und Genehmigungsverfahren. Die Wirtschaftsförderämter der Landkreise nennen ebenfalls Finanzierungsfragen und Förderungsmodalitäten als die Fragen, die von den Betrieben bei Gesprächen mit der Wirtschaftsförderung in den Vordergrund gestellt werden. Als weitere wichtige Themen werden das Angebot an Gewerbeflächen zur Unternehmenssicherung und –erweiterung genannt. Weniger häufig bei Gesprächen mit der Wirtschaftsförderung thematisieret werden nach Auskunft der Wirtschaftsförderämter Probleme im Umgang mit anderen Ämtern und Genehmigungsverfahren, die allgemeine wirtschaftliche Situation im Zusammenhang mit Markt- und Absatzchancen oder die örtliche Infrastrukturausstattung.

5.2 Kooperative Verwaltung in der kommunalen Wirtschaftsförderung

Kooperative Handlungsformen in der öffentlichen Verwaltung sind dadurch gekennzeichnet, dass die Verwaltung nicht mehr ausschließlich einseitig-hoheitlich handelt, sondern sich auf einen Informationsaustausch oder auf Verhandlungen mit den vom Verwaltungshandeln Betroffenen einlässt. Die Wirtschaftsförderungsämter wurden in diesem Zusammenhang gefragt, ob sie oder andere Dienststellen in der Verwaltung vor dem Erlass von Verwaltungsakten, die Betriebe betreffen, mit den betroffenen Betrieben zusammenwirken.

Insgesamt 9 von 11 Wirtschaftsförderungsämter geben an, dass sie oder andere Dienststellen innerhalb der Verwaltung vor dem Erlass von Verwaltungsakten mit den betroffenen Unternehmen zusammenwirken. Der Landkreis Elbe-Elster macht hierzu keine Angabe. Der Landkreis Oberspreewald-Lausitz verneint diese Frage als einziger der befragen Landkreise ausdrücklich.

Kooperative Handlungsformen der Verwaltung können danach unterschieden werden, ob es sich um Verwaltungsverfahren im Rahmen des hoheitlichen Vollzugs handelt, also z.B. zur Durchsetzung von Umweltauflagen oder ob das Verfahren auf einen Antrag des betroffenen Betriebs zurückgeht, also z.B. ein Antrag auf Erteilung einer Baugenehmigung. Bei letzterem kann davon ausgegangen werden, dass die Kooperationsbereitschaft sowohl des Betriebs als auch der Verwaltung stärker ausgeprägt ist. Der Betrieb hat ein Interesse daran, dass seinem Antrag entsprochen wird. Umgekehrt ist die Verwaltung auf die Mitwirkung des Unternehmens, z.B. bei der Bereitstellung von Informationen, angewiesen. Kooperativen Handlungsformen im hoheitlichen Vollzug sehen sich dagegen mit grundsätzlichen Bedenken auf Seiten der öffentlichen Verwaltung konfrontiert und auf Seiten der Unternehmen i.d.R. mit einem Interesse an der Beibehaltung des Status quo.

In den meisten Fällen (73%) ergeben sich Kooperationen zwischen Behörde und Unternehmen im Rahmen von Verfahren, die auf einen Antrag des Unternehmens zurückgehen. Kooperation in Verfahren, in denen die Behörde von sich aus handeln muss, also im hoheitlichen Vollzug, z.B. zur Durchsetzung von Umweltauflagen, wird nur von 36% der Landkreise praktiziert und ist damit weniger verbreitet. Immerhin 27% der Wirtschaftsförderämter geben an, dass es im hoheitlichen Vollzug keine Kooperation mit den betroffenen Betrieben gibt, während das für Antragsverfahren nur von der kreisfreien Stadt Frankfurt/Oder ausdrücklich verneint wird. Die Landkreise Elbe-Elster und Oberspreewald-Lausitz machen keine Angaben.

Eine Zusammenarbeit im Vorfeld von Verwaltungsakten kann unterschiedliche Formen annehmen, die sich in der Art der gegenseitigen Verbindlichkeit unterscheiden. Im einzelnen ergibt sich für die Untersuchungsstichprobe folgendes Bild:

	wird praktiziert	**wird nicht praktiziert**
Vorverhandlung	91%	0%
Agreement	27%	27%
Arrangement	64%	9%
Vertrag	36%	18%
Sonstige	9%	18%

Tabelle 22: Kooperative Handlungsformen der Wirtschaftsförderämter

Vorverhandlungen im Sinne von Gesprächen mit den betroffenen Betrieben mit dem Ziel des gegenseitigen Informationsaustauschs werden von allen beteiligten Wirtschaftsförderämtern mit Ausnahme des Amts im Landkreis Oberspreewald-Lausitz praktiziert. Vorverhandlungen können damit als gängige Kooperationsform im Umgang der öffentlichen Verwaltung mit Unternehmen auf Kreisebene im Land Brandenburg identifiziert werden. Die Angaben zu anderen Kooperationsformen sind jeweils weniger vollständig. So geben fast ein Drittel der Wirtschaftsförderämter an, dass nicht sanktionierte mündliche Absprachen mit Betrieben getroffen werden. Ebenso viele Ämter geben allerdings an, dass solche Agreements vor Ort nicht praktiziert werden. Häufiger werden zwischen

Verwaltung und Unternehmen Arrangements getroffen. Über die Hälfte der Wirtschaftsförderämter bzw. Sachgebiete für Wirtschaftsförderung geben an, dass solche schriftliche Absprachen über Verfahrensfragen oder Einzelfallregelungen gemacht werden. Nur das Wirtschaftsförderungsamt im Landkreis Potsdam-Mittelmark schließt Arrangements mit den Unternehmen im Kreis ausdrücklich aus. Öffentlich-rechtliche Verträge zwischen öffentlicher Verwaltung und ortsansässigen Unternehmen werden in 36% der Landkreise abgeschlossen, 18% der Landkreise nutzen diese Form der kooperativen Verwaltung nicht. Damit sind öffentlich-rechtliche Verträge ebenfalls eine weniger verbreitete Form des kooperativen Verwaltungshandelns auf Landkreisebene in Brandenburg.

Neben der öffentlichen Verwaltung und den vom Verwaltungshandeln betroffenen Betrieben ist auch denkbar, dass andere Akteure in die Verhandlungsprozesse zwischen der Verwaltung und den ortsansässigen Betrieben mit einbezogen sind. Auf die Frage, wer in Verhandlungsprozesse zwischen Verwaltung und Betrieben sonst noch einbezogen wird, antworten insgesamt 6 der 11 Wirtschaftsförderämter. Davon nennen 3 Landkreise die im Kreis tätige Wirtschaftsförderungsgesellschaft bzw. den Wirtschaftsförderungsverein als zusätzlichen Akteur in Verhandlungsverfahren. In ebenfalls 3 Landkreisen werden Interessenvertreter der Wirtschaft wie die IHK oder die Handwerkskammer als zusätzliche Akteure bei Verhandlungen hinzugezogen. 2 Landkreisen nennen andere Verwaltungsdienststellen wie z.B. weitere Ämter der Stadt- bzw. Kreisverwaltung.

Fraglich ist, ob das tradierte Bild der einseitig-hoheitlich handelnden öffentlichen Verwaltung angesichts der vielfach praktizierten Formen des kooperativen Verwaltungshandelns in der Wirtschaftsförderung auf Landkreisebene zu relativieren ist. Die Wirtschaftsförderer in den Landratsämtern wurden deshalb gefragt, ob sie der Meinung zustimmen, dass die öffentliche Verwaltung grundsätzlich *nicht* mit Adressaten von Verwaltungsakten verhandeln darf. Immerhin 46% der beteiligten Landkreise verneinen diese Aussage. Mit 'teils teils' antworteten 27% der Wirtschaftsförderämter. Kein Wirtschaftsförderungsamt lehnt Verhandlungen also grundsätzlich ab.

Die Wirtschaftsförderämter wurden zudem gefragt, ob privatrechtliche Gesellschaften einen größeren Handlungsspielraum im Bereich der Wirtschaftsförderung haben, z.B. bei der Vereinbarung von Gegenleistungen. Insgesamt fast ein Drittel der Wirtschaftsförderämter vermuten bei den privatrechtlich organisierten Institutionen der Wirtschaftsförderung einen größeren Handlungsspielraum. Ebenso viele Ämter bzw. Sachgebiete für Wirtschaftsförderung sehen das zumindest teilweise so. Kein Wirtschaftsförderungsamt glaubt, dass privatrechtliche Gesellschaften oder Vereine im Vergleich mit einer Organisationsform innerhalb einer Behörde über einen engeren Handlungsspielraum verfügen.

Als Ergebnis lässt sich festhalten, dass die Wirtschaftsförderämter der Landkreise die öffentliche Verwaltung nicht in ihrer klassischen Rolle im Über-Unterordnungsverhältnis zu ihren Adressaten sehen. Dennoch wollen fast ein Drittel der befragten Ämter den Satz "die öffentliche Verwaltung darf nicht mit Adressaten von Verwaltungsakten verhandeln" differenziert sehen und antworten auf die entsprechende Frage mit 'teils teils'. Die Grundsätze des hoheitlichen Verwaltungsvollzugs werden also nicht pauschal Preis gegeben. Das zeigt sich auch in der Einschätzung der Handlungsspielräume der Wirtschaftsförderungsgesellschaften durch die Wirtschaftsförderämter. Immerhin die Hälfte der Wirtschaftsförderer in den Landratsämtern und kreisfreien Städten sind der Ansicht, dass Wirtschaftsförderungsgesellschaften bzw. -vereine mehr oder zumindest teilweise mehr Handlungsspielräume haben, als die Wirtschaftsförderung innerhalb der Verwaltung.

III. FALLSTUDIEN

1. Kreisfreie Stadt Cottbus

Die kommunale Wirtschaftsförderung in der kreisfreien Stadt Cottbus steht als Beispiel für das Zusammenwirken des kommunalen Wirtschaftsförderungsamts und privaten Partnern in einer Public Private Partnership. Das Beispiel Cottbus steht zudem für die typischen Probleme einer kreisfreien Stadt, die von einem Landkreis vollständig umschlossen ist und deshalb bei der Bereitstellung von Gewerbeflächen im Gegensatz zum konkurrierenden umliegenden Landkreis über wenig eigene Flächenreserven verfügt.

Die kreisfreie Stadt Cottbus liegt im Südosten des Landes Brandenburg und ist das Zentrum der brandenburgischen Lausitz. Das Stadtgebiet von Cottbus wird vollständig umschlossen vom Landkreis Spree-Neiße. Gemeinsam mit diesem sowie den Landkreisen Oberspreewald-Lausitz und Dahme-Spreewald bildet Cottbus die Planungsregion Lausitz-Spreewald.

Die Stadt Cottbus ist neben Brandenburg/Havel, Potsdam und Frankfurt/Oder eine der vier kreisfreien Städte im Land Brandenburg.[1] Cottbus ist hinter der Landeshauptstadt Potsdam die Stadt mit der zweitgrößten Einwohnerzahl in Brandenburg, doch entwickelte sich diese in den letzten Jahren stark rückläufig. Mit Stand vom 30.09.1997 wurden in Cottbus 119.256 Einwohner gezählt.[2]

Die Stadt Cottbus ist im Rahmen der zentralörtlichen Gliederung als Oberzentrum ausgewiesen. Im Gemeinsamen Landesentwicklungsprogramm Berlin/Brandenburg (LEPro) wird der Stadt die Rolle als regionales Entwicklungszentrum des Städtekranzes zugewiesen. Der Stadt Cottbus werden dadurch zum einen Stabilisierungs- und Entwicklungsaufgaben für den äußeren Entwick-

1 Kreisneugliederungsgesetz (KNGBbg) vom 24.12.1992 (GVBl. I S. 546), § 15.

2 Quelle: Internet-Homepage des *Landesamts für Datenverarbeitung und Statistik Brandenburg,* Dokument: http://www.brandenburg.de/lds/region/bev2/bev.htm. Mit Stand 31.12.1993 wurden noch 128.347 Einwohner gezählt [Quelle: Stadt Cottbus (Hrsg.): Natürlich Cottbus, BUGA '95, S. 50].

lungsraum im Süden des Landes Brandenburg und zum anderen Ergänzungs- und Entlastungsaufgaben für die Metropole Berlin übertragen. Durch eine Vernetzung der regionalen Entwicklungszentren des Städtekranzes Brandenburg/Havel, Neuruppin, Eberswalde, Frankfurt/Oder, Luckenwalde/Jüterbog und Cottbus über eine leistungsfähige Verkehrsinfrastruktur untereinander, mit Berlin, mit der Landeshauptstadt Potsdam und mit den Zentren der angrenzenden Länder sollen die regionalen Entwicklungszentren des Städtekranzes zu "Knotenpunktstädten" ausgebaut werden und eine überregionale Bedeutung gewinnen.[3] Die Landesplanung erhofft sich davon neben der Schaffung von Synergieeffekten auch die Erhöhung der Standortgunst dieser Städte.[4]

Als eines der vier Oberzentren des Landes[5] erfüllt Cottbus die formalen Kriterien in bezug auf eine Einwohnerzahl von mindestens 100.000 Einwohnern, einen Verflechtungsbereich mit mindestens etwa 200.000 Einwohnern und eine gut ausgebaute Erreichbarkeit für die Bevölkerung im Umkreis. Cottbus kommt als Oberzentrum die Versorgungsfunktion für den spezialisierten höheren Bedarf für den gesamten Süden des Landes Brandenburg zu.[6] Der LEP I definiert für die Oberzentren eine Regelausstattung mit Infrastruktureinrichtungen für die Bereiche Bildung/Jugend, Kultur, Sport Gesundheit/Soziales, Behörden, Verkehr und sonstige Dienstleistungen.[7] Dazu gehören Universitäten und Fachhochschulen genauso wie Theater und Museen, ein Stadion mit Zuschaueranlagen, ein Krankenhaus der Schwerpunkt- oder Regelversorgung, Warenhäuser und spezialisierte Einkaufsmöglichkeiten, Dienstsitze oberster bzw. oberer Landesbehörden sowie ein Bundesautobahn- und ein Fernbahnanschluss. Im Sinne dieser herausgehobenen Funktion, die die Stadt Cottbus innerhalb der Landesplanung einnimmt, wurden zahlreiche Dienststellen des Bundes und des Landes in Cottbus angesiedelt. So ist Cottbus Sitz der Industrie- und Handelskammer und der Handwerkskammer für die Region Niederlausitz. Oberfinanzdirektion und Bundesknappschaft sowie Landesbauamt, Oberbergamt, Landesumweltamt, Landessozialamt u.a. haben ihren Sitz ebenfalls in Cottbus. Mit der brandenburgischen Technischen Universität und der Fachhochschule Lausitz ist die Stadt Cottbus zudem auch einer der Wissenschaftsstandorte des Landes Brandenburg.

3 Vgl. LEPro, § 8 Nr. 2.

4 Vgl. ebd.

5 Die anderen Oberzentren sind Brandenburg/Havel, Frankfurt/Oder und Potsdam.

6 Vgl. Landesentwicklungsplan Brandenburg (LEP I) – Zentralörtliche Gliederung - vom 4. Juli 1995, Teil I 2 (3).

7 Vgl. ebd., Teil II 2.3

Die Wirtschaftsstruktur der Region um Cottbus ist traditionell stark geprägt von Braunkohlebergbau und Energiewirtschaft mit Produktionsstätten teilweise direkt an der Stadtgrenze. Für Cottbus sind außerdem die Branchen Textilindustrie, Nahrungsgüterwirtschaft und Baugewerbe traditionell strukturbestimmend.[8] Der Strukturwandel in Folge der Umstellung zur Marktwirtschaft hat jedoch dazu geführt, dass im verarbeitenden Gewerbe nur noch 9% und in den Bereichen Energiewirtschaft, Wasserversorgung und Bergbau 5% der versicherungspflichtig beschäftigten Arbeitnehmer tätig sind. Je 9% der Beschäftigten sind im Baugewerbe und Handel tätig. Auf die Bereiche Nachrichten und Verkehr entfallen 16% der Beschäftigten. Mit einem Anteil von 51% sind überdurchschnittlich viele Beschäftigte im Bereich öffentliche und private Dienstleistungen tätig.[9]

Im Bereich der Arbeitsamtsdienststelle Cottbus Stadt/Land[10] lag im August 1996 die Arbeitslosenquote[11] bei 14,5%. Bis Januar 1997 kam es zu einem starken Anstieg der Arbeitslosigkeit auf eine Quote von 17,8%. Im Jahresverlauf 1997 sank die Arbeitslosenquote dann bis auf einen Wert von 17,1% im Monat Mai. Bis Januar 1998 stieg die Arbeitslosenquote dann wieder auf 20,3%. Den vorläufigen Höchstwert erreichte die Arbeitslosenquote im Februar 1998 mit 20,5%. Bis April 1998 sank die Quote anschließend wieder auf einen Wert von 19,4% und erreicht schließlich im Mai 1998 einen Wert von 18,3%.

Folgende Graphik zeigt die Entwicklung der Arbeitslosigkeit im Bereich des Arbeitsamtsbezirks Cottbus:

8 *Brandenburgisches Wirtschaftsinstitut (Hrsg.):* Wirtschaftsatlas Brandenburg regional, Teltow 1995, S. 68.

9 *Stadt Cottbus:* Wirtschaftsstandort Cottbus, Broschüre des Amts für Wirtschaftsförderung, Stand: 30.06.97, S. 2; *Prognos GmbH/Verlag Der Tagesspiegel GmbH (Hrsg.):* Wirtschaftsregion Berlin und Brandenburg, Berlin 1997, S. 119.

10 Die Arbeitsamtsbezirke sind mit den Grenzen der kommunalen Gebietskörperschaften nicht deckungsgleich. In den Fallbeispielen wird jeweils der Arbeitsamtsbezirk dokumentiert, in dem sich der Sitz der dargestellten Wirtschaftsförderungsinstitution befindet.

11 Quelle: *Ministerium der Justiz und für Bundes- und Europaangelegenheiten:* Wirtschaftsinformationen aus dem Land Brandenburg, Bonn (erscheint monatlich).

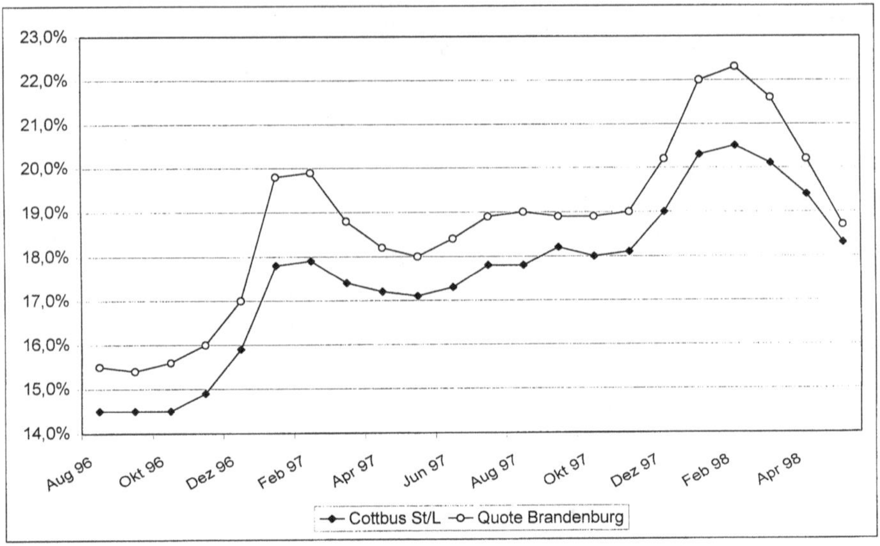

Abbildung 5: Arbeitslosenquote im Bereich des Arbeitsamts Cottbus St/L
Quelle: Ministerium der Justiz und für Bundes- und Europaangelegenheiten Brandenburg

Der Verlauf der Arbeitslosenquote im Raum Cottbus folgt der Quote für das Land Brandenburg fast spiegelbildlich, doch lag im Raum Cottbus die Arbeitslosenquote während des Untersuchungszeitraumes um bis zu 2,0%-Punkte unterhalb der Arbeitslosenquote für das Land Brandenburg. Dieser Vorsprung verringert sich von Februar 1998 bis April 1998 kontinuierlich und macht im Mai 1998 schließlich nur noch 0,4%-Punkte aus.

Aufgaben der kommunalen Wirtschaftsförderung werden in der kreisfreien Stadt Cottbus von zwei Institutionen wahrgenommen. Einerseits ist innerhalb der Stadtverwaltung ein Amt für Wirtschaftsförderung eingerichtet. Das Amt für Wirtschaftsförderung ist untergliedert in die Abteilungen Wirtschaftsförderung und Stadtentwicklung. Das andere Standbein der kommunalen Wirtschaftsförderung ist die Entwicklungsgesellschaft Cottbus mbH (EGC). Die kreisfreie Stadt Cottbus ist an der EGC zu 70% beteiligt.[12] Die restlichen Anteile werden von einem privaten Anteilseigner gehalten. Zunächst handelte es sich dabei um ein Unternehmen aus Berlin. Nachdem sich dieses von seinem

12 *Stadt Cottbus* (Fn. 9), S. 21.

Anteil an der EGC getrennt hatte, wurde die Minderheitsbeteiligung von einer in Cottbus ansässigen Projektierungseinrichtung übernommen. Die Interessenabwägung zwischen der Stadt und ihrem privaten Partner in der EGC wird als "schwierig" bezeichnet. Zu Meinungsverschiedenheiten mit dem ersten Partnerunternehmen kam es, als klar wurde, dass Aufträge in Zusammenhang mit den Aktivitäten der EGC nicht automatisch an das an der EGC beteiligte Unternehmen vergeben werden können.

Die Idee zur Schaffung einer komplementären Struktur in der kommunalen Wirtschaftsförderung geht zurück auf eine Empfehlung des Deutschen Instituts für Urbanistik Berlin (Difu) und wurde von der Stadtverwaltung Cottbus bereits 1991 aufgegriffen und umgesetzt. Als Grund für die Schaffung dieser Doppelstruktur von Amt und GmbH werden die "Nachteile" für die Wirtschaftsförderung innerhalb der öffentlichen Verwaltung genannt. Ein Amt kann demnach den Anspruch von Investoren auf schnelles und unbürokratisches Entscheiden gar nicht oder nicht gut genug einlösen. Statt dessen wird von vielfältigen Handlungsblockaden berichtet, denen ein Amt für Wirtschaftsförderung innerhalb der Verwaltung und insbesondere auch im Umgang mit der Kommunalpolitik ausgeliefert ist:

> *"Es geht immer in die Klippel-Klappel-Tour: wir machen Vorlagen, Dienstberatung OB, dann geht das in die Ausschüsse, dann geht das in die Stadtverordnetenversammlung je nach Größe des Vorhabens und so weiter, kann auch mal sein, dass der Hauptausschuss entscheidet, dann kann es passieren, dass man mal mehrere Monate dazu braucht und das ist in ein oder zwei oder drei Fällen passiert. Verstehen Sie, das sind im Prinzip Dinge, die der Wirtschaftsförderung einfach diametral entgegenstehen."*

Aus Sicht der Akteure innerhalb des Wirtschaftsförderungsamts waren die Handlungsblockaden für die kommunale Wirtschaftsförderung in erster Linie durch ihre Einbindung in die Verwaltungsorganisation zurückzuführen. Als Hauptargument für die damalige Gründung einer Wirtschaftsförderungs-GmbH nennen die Wirtschaftsförderer im Amt deshalb,

> *"dass wir ein Instrument als Wirtschaftsförderer in die Hand kriegen, wo wir relativ schnell und unbürokratisch handeln können."*

Einige dieser Handlungsblockaden für die kommunale Wirtschaftsförderung innerhalb der Kommunalverwaltung lassen sich zudem mit der Lage der öffentlichen Verwaltungen in den Jahren unmittelbar nach der Vereinigung erklären:

> *"Es gab da viele Probleme. Vor allen Dingen auch nach der Wende, wo sich die einzelnen Bauämter, das Stadtplanungsamt in ihre Arbeit reinhängen mussten. Das war ja ganz andere Arbeit, als wir vorher gemacht*

haben. Die Verantwortung war eine ganz andere, es war ein ganz anderes Arbeiten als früher. [...] Die müssten sich ja auch erst in ihre Arbeit einarbeiten. Die waren in vielen Dingen noch unsicher. Und da sind die eben am Anfang, gerade nach der Wende, wirklich nach Gesetzesbuchstaben ganz nach Schema F vorgegangen, gar nicht davon abweichen, kein Risiko eingehen, weil man nicht überschaut hat, was das mal für Folgen hat."

Einerseits waren die Fachämter nach der deutschen Vereinigung mit völlig neuen Rechtsvorschriften konfrontiert. Zum anderen waren die Verwaltungsmitarbeiter zu diesem Zeitpunkt noch geprägt von der Verwaltungskultur der DDR, die keine Ermessensspielräume kannte. Die daraus resultierende Unsicherheit und Entscheidungsschwäche der Kommunalverwaltung wirkte sich unter den Bedingungen des erheblichen kurzfristigen Entscheidungsbedarfs gerade im Bereich der kommunalen Wirtschaftspolitik als besonders hemmender Faktor aus.

Für die Wirtschaftsförderer der Stadt Cottbus stand die Schaffung einer Parallelstruktur in der Wirtschaftsförderung unter der Prämisse, die eigenen Handlungsspielräume zu erweitern. Typisch für die in Cottbus gefundene Organisationsform ist deshalb, dass es sich bei der EGC nur in organisatorischer Hinsicht um eine selbständige Gesellschaft handelt, die strategische Ausrichtung der kommunalen Wirtschaftsförderung bleibt aber nach wie vor streng in der Hand des städtischen Wirtschaftsförderungsamts. Dafür spricht, dass das Amt für Wirtschaftsförderung und die EGC organisatorisch und funktional eng miteinander verknüpft sind. Die EGC steht trotz ihres privaten Teilhabers in der operativen Wahrnehmung ihrer Aufgaben unter alleiniger Kontrolle des Amts für Wirtschaftsförderung. Die Kontrolle über die Arbeit der EGC wird vom Amt für Wirtschaftsförderung vor allem dadurch ausgeübt, dass einer der Sachgebietsleiter im Amt für Wirtschaftsförderung in Personalunion als Geschäftsführer der EGC eingesetzt ist. Für den Abteilungsleiter Wirtschaftsförderung hat diese Konstruktion naheliegende Vorteile:

"Dadurch haben wir erst mal einen direkten Informationskontakt, ich weiß genau, was da passiert, was er macht, was er für Strategien hat, wo die Probleme liegen und kann über die Dienstberatung super durchstellen."

Das Wirtschaftsförderungsamt innerhalb der Verwaltung wird durch die Arbeit der privatrechtlichen Gesellschaft nicht überflüssig, im Gegenteil. Die Einbindung des Amts für Wirtschaftsförderung innerhalb der Stadtverwaltung wird dafür genutzt, um bei den anderen Fachämtern mit den Anliegen der Wirtschaftsförderung zu intervenieren.

"Das ist wirklich einfacher, wenn das ein Amt für Wirtschaftsförderung macht, als wenn das eine völlig private Gesellschaft macht. Wir kennen die

Leute hier ja alle, das sind ja im Prinzip Kollegen. Und da kann man vieles viel einfacher einfädeln."

Neben dem kollegialen Kontakt stehen einem Wirtschaftsförderungsamt auch alle formalen Instrumente der Verwaltung zur Aufgabenwahrnehmung zur Verfügung. Dazu gehört beispielsweise der (kostenfreie) Dienstauftrag an andere Ämter oder die Möglichkeit, am Ende des Rechnungsjahres Haushaltsreste verschiedener städtischer Ämter mit dem Verweis auf sofortige Kassenwirksamkeit für Zwecke der Wirtschaftsförderung zu verwenden. In der Vergangenheit konnten auf diese Weise z.B. städtische Eigenanteile an Erschließungsfinanzierungen von Gewerbegebieten dargestellt und Kreditfinanzierungen vermieden werden. In der operativen Aufgabenwahrnehmung kann das Amt für Wirtschaftsförderung den anderen Ämtern der Stadtverwaltung zwar keine Prioritäten in deren Aufgabenerledigung setzen, doch bietet eine alle 14 Tage stattfindende Dienstberatung aller Ämter, die innerhalb der Stadtverwaltung mit der Prüfung und Erteilung von Baugenehmigungen befasst ist, ein Forum zur ämterübergreifenden Koordination.

Die Entwicklungsgesellschaft Cottbus mbH übernimmt demgegenüber Aufgaben, die ein städtisches Amt entweder gar nicht oder nur schwer wahrnehmen kann. Dazu gehören vor allem Grundstücksgeschäfte sowie Planungs- und Finanzierungsleistungen. Das Wirtschaftsförderungsamt sieht sich in diesen Bereichen vor allem durch die Starrheit des öffentlichen Haushaltsrechts, die geringen eigenen Entscheidungsspielräume jenseits von Ratsentscheidungen und nicht zuletzt auch durch die langen Entscheidungswege von Kommunalverwaltung und Politik in ihrer Arbeit behindert. Konkret stand die Stadt Cottbus zu Beginn der 90er Jahre vor dem Problem, dass die Nachfrage nach erschlossenen und baureifen Gewerbeflächen nicht bedarfsgerecht gedeckt werden konnte. Gleichzeitig gilt die Vorhaltung von kurzfristig nutzbaren Gewerbeflächen in ausreichender Größe und Qualität sowie für möglichst viele unterschiedliche Nutzungsformen als Voraussetzung jeder wirtschaftlichen Entwicklung. Den Wirtschaftsförderern in Cottbus wurde dies aus den praktischen Erfahrungen im Umgang mit den Anforderungen von interessierten Investoren deutlich:

"Wenn ein Investor kommt, der [...] will sich ein Gewerbegebiet ansehen, wo er sich ansiedeln kann und will dort möglichst sofort bauen. [...] Also so eine Aussage, [...] geben Sie mal ihre Bewerbung ab, wir werden des mal nehmen und wenn wir ein Gewerbegebiet erschließen, dann kommen wir auf Sie zurück, der lacht sich krank, das ist völlig wirtschaftsfremd."

Für die Stadt Cottbus spielt im Umgang mit den Anforderungen der Investoren die zunehmende Konkurrenz mit den umliegenden kreisangehörigen Gemeinden, die im Gegensatz zur kreisfreien Stadt über ausreichend Flächenreserven verfügen, eine zentrale Rolle. Die Gewerbeflächenpolitik der Stadt Cottbus steht unter der Prämisse, dass Gewerbeflächen nicht durch expansive Ausweisung und Erschließung "auf der grünen Wiese", sondern ausschließlich über die Reaktivierung vorhandener altindustrialisierter oder ehemals militärisch genutzter Brachflächen innerhalb des Stadtgebiets geschaffen werden müssen. Die für eine zukünftige Nutzung als Gewerbegebiet in Frage kommenden Flächen müssen dabei vor ihrer Entwicklung i.d.R. zunächst für die öffentliche Hand erworben und saniert werden.

Beim Ankauf solcher Flächen bedient sich das Amt für Wirtschaftsförderung der EGC. Für das Amt für Wirtschaftsförderung sind damit mehrere Vorteile verbunden. Einerseits können Grundstückskäufe über die EGC je nach der Nachfragesituation nach Gewerbeflächen flexibel vorgenommen werden, ohne an die zeitlichen und finanziellen Vorgaben eines Haushaltsplanes gebunden zu sein. Die EGC ("finanzschwach") verfügt nicht über Eigenmittel zur Finanzierung von Grundstückskäufen. Die Finanzierung erfolgt deshalb i.d.R. über Kredite und Fördermittel. Die Eigenmittel der EGC werden in der Form von Zuschüssen der Stadt Cottbus aufgebracht. Der private Partner, der an der EGC beteiligt ist, finanziert darüber hinaus seine eigenen Leistung als Projektentwickler vor und refinanziert sich später durch den Grundstücksverkauf. Der Haushalt der Stadt Cottbus wird deshalb durch die Aktivitäten der EGC nicht zusätzlich belastet.

Neben Grundstückserwerb und Entwicklung ist die Vermarktung von Gewerbeflächen eine weitere Aufgabe der EGC. Die Kalkulation zur Bereitstellung von Gewerbeflächen geht davon aus, dass der Verkauf von Gewerbegrundstücken die um die Fördermittel reduzierten Bereitstellungskosten abdeckt. Die Revitalisierung von Brachflächen ist i.d.R. aber teurer als eine Erschließung von vergleichbaren Gewerbeflächen "auf der grünen Wiese". Für Gewerbeflächen, die durch eine Revitalisierung von Brachflächen entstanden sind, ergeben sich dadurch höhere Verkaufpreise als für Flächen mit teilweise sogar besserer Lagegunst außerhalb der Stadt Cottbus. Während die öffentliche Verwaltung Flächen nicht unter ihrem Wert verkaufen darf, kann die Stadt Cottbus über die EGC Investoren entgegen kommen und mit den Preisen des Umlands konkurrieren:

> *"Aber wir haben jetzt schon mehrere Beispiele gehabt, wo wir einfach unter diesem Wert verkauft haben und jetzt wird die EGC klären, wie wir die Differenz regeln. Das wäre ja im Prinzip für die Stadt auch nicht möglich."*

Das Ziel der Stadt Cottbus, über die EGC mehr Handlungsfreiheit für die Wirtschaftsförderung zu bekommen, schließt in diesen Fällen also auch die Möglichkeit ein, auf legale Art und Weise indirekt die Gewerbeflächenvermarktung zu subventionieren.

Die EGC ist auf die Bereitstellung, Entwicklung und Vermarktung von Gewerbeflächen beschränkt. Das Wirtschaftsförderungsamt definiert den eigenen Zuständigkeitsbereich über Grundstücksfragen hinaus. So ist es eine Aufgabe des Wirtschaftsförderungsamts, die kommunale Verwaltungsspitze für die Zwecke der Wirtschaftsförderung gezielt einzubinden. Der Cottbusser Oberbürgermeister, der sich "als oberster Wirtschaftsförderer" seiner Stadt definiert, moderiert im vierteljährlichen Rhythmus eine Runde der Geschäftsführer von größeren ortsansässigen Unternehmen. Zu diesen Treffen wird ein Kreis von ca. 40 Betrieben angesprochen. Zusätzlich findet einmal jährlich ein Treffen des Oberbürgermeisters mit Betriebsratsmitgliedern dieser Unternehmen statt. Im Vordergrund steht die Ermöglichung einer Kommunikation zwischen den Verantwortlichen in der Wirtschaft untereinander und mit Verantwortlichen in der Kommune, auch um konkret bestehende Probleme mit der Kommunalpolitik, der Verwaltung oder den städtischen Ver- und Entsorgungsbetrieben anzusprechen. Diese Zusammentreffen werden vom Wirtschaftsförderungsamt organisiert, dort wird auch entschieden, welche Betriebe eingeladen werden.

Neben der Kommunikationsfunktion nimmt das Wirtschaftsförderungsamt auch Aufgaben der Bestandspflege war. Wenn sich Unternehmen ans Amt für Wirtschaftsförderung wenden, bemüht sich die Wirtschaftsförderung um eine pragmatische Problemlösung:

> *"Wir gehen also direkt auf die Unternehmen zu, laden die uns ein oder gehen vor Ort und kucken das an."*

Unabhängig von konkreten Anregungen und Wünschen von Betrieben werden vom Wirtschaftsförderungsamt Analysen über die Standortqualitäten bestimmter Stadtviertel erstellt:

> *"Wie sieht es dort aus mit Grundstücksfragen, mit Erschließung, wo sind denn Brachflächen, warum werden die denn nicht genutzt, usw., usw. Wollen sich Betriebe verlagern? In solchen Fällen sind wir in die Offensive gegangen, sind vor Ort gegangen und setzen das jetzt im Prinzip stadtteilsweise fort, dort, wo wir erst mal die Probleme sehen. Es sei denn, sie werden uns von den Unternehmen gesagt."*

Als Ergebnis der Bestandsaufnahme und Analyse vor Ort in den Stadtteilen werden Kataloge erstellt, die Probleme dokumentieren und Vorschläge zur weiteren Entwicklung des Gebiets machen.

2. Landkreis Ostprignitz-Ruppin

Am Beispiel des Arbeitskreises Wirtschaft wird ein Verhandlungssystem von Akteuren aus den Bereichen Kommunalpolitik, Kammern und Banken im Landkreis Ostprignitz-Ruppin vorgestellt, das ortsansässigen Unternehmen, die in Existenznot geraten sind, praktische Hilfestellung zur Existenzsicherung anbietet.

Der Landkreis Ostprignitz-Ruppin liegt im Nordwesten des Landes Brandenburg und hatte am Stichtag 30.9.1997 genau 116.416 Einwohner.[13] Kreissitz ist die Stadt Neuruppin. Der Landkreis Ostprignitz-Ruppin ist im Zuge der Kreisreform gebildet worden aus dem Kreis Kyritz (ohne die Gemeinden des Amtes Gomtow), dem Kreis Wittstock und dem Kreis Neuruppin sowie aus den Gemeinden Blumental, Grabow und Rosenwinkel (ehemals Kreis Pritzwalk) und Keller (ehemals Kreis Gransee).[14] Größere Orte im Kreisgebiet sind neben der Kreisstadt Neuruppin die Städte Kyritz, Wittstock, Rheinsberg, Fehrbellin, Wusterhausen/Dosse und Neustadt/Dosse. Insgesamt gehören 127 Gemeinden bzw. 9 Ämter und 2 amtsfreie Gemeinden zum Kreis.[15] Neun Gemeinden besitzen das Stadtrecht. In diesen neun Städten leben 65% der Bevölkerung des Landkreises.[16] Zusammen mit den benachbarten Landkreisen Prignitz und Oberhavel bildet der Landkreis Ostprignitz-Ruppin die Planungsregion Prignitz-Oberhavel.

Der Landkreis Ostprignitz-Ruppin grenzt nicht direkt an Berlin. Die Landesplanung rechnet deshalb das gesamte Kreisgebiet dem äußeren Entwicklungsraum zu. Innerhalb der zentralörtlichen Gliederung wird der Stadt Neuruppin die Funktion als Mittelzentrum mit Teilfunktionen eines Oberzentrums zugewiesen. Die Einführung dieser Kategorie wurde damit begründet, dass insbesondere im nordwestlichen, nordöstlichen und nördlichen Teil des Landes Brandenburg das Erreichbarkeitskriterium für ein Oberzentrum nicht gewährleistet werden kann. Um eine ausreichende Versorgung der Bevölkerung mit höherwertigen Infrastruktureinrichtungen dennoch zu gewährleisten, übernehmen für die nördlichen

13 Quelle: Internet-Homepage des *Landesamts für Datenverarbeitung und Statistik Brandenburg,* Dokument: http://www.brandenburg.de/lds/region/bev2/bev.htm.

14 Kreisneugliederungsgesetz (KNGBbg) vom 24.12.1992 (GVBl. I S. 546), § 2.

15 Quelle: Internet-Homepage des *Technologiezentrums Neuruppin,* Dokument: http://www.tgz-neuruppin.de/OPR/daten.htm.

16 Vgl. *Prognos GmbH Berlin/Verlag Der Tagesspiegel (Hrsg.):* Wirtschaftsregion Berlin und Brandenburg, Daten, Analysen und Prognosen, Berlin 1997, S. 151.

Landesteile die Mittelzentren Neuruppin und Eberswalde (Landkreis Barnim) jeweils Teilfunktionen eines Oberzentrums.[17] Die Stadt Neuruppin wird im Leitbildes der dezentralen Konzentration als eines der Entwicklungszentren des Städtekranzes ausgewiesen und hat damit für die berlinferne Region im Norden Brandenburgs wichtige Stabilisierungs- und Entwicklungsfunktionen zur Verwirklichung des angestrebten Ausgleichs zwischen den Teilräumen des Landes wahrzunehmen.[18]

Die Wirtschaftsstruktur des Landkreises Ostprignitz-Ruppin ist von der Landwirtschaft geprägt. Rund 55% des Kreisgebiets wird als landwirtschaftliche Fläche genutzt, weitere 34% des Kreisgebiets sind mit Wald bedeckt.[19] Gut 10% der gesamten landwirtschaftlichen Fläche des Landes Brandenburg entfällt allein auf den Landkreis Ostprignitz-Ruppin.[20] Folgerichtig liegt der Beschäftigungsanteil in der Landwirtschaft im Landkreis Ostprignitz-Ruppin über dem Landesdurchschnitt, unterdurchschnittlich ist hingegen die Beschäftigung im produzierenden Gewerbe ausgeprägt. Der Landkreis verfügt über nur wenige Industriezentren. Hier dominieren Betriebe der Elektrotechnik sowie der Metall- und Holzverarbeitung. Arbeitsplatzverluste großen Stils waren die Folge der Schließung von ehemals strukturbestimmenden Großbetrieben wie beispielsweise dem Kernkraftwerk Rheinsberg und den Elektrophysikalischen Werken AG (EPW) in Neuruppin.[21]

17 Vgl. Landesentwicklungsplan Brandenburg (LEP I) – Zentralörtliche Gliederung - vom 4. Juli 1995, Teil II 2.4

18 Vgl. Gemeinsames Landesentwicklungsprogramm Berlin/Brandenburg (LEPro), Entwurf vom 4.4.1995, § 8.

19 Quelle: *Technologiezentrum Neuruppin,* http://www.tgz-neuruppin.de/OPR/daten.htm.

20 Vgl. *Prognos GmbH Berlin/Verlag Der Tagesspiegel* (Fn. 16), S. 151.

21 Vgl. *Prognos GmbH Berlin/Verlag Der Tagesspiegel* (Fn. 16), S. 151; *Brandenburgisches Wirtschaftsinstitut* (Fn. 8), S. 90.

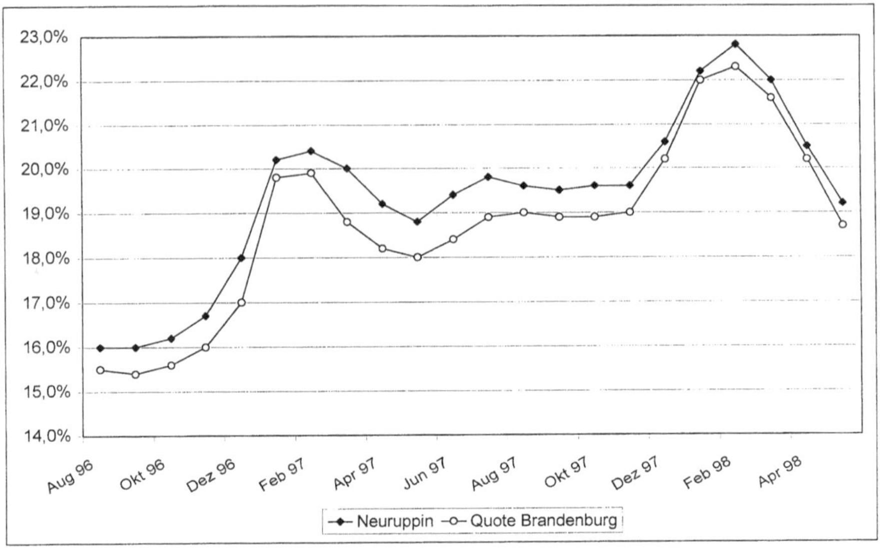

Abbildung 6: Arbeitslosenquote im Bereich des Arbeitsamts Neuruppin
Quelle: Ministerium der Justiz und für Bundes- und Europaangelegenheiten Brandenburg

Die Arbeitslosenquote im Bereich des Arbeitsamts Neuruppin[22] lag im August 1996 bei 16,0%. Bis Januar 1997 stieg die Quote auf einen Wert von 20,2%. Den niedrigsten Wert im Jahr 1997 wurde mit einem Wert von 18,8% im Mai registriert. Im Januar 1998 lag die Quote bei 22,2% und stieg im Februar nochmals leicht auf 22,8%. Im April 1998 lag die Arbeitslosenquote schließlich bei 20,5% und sank bis Mai 1998 nochmals auf einen Wert von 19,2%. Die Quote im Raum Neuruppin lag im Jahresverlauf 1997 um bis zu 1,2%-Punkte über dem Durchschnittswert für das Land Brandenburg. Seit der zweiten Jahreshälfte 1997 nähert sich die Arbeitslosenquote in Neuruppin immer weiter dem Landesdurchschnitt an und lag im Mai 1998 schließlich mit 19,2% nur noch 0,5%-Punkte über dem Landesdurchschnitt.

Der Aufgabenbereich der kommunalen Wirtschaftsförderung ist innerhalb der Kreisverwaltung des Landkreises Ostprignitz-Ruppin im Amt für Wirtschaft und Landwirtschaft angesiedelt. Der Dienstsitz des Amtes befindet sich in der Kreisstadt Neuruppin. Ein gemeinsames Amt für Wirtschaft und Landwirtschaft

22 Siehe Hinweis in Fn. 10.

besteht erst seit Jahresbeginn 1997 und entstand aus der Zusammenfassung der bis dahin eigenständig organisierten Aufgabenbereiche. Die Neuorganisation ergab sich weniger aus sachlicher Notwendigkeit als vielmehr aus dem Zwang zur Personalreduzierung innerhalb der Kreisverwaltung. Im Amt für Wirtschaft und Landwirtschaft sind zum Untersuchungszeitpunkt im August 1997 insgesamt 22 Mitarbeiter tätig. Davon sind aber nur drei Mitarbeiter im Rahmen eines Sachgebiets mit kommunaler Wirtschaftsförderung im engeren Sinne befasst. Im Umkreis des Sachgebiets Wirtschaftsförderung bearbeiten weitere zwei Mitarbeiter die Aufgaben Arbeitsmarktförderung und Personennahverkehr. Ein weiterer Mitarbeiter betreut die Erstellung von Statistiken sowie die Beschaffung und Aufbereitung von Informationen zu Themen im Aufgabenbereich des Amtes.

Außer dem Amt für Wirtschaft und Landwirtschaft sind auf Landkreisebene keine anderen Institutionen in der kommunalen Wirtschaftsförderung tätig. Ein ursprünglich bestehender "Wirtschaftsförderverein Nordwest-Brandenburg e.V." hat sich aufgelöst, nachdem dem Verein durch eine Rückforderung von gewährten Zuschüssen durch das Wirtschaftsministerium in Potsdam die finanzielle Grundlage entzogen worden war.

Das Sachgebiet Wirtschaftsförderung im Amt für Wirtschaft und Landwirtschaft hat seinen primären Tätigkeitsschwerpunkt auf die Vermarktung der 14 Gewerbegebiete im Kreis gelegt. Einerseits handelt es sich dabei um Flächen, bei denen kreisangehörige Gemeinden (Mit-)Eigentümer sind. Andererseits ist das Sachgebiet Wirtschaftsförderung selber in der "Eigentümerfunktion" für die Vermarktung von zwei Gewerbegebieten zuständig, an denen der Landkreis im einen Fall als Mitglied eines Zweckbands, im anderen Fall als Gesellschafter einer GmbH, beteiligt ist. Nach einer groben Schätzung des Sachgebiets Wirtschaftsförderung sind die Gewerbegebiete im Kreis nur zu durchschnittlich 60% ausgelastet. Der Verkauf von Gewerbeflächen ist aus mehreren Gründen schwierig. Nach dem Wegfall von ehemals strukturbestimmenden Betrieben verfügt die Region nunmehr weder über gewachsene industrielle Branchenschwerpunkte, noch kann sie sich durch spezielle Angebote gegenüber anderen Regionen unterscheidbar machen:

> *"Es ist aber an echter originärer Wirtschaftsförderung im materiellen Sinne nix da, was manche Kommunen im Westen noch können, nicht? Indem sie eben Gewerbesteuererleichterungen bei den kommunalen Steuern oder Vorteile am Grundstück oder an der Infrastruktur für das Grundstück bieten. Die Ost-Kommune kann sich da überhaupt nicht von ihren Nachbarn absetzen. [...] Denn das gesamte Ostgebiet ist theoretisch Fördergebiet 1 aus EU-Sicht. Also überall eigentlich erstmal die selben Bedingungen was die Infrastrukturförderung angeht und was auch die Betriebsförderung*

angeht. [...] Deswegen bleibt uns eigentlich nur, die Standortvorteile allgemeiner Natur zu nutzen. Das ist im wesentlichen die Autobahn."

Nicht alle Gewerbegebiete im Kreis befinden sich jedoch in Autobahnnähe. Als weiteres Hemmnis für die Vermarktung von Gewerbeflächen kommt hinzu, dass der Bau von Gewerbegebieten förderfähig war, die Ansiedlung von Betrieben nun aber nicht mehr für alle daraufhin entstandenen Gewerbegebiete im gleichen Umfang gefördert wird. In Neuruppin wird kritisch beobachtet, dass namhafte Fördergelder abweichend von der ursprünglichen Vorgabe inzwischen auch für Investitionen im 'Speckgürtel' um Berlin gewährt werden.

"Ja, das ist ganz einfach Spiegel der Not. Die waren ja mal tapfer."

Es wird befürchtet, dass aufgrund der veränderten Förderpraxis nicht mehr genügend Mittel für die Förderung der peripheren Räume zur Verfügung stehen. Vermutet wird im Sachgebiet Wirtschaftsförderung des Landratsamts, dass die Änderung der Förderpolitik eine Folge der Standortkonkurrenz ist, innerhalb der sich das Land Brandenburg gegenüber den anderen neuen Bundesländern, insbesondere gegen Sachsen-Anhalt (nicht in erster Linie mit Berlin!), behaupten muss. Das Überangebot an Gewerbeflächen sowie die unterschiedlichen Fördersätze innerhalb des Kreisgebiets bringt die kreisangehörigen Gemeinden in eine starke Konkurrenzsituation um Gewerbeansiedlungen untereinander und mit dem Landkreis. Im Sachgebiet Wirtschaftsförderung des Landratsamts, wo man neben der Vermarktung der eigenen Gewerbeflächen auch die Wirtschaftsentwicklung im Landkreis insgesamt im Blick hat, werden die Folgen der unkoordinierten Konkurrenzsituation bedauert, aufgrund der sich Gemeinden im Kampf um Ansiedlungen gegenseitig ausspielen:

"Investoren sind knapp und wenn einer kommt, möchte sie jeder haben. So, und jetzt sagen manche [Gemeinden, J.W.]: Moment, bevor wir dem Kreis das sagen, versuchen wir mit ihm [dem Investor, J.W.] hinzukommen auf unserem Gewerbegebiet, selbst wenn er bei uns nicht bleibt. In diesen Fällen erfahren wir das erst spät und dann ist er weg."

Bestandssicherung bereits ortsansässiger Unternehmen wird im Sachgebiet Wirtschaftsförderung primär unter dem Aspekt der Flächenpolitik gesehen. Bestandssicherung bedeutet für das Sachgebiet Wirtschaftsförderung in erster Linie, Hilfestellung bei Betriebsverlagerungen auf ein Gewerbegebiet im Kreis zu leisten. Vom Vorgehen her unterscheidet sich Bestandssicherung für das Sachgebiet Wirtschaftsförderung nicht von einer Neuansiedlung, nur dass sich die Gesprächspartner i.d.R. schon vorher persönlich bekannt sind.

Die Initiative der IHK als Initiatorin des Arbeitskreises Wirtschaft wird zwar durch die aktive Mitarbeit des Sachgebietsleiters Wirtschaftsförderung unterstützt, der Beitrag des Arbeitskreises zur Strukturentwicklung im Kreis wird aber zurückhaltend beurteilt. Im Landratsamt sieht man den Arbeitskreis Wirtschaft als ein "Notinstitut", durch das die Entwicklungsschwäche der regionalen Wirtschaft deutlich wird. Entsprechend skeptisch werden die Beiträge gesehen, die der Arbeitskreis Wirtschaft für die Bestandssicherung der ortsansässigen Wirtschaft leisten kann. Impulse für die Entwicklung der regionalen Wirtschaftsstruktur erhofft man sich im Landratsamt dagegen vielmehr von einer starken Interessenvertretung durch die Wirtschaftsverbände für eine wirtschaftsfreundliche Politik.

Der Arbeitskreis Wirtschaft ist eine Initiative unter der Federführung der Außenstelle der IHK Potsdam in Neuruppin. Gedacht war der Arbeitskreis Wirtschaft als Reaktion auf die desolate Lage der Gewerbebetriebe im Kreis:

> *"Wir haben ständig, fast jeden zweiten Tag, einen Anruf, wo Unternehmen praktisch Liquiditätsschwierigkeiten haben. Und wir sind als Kammer natürlich auch aufgefordert, in irgend einer Form unterstützende Hilfe zu geben, das ist ja unsere Aufgabe."*

Der Arbeitskreis Wirtschaft orientiert sich konzeptionell am "Runden Tisch", den die Deutsche Ausgleichsbank (DtA) zusammen mit den lokalen Industrie- und Handelskammern als überregionale Anlaufstelle für Betriebe in den neuen Bundesländern ins Leben gerufen hat. Der Runde Tisch der DtA und den Industrie- und Handelskammern bietet Krisenmanagement und praktische Hilfestellung für Unternehmen in Liquiditätsschwierigkeiten. Ausgehend von der Analyse eines Unternehmensberaters im betroffenen Betrieb wird zusammen mit den Banken im Dialog aller Beteiligten eine Strategie zur Bestandssicherung entwickelt. Die DtA schätzt den Erfolg dieser Initiative positiv ein. Sieben von zehn Unternehmen kann durch das Gespräch am Runden Tisch wirksam geholfen werden. Für den Runden Tisch stellte die DtA in 1997 ein Budget von 12 Mio. DM zur Verfügung, das in ähnlicher Höhe auch in den Folgejahren zur Verfügung stehen soll. In 1997 war geplant, dass die DtA ein ähnliches Instrument für das Krisenmanagement in Not geratener Betriebe mit Sitz in den alten Bundesländern entwickeln wird. Eine Beteiligung der IHK nach ostdeutschem Beispiel war zu diesem Zeitpunkt aber noch offen.[23]

Die Außenstelle der IHK Potsdam ergriff aufgrund der Vielzahl von ortsansässigen Unternehmen, die sich in akuten Liquiditätsschwierigkeiten hilfesuchend an die Neuruppiner Außenstelle der Kammer gewendet haben, die Initiative und

23 "Runder Tisch bald auch für Westbetriebe", Der Tagesspiegel vom 9.8.1997.

gründete nach dem Beispiel des Runden Tisches der DtA und der Kammern auf regionaler Ebene den Arbeitskreis Wirtschaft. Ziel des Arbeitskreis Wirtschaft ist es, eine "Sondierung im Vorfeld" durchzuführen, um über eine Vorauswahl diejenigen Unternehmen zu benennen, welche an den überregionalen Runden Tisch weitergeleitet werden können. Dahinter steht die Erfahrung, dass die Probleme betroffener Unternehmen schon auf lokaler Ebene treffend analysiert und im Zusammenwirken der Akteure im Arbeitskreis mit den hilfesuchenden Unternehmen zielführende Lösungsstrategien für den Einzelfall gefunden werden können.

> *"Unternehmen, die laufen bei uns an, wir kucken uns im bilateralen Gespräch erst mal an, was er für Probleme hat, wo er meint, die Probleme zu haben, ich sag's mal jetzt extra so im Konjunktiv, weil, wenn wir uns hinterher manchmal angeschaut haben, lagen die ganz wo anders, als er selber gemeint hat."*

Die Gründe, die ein Unternehmen in eine Notlage geraten lassen, sind vielfältig. Aus dem Arbeitskreis Wirtschaft wird von Erfahrungen berichtet, dass Unternehmen u.a. aus mangelnder Erfahrung z.B. im Umgang mit Banken, fehlenden Informationen oder aus mangelnden Managementkenntnissen heraus in Existenznot geraten.

> *"Viele Unternehmer wissen ja überhaupt nicht, welche Möglichkeiten es noch gibt."*

Andere Probleme ergeben sich durch den relativ hohen Besatz an Unternehmen in Brandenburg, die erst nach der Wende neu gegründet wurden oder durch Betriebsleitungen, denen es an Erfahrungswissen in der Unternehmensführung fehlt:

> *"Bei diesen Betrieben, die da erscheinen, das sind ja nicht Leute, die organisch in die Funktion als Betriebsleiter hinein gewachsen sind, indem sie erst mal selber abhängig tätig waren in verschiedenen Leitungs- oder kaufmännischen Funktionen, also eigentlich das breite Prozedere kennen, das ist ja meistens so, dass die aufgrund ihrer fachlichen Kenntnisse das Unternehmen einfach gegründet haben. Oder aus einer alten, meistens nicht allzu hoch angebundenen Funktion, wenn sie in diesem Betrieb geblieben sind, denn die Spitzen sind ja meistens abgesägt worden. Und daher fehlen ganz einfach in vielen Bereichen die Erfahrungen und die Kenntnisse, weil die haben sich immer nur das angeeignet, was sie für die Tagesarbeit, die ja lange genug geht, brauchen."*

Im Arbeitskreis Wirtschaft wirken neben den Vertretern der IHK der Vorsitzende des Wirtschafts- und Strukturentwicklungsausschusses des Kreistages, der

Sachgebietsleiter Wirtschaftsförderung im Amt für Wirtschaft und Landwirtschaft des Landratsamts, ein Vorstandsmitglied der örtlichen Sparkasse Ostprignitz-Ruppin sowie Vertreter weiterer Banken mit. Der Arbeitskreis tagt nach Bedarf. Bedingt durch die Tatsache, dass die weit überwiegende Anzahl der Probleme, mit denen Unternehmen zum Arbeitskreis Wirtschaft kommen, mit Finanzierungsfragen zusammenhängen, wird auf die Einbindung der Banken in die Arbeit des Arbeitskreises besondere Sorgfalt verwendet. Einerseits wird darauf geachtet, dass im Arbeitskreis beim Erstgespräch möglichst nicht die Hausbank des hilfesuchenden Betriebs vertreten ist, um die Liquiditätssituation des Unternehmens zunächst durch Außenstehende beurteilen zu lassen. Andererseits setzt der Arbeitskreis darauf, durch seine Arbeit die Banken für die individuellen und oft vielschichtigen Problemlagen der Betriebe zu sensibilisieren. Die Banken sollen durch die Arbeit des Arbeitskreises Wirtschaft an ihre Verantwortung für die regionale Strukturentwicklung erinnert werden:

> *"Wir haben es 'Arbeitskreis Wirtschaft' genannt, um auch die Banken zu sensibilisieren, sich mal zu überlegen, was bringt es, wenn wir immer mehr Arbeitslose haben. Bei den Banken floriert es ja nur dann, wenn die Wirtschaft insgesamt floriert. Das muss man natürlich auch betrachten, dass die Banken nun wirklich auch ein bisschen nicht großzügig, aber flexibler sind in ihrer Handhabung. Nicht stur sagen: ab heute beginnt die Rückzahlung. Insgesamt auch die politische Ebene der Bank mal sagt: wir müssen, um die Wirtschaft wieder in Schwung zu bringen, auch mal selber den Unternehmen entgegen kommen."*

Hauptansatz der praktischen Tätigkeit der Arbeitsgruppe Wirtschaft ist aber weniger die appellative Funktion an die Adresse der Banken, als vielmehr konkret die Analyse der akuten Problemlage jedes einzelnen hilfesuchenden Unternehmens und seiner Ursachen ("die müssen natürlich die Hosen runter lassen") sowie die gemeinsame Suche nach einer pragmatischen Lösung. Aus dem Gespräch im Rahmen der Arbeitsgruppe ergeben sich im Idealfall Informationen über die betriebswirtschaftlichen und/ oder strukturellen Hintergründe der Krise des Unternehmens sowie über mögliche Lösungswege z.B. auch durch das Wissen und den Zugang der Kammer zu Förderprogrammen etc. Als positiv wirkt sich für die Arbeit in der Arbeitsgruppe aus, dass der Vorsitzende des Wirtschaftsausschusses des Kreistages selbst jahrelang als Unternehmer tätig war und seine praktische Erfahrung in die Arbeit der Arbeitsgruppe einbringen kann. Im Einzelfall kann die gefundene Lösung auch in dem gutgemeinten Rat des Arbeitskreises an das betroffene Unternehmen bestehen, aufgrund der aussichtslosen Situation den Betrieb geordnet aufzulösen, um so weiteren Schaden zu vermeiden.

Die Mitglieder des Arbeitskreises Wirtschaft, die die ortsansässigen Unternehmen normalerweise jeweils aus ihrem je eigenen professionellen Blickwinkel getrennt betrachten, vermitteln sich durch ihre Mitarbeit im gemeinsamen informellen Gremium eine übergreifende Perspektive auf die konkreten Schwierigkeiten eines ortsansässigen Betriebes, der in Existenznot geraten ist. Einzelfallorientiert gelingt es der Arbeitskreis Wirtschaft, die konkrete Krisensituation des hilfesuchenden Betriebes zu analysieren und im Zusammenwirken von Kammer, Verwaltung, Kommunalpolitik und Banken für das hilfesuchende Unternehmen eine pragmatische Lösungen zu finden.

3. Landkreis Oberhavel

Am Fallbeispiel des Landkreises Oberhavel wird ein spezifisches Organisations- und Finanzierungsmodell und die Folgen dieses Modells für die Aufgabenwahrnehmung in der kommunalen Wirtschaftsförderung gezeigt.

Der Landkreis Oberhavel grenzt nördlich an Berlin und erstreckt sich bis an die Landesgrenze zu Mecklenburg-Vorpommern. Der Landkreis Oberhavel ging hervor aus den Kreisen Gransee (ohne die Gemeinde Keller) und dem Kreis Oranienburg.[24] Gemeinsam mit den Landkreisen Ostprignitz-Ruppin und Prignitz bildet der Landkreis Oberhavel die Planungsregion Prignitz-Oberhavel. Als Verwaltungssitz des Landkreises wurde die Stadt Oranienburg gewählt. Zum Landkreis gehören 93 Gemeinden bzw. 9 Ämter und 7 amtsfreie Gemeinden. Acht Gemeinden besitzen Stadtrechte. 37 Gemeinden liegen im engeren Verflechtungsraum um Berlin.[25] Neben Oranienburg und Gransee sind Henningsdorf, Velten, Liebenwalde, Kremmen, Zehdenick und Fürstenberg die größeren Gemeinden im Kreis. Am Stichtag 30.9.1997 lebten im Landkreis Oberhavel 177.007 Einwohner.[26] Die Besiedlung des Kreisgebiets ist stark ungleichgewichtig. 70% der Bevölkerung konzentriert sich auf den südlichen Teil des Landkreises in der Nähe zu Berlin.[27]

24 Kreisneugliederungsgesetz (KNGBbg) vom 24.12.1992 (GVBl. I S. 546), § 3.

25 Vgl. *Prognos GmbH Berlin/Verlag Der Tagesspiegel* (Fn. 16), S. 145.

26 Quelle: Internet-Homepage des *Landesamts für Datenverarbeitung und Statistik Brandenburg,* Dokument: http://www.brandenburg.de/lds/region/bev2/bev.htm.

27 *ETRO-Verlag/ Landkreis Oberhavel (Hrsg.):* Wirtschaftsstandort Landkreis Oberhavel, Bad Soden-Salmünster, Oranienburg o.J., S. 3.

Der LEP I weist der Stadt Oranienburg im System der zentralörtlichen Gliederung die Funktion als Mittelzentrum im engeren Verflechtungsraum Brandenburg-Berlin zu.[28] Oranienburg erfüllt dafür die formalen Voraussetzungen durch Erreichen der Mindesteinwohnerzahl von mindestens 20.000 Einwohnern, einem Mittelbereich von mindestens zusammen 35.000 Einwohnern und einer guten Erreichbarkeit für die Einwohner in der Region. Funktional verbunden ist mit der Anerkennung als Mittelzentrum die Vorhaltung von Einrichtungen zur Deckung des gehobenen Bedarfs für die Einwohner im Einzugsbereich. Als Handlungsschwerpunkte werden für den Standort Oranienburg von der Landesplanung die Stärkung der zentralörtlichen Funktion und die gewerbliche Umstrukturierung bzw. Revitalisierung definiert.[29] Am nahegelegenen Standort Henningsdorf werden die Handlungsschwerpunkte von der Landesplanung ebenfalls bei der gewerblichen Umstrukturierung bzw. Revitalisierung sowie im Bereich der Konversion ehemaliger militärisch genutzter Flächen gesetzt.[30]

Die Wirtschaftsstruktur des Kreises ist geprägt durch große Unterschiede zwischen dem stark industrialisierten Altkreis Oranienburg im Verflechtungsraum zu Berlin und dem landwirtschaftlich geprägten Altkreis Gransee, der sich bis an die Landesgrenze zu Mecklenburg-Vorpommern ausdehnt. Im industriellen Sektor konnten die regional traditionell strukturbestimmenden Großbetriebe erhalten werden. Im Bereich Verkehrstechnik hat der Schienenfahrzeugbau mit dem Werk der Firma Adtranz am Standort Henningsdorf überregionale Bedeutung. Mit den Henningsdorfer Elektrostahlwerken GmbH ist am gleichen Standort ein wichtiger Betrieb im Bereich der Metallverarbeitung erhalten geblieben. Im Norden des Kreises erhofft man sich dagegen Potentiale vor allem aus dem Tourismus.[31]

Den Verlauf der Arbeitslosenquoten für Oranienburg im Vergleich zum Landesdurchschnitt zeigt folgende Graphik:

28 Vgl. Landesentwicklungsplan Brandenburg (LEP I) – Zentralörtliche Gliederung - vom 4. Juli 1995, Teil I 2 (5).

29 Vgl. Gemeinsamer Landesentwicklungsplan für den engeren Verflechtungsraum Brandenburg/ Berlin (LEP eV), Stand: 4.4.1995, Teil II Ziele, Abb. 1.

30 Vgl. ebd.

31 Vgl. *Prognos GmbH Berlin/Verlag Der Tagesspiegel* (Fn. 16), S. 145; Brandenburgisches Wirtschaftsinstitut (Fn. 8), S. 100.

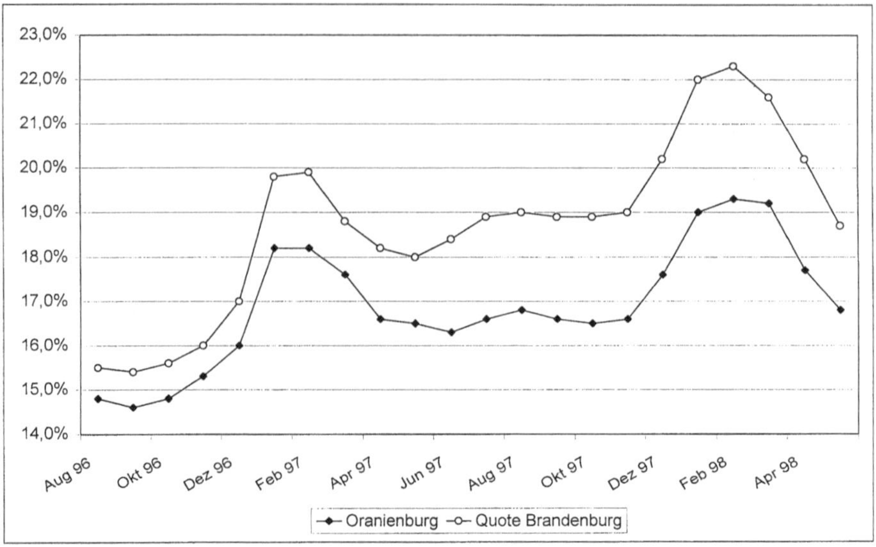

Abbildung 7: Arbeitslosenquote im Bereich des Arbeitsamts Oranienburg
Quelle: Ministerium der Justiz und für Bundes- und Europaangelegenheiten Brandenburg

Die Arbeitslosenquote im Bereich des Arbeitsamts Oranienburg[32] lag zu Beginn des Untersuchungszeitraumes im August 1996 bei 14,8%. Im Januar 1997 erreichte die Quote einen Wert von 18,2%. Im Jahresverlauf erreichte die Arbeitslosenquote mit einem Wert von 16,3% ihren Tiefpunkt im Monat Juni und stieg von da an bis Dezember wieder auf 17,6% an. Im Januar 1998 erreichte die Quote einen Wert von 19,0% und stieg im Februar nochmals leicht auf 19,3%. Bis April 1998 sank die Arbeitslosenquote zunächst auf 17,7% und im Mai nochmals auf einen Wert von 16,8%. Der Vergleich zum Landesdurchschnitt zeigt im Verlauf der Arbeitslosenquote ähnliche jahreszeitliche Schwankungen, doch entwickelt sich die Arbeitslosenquote im Bereich des Arbeitsamts Oranienburg im Zeitverlauf immer günstiger als der Landesdurchschnitt. Lag der Wert der Arbeitslosenquote im Bereich Oranienburg im August 1996 noch 0,7%-Punkte unterhalb des Landesdurchschnitts, so lag er bereits im Januar 1997 1,6%-Punkte darunter. Ein Jahr später, Januar 1998, wurde der Landesdurchschnitt sogar um 3,0%-Punkte unterschritten. Diese Differenz verringert

32 Siehe Hinweis in Fn. 10.

sich seitdem wieder. So liegt die Arbeitslosenquote im Bereich Oranienburg im Mai 1998 noch 1,9%-Punkte unterhalb des Landesdurchschnitts.

Kommunale Wirtschaftsförderung wird im Landkreis Oberhavel von drei Akteuren wahrgenommen. Innerhalb der Kreisverwaltung ist ein Amt für Wirtschaft eingerichtet. Weitere Akteure sind die Wirtschaftsförderungsgesellschaft Oberhavel mbH (WfO) unter dem Dach der Oberhavel-Holding GmbH sowie der Mittelstandsverband Oberhavel e.V. als Zusammenschluss mittelständischer Betriebe der Region.

In der Kreisverwaltung ist ein Amt für Wirtschaft eingerichtet. Der Aufgabenkomplex Wirtschaftsförderung ist innerhalb dieses Amts als eines von insgesamt drei Sachgebieten organisiert. Neben dem Sachgebiet Wirtschaftsförderung gehören zum Wirtschaftsamt die Sachgebiete Wohnungsbauförderung, wo z.B. die Wohngeldstelle angesiedelt ist, und Abfallwirtschaft. Die Zuordnung des Bereichs Abfallwirtschaft zum Wirtschaftsamt darf dabei als eher untypisch gelten. Diese Aufgabe ist i.d.R. beim Umweltamt angesiedelt. Im Landkreis Oberhavel wird dagegen nur der umweltrechtliche Teil der Abfallwirtschaft im Umweltamt bearbeitet, alle anderen Aufgaben liegen beim Wirtschaftsamt. Dieser Aufgabenkomplex bildet den Schwerpunkt der Arbeit im Wirtschaftsamt und bindet, nicht zuletzt weil für diesen Bereich namhafte Haushaltsmittel zur Verfügung gestellt sind, deutlich mehr als die Hälfte der Personalkapazitäten. Dem Sachgebiet Wirtschaftsförderung kommt demgegenüber deutlich weniger Aufmerksamkeit zu. Hier beschränkt man sich ausschließlich auf die Wahrnehmung hoheitlicher Aufgaben.

> *"Es gibt ja einige Aufgaben im Bereich Wirtschaftsförderung, die tatsächlich hoheitliche Aufgaben sind, die wir also nicht unbedingt delegieren können an ein privates Unternehmen."*

So werden im Sachgebiet Wirtschaftsförderung die Stellungnahmen des Landkreises erstellt, welche die Landesinvestitionsbank als eine Voraussetzung für das Abrufen von Fördermitteln durch antragstellende Betriebe fordert. Die Stellungnahmen des Landkreises bewerten die geplante Investition u.a. in bezug auf ihre Bedeutung für die wirtschaftliche Entwicklung des Kreisgebiets oder in bezug auf den geplanten Standort. Daneben fungiert das Sachgebiet Wirtschaftsförderung als Träger öffentlicher Belange in kommunalen und regionalen Planungsverfahren. Als weitere Aufgabe stellt das Sachgebiet Wirtschaftsförderung Bescheinigungen zur vordringlichen Bearbeitung von Grundbuchumschreibungen und zur vordringlichen Bearbeitung von Baugenehmigungen und Vermessungen aus. Im Grenzbereich zum Aufgabenbereich des Amtes zur Regelung offener Vermögensfragen werden vom Sachgebiet Wirtschaftsförderung zudem die Verfahren nach dem Investitionsvorranggesetz bearbeitet. Gegenstand dieses Verfahrens ist die Aufhebung der Verfügungssperre, die für

Grundstücke und Gebäude gilt, wenn diese von Restitutionsansprüchen nach dem Vermögensgesetz betroffen sind, in den Fällen, in denen durch das Fortbestehen der Verfügungssperre eine Investition verhindert würde. Das Sachgebiet Wirtschaftsförderung betreibt diese Verfahren für eine Anzahl von kreisangehörigen Gemeinden im Wege der Amtshilfe, da dort nicht die erforderlichen Personalkapazitäten vorhanden sind und die Gemeinden das komplizierte Verfahren

"weder qualitativ noch quantitativ durchführen können."

Das Sachgebiet Wirtschaftsförderung ist daneben zuständig für die Verfahren nach dem Gemeindefinanzierungsgesetz, in denen Landes- und Bundeszuschüsse an antragstellende kreisangehörige Gemeinden zur Finanzierung von Investitionen verteilt werden. Schließlich ist das Sachgebiet Wirtschaftsförderung im Landkreis Oberhavel Ansprechpartner für die Arbeitsmarktinitiative des Landes Brandenburg. In diesem Zusammenhang entscheidet das Sachgebiet Wirtschaftsförderung über die Vergabe der Mittel, die das Land dem Landkreis zur Kofinanzierung von ABM-Maßnahmen bewilligt hat. Die Flächenpolitik ist hingegen keine Aufgabe des Sachgebiets Wirtschaftsförderung, was mit dem Hinweis auf die Planungshoheit der Gemeinden begründet wird:

"Das machen die Gemeinden allein. [...] Da wird nie ein Landkreis eingreifen."

Zwischen dem Landkreis und der Oberhavel Holding gibt es eine Aufgabentrennung entlang der hoheitlichen Aufgaben. Unternehmenskontakte werden vom Amt für Wirtschaft nicht aktiv gesucht.

"Wir würden auch niemanden wegschicken, der zu uns kommt."

Abstimmungen zwischen dem Sachgebiet Wirtschaft und der Wirtschaftsförderungsgesellschaft unter dem Dach der Oberhavel Holding erfolgen unregelmäßig je nach Bedarf. Der regelmäßige Informationsfluss zwischen Landratsamt und Oberhavel Holding wird dagegen fast ausschließlich über den Geschäftsführer der Holding abgewickelt. Personalüberschneidungen zwischen Landratsamt und Oberhavel Holding gibt es nicht.

Die Oberhavel Holding GmbH wurde 1994 als geschäftsführende Holding gegründet. Geschäftssitz ist Germendorf bei Oranienburg. Alleiniger Gesellschafter der Oberhavel Holding ist der Landkreis Oberhavel. Die Holding fungiert als zentrale Entscheidungsinstanz über vier Tochterunternehmen. Die Oberhavel Holding orientiert sich in ihrer Struktur am Beispiel der Stadtwerke westdeutscher Städte. Mit der Oberhavel Holding wurde versucht, ein ähnliches Organisationsmodell auf andere verwaltungsnahe Aufgabenbereiche zu übertragen. Von der Schaffung einer Holdingstruktur erwartete der Landkreis Oberhavel, dass sich die Flexibilität eines am Markt agierenden Unternehmens für den Zweck der Erledigung öffentlicher Aufgaben über den Bereich der Ver- und Entsorgung hinaus nutzbar machen lässt.

> *"Hauptanliegen war eigentlich, dass sich die Verwaltung sagte, bestimmte Tätigkeitsfelder, gerade auch bei den WfO, die sind auf dem freien Markt leichter zu realisieren, als aus der Verwaltung heraus. Und deswegen schaffen wir eine Struktur, die am Markt agiert, die sich selber am Markt auch beweisen muss."*

Die Wirtschaftsförderungsgesellschaft Oberhavel mbH (WfO) ist eine der vier Gesellschaften unter dem Dach der Oberhavel Holding GmbH. Weitere Tochterunternehmen sind die Oberhavel Verkehrsgesellschaft mbH (OVG), die Gesellschaft für Abfallentsorgung Oberhavel mbH (GfA) und die Besitz- und Verwaltungsgesellschaft Oberhavel mbH (BVO). Die Oberhavel Holding GmbH ist jeweils Alleingesellschafter der Oberhavel Verkehrsgesellschaft, der Wirtschaftsförderungsgesellschaft Oberhavel und der Besitz- und Verwaltungsgesellschaft Oberhavel, während die Holding an der Gesellschaft für Abfallentsorgung Oberhavel zu 55% beteiligt ist. Weitere Gesellschafter der GfA sind das Entsorgungsunternehmen ALBA AG & Co. KG mit einem Anteil von 40% sowie die Gemeinde Germendorf, wo sich eine der drei Deponien im Kreises befindet, mit einem Anteil von 5%.

Die Geschäftspolitik der Oberhavel Holding unterliegt der Kontrolle durch einen Aufsichtsrat. Dieser setzt sich zusammen aus Vertretern der im Kreistag vertretenen Parteien und Vertretern aus der Kreisverwaltung. Die Oberhavel Holding nimmt die Bereiche Controlling, Marketing, Öffentlichkeitsarbeit, EDV-Bereich sowie die Buchhaltung zentral für alle Tochterunternehmen wahr. Neben den erhofften Vorteilen für eine flexible und effiziente Aufgabenwahrnehmung ergeben sich für den Kreis durch die Holding auch finanzielle Vorteile. Die Holding erbringt in nicht beziffertem Umfang unentgeltlich Leistungen für den Landkreis als ihrem Alleingesellschafter.

> *"Das war eigentlich auch, ich sag mal, einer der Hauptgründe, dieses Konstrukt zu bilden."*

Das Verwaltungs- und Beratungsdienstleistungsangebot der Oberhavel Holding werden außer vom Landkreis darüber hinaus auch von weiteren Unternehmen, an denen der Landkreis beteiligt ist, nachgefragt. Daneben bemüht sich die Oberhavel Holding um Aufträge von verwaltungsexternen Kunden.

Mit Ausnahme der Besitz- und Verwaltungsgesellschaft BVO, die 1996 gegründet wurde und mit nur zwei Mitarbeitern das kleinste Unternehmen der

Gruppe ist, haben die anderen Tochterunternehmen schon vor Gründung der Holding existiert. Die Verkehrsgesellschaft OVG betreibt die Personenbeförderung im Linien- und Schülerverkehr schon seit über 40 Jahren. Nach Ende der DDR wurde der Betrieb lediglich umfirmiert. Die OVG beschäftigt 133 Fahrer, verfügt über 88 Busse und einen eigenen Werkstattbereich.[33] Die Gesellschaft für Abfallentsorgung GfA bewirtschaftet im Auftrag des Landkreises die drei Siedlungsabfalldeponien im Kreis. Betreiber der Deponien ist aber nach wie vor der Landkreis. Die GfA ist mit ihren 14 Mitarbeitern[34] im Auftrag des Landkreises für die fach- und technologiegerechte Einlagerung und Einsortierung der Abfälle verantwortlich. Auch die GfA geht auf einen Vorgängerbetrieb zurück, der zur Unternehmensgruppe der ALBA AG gehörte. Die Wirtschaftsförderungsgesellschaft WfO wurde 1991 im Rahmen einer groß angelegten ABM-Maßnahme gegründet und beschäftigte in der Anfangszeit 27 Personen über ABM. Bestimmend für die weitere Entwicklung der WfO war das Bestreben, die Gesellschaft möglichst bald von Zuschüssen Dritter unabhängig zu machen.

> *"Unser Geschäftsführer hat aber zeitig für sich schon erkannt, diese Abhängigkeit von irgendwelchen Fördermitteln, sei es vom Land oder auch vom Kreis, kann es nicht sein. Deswegen waren wir also nur eine kurze Zeit abhängig von bestimmten Fördermitteln. Wir waren von Anfang eine GmbH, also keine gGmbH, sondern eine richtige GmbH."*

Die Wahl der Rechtsform als GmbH steht für das erklärte Ziel der WfO, sich selbst Geschäftsfelder zu erschließen, um möglichst kostendeckend und damit unabhängig arbeiten zu können.

> *"Und als dann diese ABM-Maßnahmen ausliefen nach 1½ Jahren, dann kam also im Haus die Entscheidung: o.k., wir machen uns also unabhängig von weiteren Fördermitteln. Und mit dem Auslaufen der ABM geht die WfO den Weg, sich selbst Geschäftsfelder zu entwickeln und unabhängig zu sein. Und das ist ein Novum im ganzen Land Brandenburg."*

Zum Untersuchungszeitpunkt im Herbst 1997 waren für die Wirtschaftsförderungsgesellschaft 7 Mitarbeiter tätig. Das erklärte Ziel der Wirtschaftsförderungsgesellschaft Oberhavel, kostendeckend zu arbeiten, hat Konsequenzen für die wahrgenommenen Aufgaben. Einerseits werden von der WfO typische Aufgaben der kommunalen Wirtschaftsförderung wahrgenommen. Schwerpunkte in diesem Bereich ist die einzelfallorientierte Beratung und Seminare für Exi-

33 Oberhavel Verkehrsgesellschaft mbH, Faltblatt, o.J.
34 Gesellschaft für Abfallentsorgung Oberhavel mbH, Faltblatt, o.J.

stenzgründer. Die WfO hält Kontakt zu Investoren, die im Kreisgebiet ein Engagement planen. Im Rahmen der Betriebsberatung für ortsansässige Betriebe ist geplant, zukünftig Unternehmenskontakte zu vermitteln. Zu diesem Zweck wird derzeit eine Unternehmensdatenbank aufgebaut. Die Serviceleistungen der WfO sind kostenlos. Für die Teilnahme an den Seminaren wird eine geringe Teilnahmegebühr erhoben. Kostendeckend kann dieser Tätigkeitsbereich nicht betrieben werden. Die WfO versucht jedoch, aus ihren kostenlosen Serviceangeboten heraus, marktfähige Produkte zu entwickeln. So bietet die WfO neben der kostenlosen Fördermittelberatung die kostenpflichtige Erstellung kompletter Finanzierungskonzepte an.

Von der WfO werden Bestandspflege und Akquisition als gleichwertig angesehen. Angesichts der Ungleichgewichte in der wirtschaftlichen Entwicklung des Kreisgebiets, wird von der WfO ein Ausgleich zwischen dem weniger entwikkelten nördlichen Regionen im Kreis und dem stärker industrialisierten Bereich im wachstumsstarken Verflechtungsraum zu Berlin im Sinne der dezentralen Konzentration angestrebt. Doch wurde von der WfO insbesondere bei der Ansiedlungsförderung die Erfahrung gemacht, dass Wirtschaftsförderung auf Ansiedlungsentscheidungen nur begrenzt Einfluss nehmen kann:

> *"Genauso klar ist natürlich die Tatsache, dass ein Investor, der kommt, dem ich das Gewerbegebiet Grüneberg [im nördlichen Kreisgebiet, J.W.] oder wo auch immer anbiete, wenn der aber sagt: nee, das will er nicht, ich dann den Teufel tue, den gehen zu lassen. Insofern sind da zwei Herzen in einer Brust."*

Nicht zuletzt vor dem Hintergrund, dass Unternehmensentscheidungen nicht direkt durch Instrumente der Wirtschaftsförderung zu beeinflussen sind, setzt die WfO darauf, mit den Unternehmen vor Ort ins Gespräch zu kommen:

> *"Wirtschaftsförderung ist die Aufgabe, Kommunikation zu befördern."*

In diesem Sinne beteiligt sich die WfO aktiv an den Veranstaltungen des Mittelstandsverbands Oberhavel e.V. in Oranienburg. Dabei wird bewusst in Kauf genommen, dass dadurch nur ein kleiner Teil der Unternehmen im Kreis angesprochen werden kann. Zur Begründung wird einerseits die notwendige Konzentration der Potentiale der WfO angeführt und andererseits auf die Erfahrung verwiesen, dass Fragen um Fördermittel und Gewerbeflächen ohnehin für die meisten Unternehmen nicht relevant sind.

> *"Also für einen Großteil von Unternehmen, die sich hier melden, gibt's keine Fördermittel, sag' ich jetzt mal. Und Unternehmen, die schon länger bestehen und Probleme mit Gewerbeflächen haben, sind ohnehin wenig."*

Die WfO kann ihren Finanzbedarf nicht allein aus ihren Dienstleistungen dekken. Um Einnahmen zu erzielen, betätigt sich die Wirtschaftsförderungsgesellschaft Oberhavel als Entwickler von Gewerbegebieten und Wohnbauprojekten.

> *"Wir haben also ein Gewerbegebiet erworben. Haben das erschlossen und sind jetzt dabei, es auch selbständig zu vermarkten. Und da entstehen doch automatisch irgendwelche Gewinne. Auch wenn wir dieses Gewerbegebiet relativ preisgünstig verkaufen, mit 70-80 Mark pro qm. Das ist so ein Feld, wo sich die WfO selber finanzieren kann."*

Als weiteres Geschäftsfeld hat die WfO auch Flächen für den Wohnungsbau erworben und ist als Bauträger aufgetreten. Die WfO hat in Henningsdorf ein Wohngebäude mit 22 Eigentumswohnungen erstellt und das Projekt erfolgreich einschließlich der Vermarktung der Wohnungen abgeschlossen. Angesichts der finanziellen Risiken im Wohnungsbau wurde die WfO vom Aufsichtsrat der Holding aber angewiesen, sich nicht mehr als Bauträger zu betätigen und sich zukünftig auf die Tätigkeit als Entwickler zu beschränken. In der Folge hat die WfO wieder ein Grundstück in Henningsdorf gekauft, um es zur Baureife als Wohnungsstandort zu bringen und anschließend zu verkaufen. Die WfO wurde vom Bauherr schließlich mit der Projektentwicklung und dem Vertrieb der zu bauenden Wohnungen beauftragt. Ebenfalls am Standort Henningsdorf hat die WfO einen industriellen Altstandort erworben. Bevor die Fläche zum Gewerbegebiet entwickelt werden kann, versucht die WfO, die auf dem Gelände abgelagerte Stahlwerksschlacke abzubauen und als Baustoff für den Straßenbau zu vermarkten.

Gegensätze zwischen den wahrgenommenen Aufgaben in der Wirtschaftsförderung und als Entwickler von Gewerbe- und Wohnstandorten werden von der WfO keine gesehen. Die Stellung als Tochterunternehmen unter dem Dach der Oberhavel Holding wird im Gegenteil bewusst als Marketingvorteil eingesetzt. Kunden und Geschäftspartnern kann dadurch die Seriosität der WfO im sensiblen Immobiliensektor als "quasi halböffentliches" Unternehmen glaubhaft gemacht werden. Die erfolgreiche Abwicklung von Immobiliengeschäften und die Unabhängigkeit der WfO von Zuschüssen Dritter werden von der WfO selbst als Beweis für die eigene Leistungsfähigkeit und den Erfolg der Gesellschaft herausgestellt und bilden im Bewusstsein der WfO weit mehr die Legitimationsgrundlage für die Existenz der Wirtschaftsförderungsgesellschaft in der Unternehmensgruppe der Oberhavel Holding als die quantitativ nur schwer bezifferbaren konkreten Ergebnisse der 'eigentlichen' Wirtschaftsförderung.

4. Landkreis Oder-Spree

Der Landkreis Oder-Spree steht als Beispiel für das Zusammenwirken eines Amtes für Wirtschaftsförderung innerhalb der Kreisverwaltung mit einer Wirtschaftsförderungs-GmbH, an der der Landkreis als Mehrheitsgesellschafter beteiligt ist.

Der Landkreis Oder-Spree grenzt östlich an Berlin. Der westliche Teil des Landkreisgebiets gehört zum engeren Verflechtungsraums Brandenburg-Berlin, der östliche Teil des Kreises grenzt an die Republik Polen. Kreissitz ist die Stadt Beeskow. Der Landkreis Oder-Spree entstand im Zuge der Kreisgebietsreform aus dem Kreis Beeskow (ohne die Stadt Lieberose und die Gemeinden Blasdorf, Doberburg, Goschen, Jamlitz, Leeskow, Speichrow, Trebitz, Ullersdorf des Amtes Lieberose und Plattkow), dem Kreis Eisenhüttenstadt-Land und dem Kreis Fürstenwalde (ohne die Gemeinden Wernsdorf und Rüdersdorf). Zum Landkreis gehört auch die ehemals kreisfreie Stadt Eisenhüttenstadt.[35] Insgesamt besteht der Landkreis Oder-Spree aus 138 Gemeinden bzw. aus 12 Ämtern und 6 amtsfreien Gemeinden. Sechs Gemeinden besitzen Stadtrechte.[36] Als größere Orte im Kreis sind neben den Städten Fürstenwalde, Beeskow und Eisenhüttenstadt die Orte Storkow, Müllrose und Friedland zu nennen. Im September 1997 lebten im Landkreis Oder-Spree 194.428 Einwohner.[37] Der Landkreis ist damit der einwohnerstärkste Landkreis im Land Brandenburg.

Die Landesplanung weist im Rahmen der zentralörtlichen Gliederung den Städten Fürstenwalde, Beeskow und Eisenhüttenstadt jeweils die Funktion als Mittelzentrum zu. Die Stadt Fürstenwalde ist einer der Orte mit besonderem Handlungsbedarf innerhalb des engeren Verflechtungsraums Brandenburg/ Berlin. Als Handlungsschwerpunkte und –ziele werden für Fürstenwalde neben der Stärkung der zentralörtlichen Funktion, die Konversion und die gewerbliche Umstrukturierung bzw. Revitalisierung definiert.[38]

Über den gesamten Zeitraum hinweg folgt der Verlauf der Arbeitslosenquote in Fürstenwalde dem Verlauf der Arbeitslosenquote im Landesdurchschnitt,

35 Kreisneugliederungsgesetz (KNGBbg) vom 24.12.1992 (GVBl. I S. 546), § 13.

36 Vgl. *Prognos GmbH Berlin/Verlag Der Tagesspiegel* (Fn. 16), S. 154.

37 Quelle: Internet-Homepage des *Landesamts für Datenverarbeitung und Statistik Brandenburg,* Dokument: http://www.brandenburg.de/lds/region/bev2/bev.htm.

38 Vgl. Gemeinsamer Landesentwicklungsplan für den engeren Verflechtungsraum Brandenburg/ Berlin (LEP eV), Stand: 4.4.1995, Teil II Ziele, Abb. 1.

wenngleich auf durchweg niedrigerem Niveau. Die Quote im Bereich Fürstenwalde lag im Jahresverlauf 1997 zwischen 1,1%-Punkte und 1,8%-Punkte unterhalb des jeweiligen Landesdurchschnitts. Im April 1998 liegt die Arbeitslosenquote in Fürstenwalde sogar um 2,0%-Punkte und im Mai 1998 um 1,5%-Punkte unter dem Landesdurchschnitt.

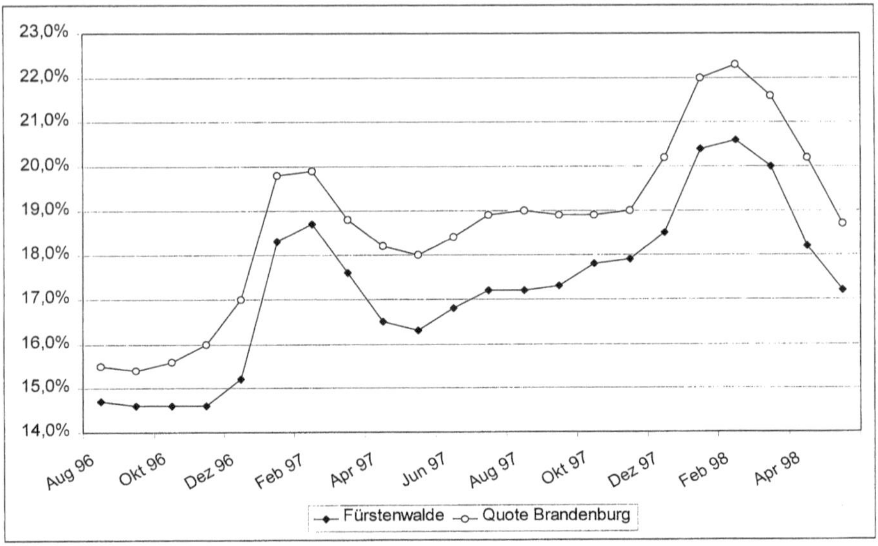

Abbildung 8: Arbeitslosenquote im Bereich des Arbeitsamts Fürstenwalde
Quelle: Ministerium der Justiz und für Bundes- und Europaangelegenheiten Brandenburg

Im Bereich des Arbeitsamts Fürstenwalde[39] lag die Arbeitslosenquote zu Beginn des Untersuchungszeitraumes im August 1996 bei 14,7%. Bis Januar 1997 stieg die Quote bis auf einen Wert von 18,3% an. Im Jahresverlauf 1997 erreichte die Arbeitslosenquote mit 16,3% im Mai ihren Tiefstand und stieg von da an bis Dezember wieder auf einen Wert von 18,5%. Im Januar und Februar 1998 verzeichnete die Statistik nochmals einen sprunghaften Anstieg der Arbeitslosenquote auf 20,4% bzw. 20,6% im Vergleich zum Dezemberwert. Von diesem Höchststand verzeichnete die Quote in der Folge bis April 1998 wieder einen Rückgang bis auf 18,2% und im Mai 1998 schließlich 17,2%.

39 Siehe Hinweis in Fn. 10.

Die Wirtschaftsstruktur des Landkreises Oder-Spree wurde in der Vergangenheit bestimmt durch die Eisen- und Stahlindustrie in Eisenhüttenstadt, dem Maschinen- und Anlagenbau sowie der Reifenindustrie in Fürstenwalde. Die Altkreise Beeskow und Eisenhüttenstadt-Land sind dagegen landwirtschaftlich dominiert.[40] Trotz massiver Arbeitsplatzverluste konnte das ehemalige Eisenhüttenkombinat Ost in Eisenhüttenstadt als EKO-Stahl AG durch die Übernahme durch einen belgischen Konzern im Bestand erhalten werden. Auch die Pneumant Reifenwerke in Fürstenwalde sind als bedeutendes Unternehmen für die Region erhalten geblieben. Im Tourismus hat sich insbesondere das Seengebiet um den Storkower See profilieren können.[41]

Die Aufgabe Wirtschaftsförderung auf Landkreisebene wird im Landkreis Oder-Spree von zwei Akteuren wahrgenommen. Innerhalb der Kreisverwaltung ist ein Amt für Liegenschaften und Wirtschaftsentwicklung mit Dienstsitz in der Kreisstadt Beeskow eingerichtet. Außerhalb der Verwaltung agiert die Ostbrandenburgische Wirtschaftsförderungsgesellschaft mbH mit Sitz in Fürstenwalde. Unternehmensverbände oder Mittelstandsvereinigungen, die in mehreren kreisangehörigen Kommunen z.B. auch in Fürstenwalde eingerichtet sind, sind nicht mit Wirtschaftsförderung im engeren Sinne befasst, sondern sehen sich in erster Linie als Interessenvertretung der örtlichen Wirtschaft.

Die Gründung der Ostbrandenburgische Wirtschaftsförderungsgesellschaft mbH (OWF) erfolgte auf Initiative des Wirtschaftsministeriums des Landes Brandenburg. Im Vorgriff auf die sich abzeichnende Kreisgebietsreform sollte die Kleinräumigkeit der damals noch bestehenden Verwaltungsgliederung auf Kreisebene für den Bereich der kommunalen Wirtschaftsförderung zugunsten der Schaffung von überschaubaren und handlungsfähigen Strukturen überwunden werden. Das Land regte deshalb die Gründung von Wirtschaftsförderungsgesellschaften an. Voraussetzung für die finanzielle Förderung durch das Wirtschaftsministerium des Landes Brandenburg in Höhe von zunächst einmalig 200.000 DM war, dass mindestens zwei Landkreise bei der Schaffung einer solchen Struktur zusammenwirken und dass die Gesellschafteranteile ausschließlich in der Hand von kommunalen Gebietskörperschaften sein sollten. Die damaligen Landkreise Beeskow und Fürstenwalde gründeten daraufhin 1992 zusammen mit der Stadt Fürstenwalde und den Gemeinden Lindenberg und Steinhöfel die Ostbrandenburgische Wirtschaftsförderungsgesellschaft mbH. Im Jahr darauf traten die Gemeinden Erkner und Spreenhagen als weitere Gesellschafter in die GmbH ein. Mit der Kreisneugliederung 1994 wurde der neu gegründete

40 Vgl. *Brandenburgisches Wirtschaftsinstitut* (Fn. 8), S. 172.
41 Vgl. *Prognos GmbH Berlin/Verlag Der Tagesspiegel* (Fn. 16), S. 154.

Landkreis Oder-Spree als Rechtsnachfolger der Altkreise Fürstenwalde und Beeskow Hauptgesellschafter der Ostbrandenburgischen Wirtschaftsförderungsgesellschaft mbH. Von der Kapitaleinlage der OWF in Höhe von 77.500 DM entfallen auf den Landkreis Oder-Spree 71%, die Stadt Fürstenwalde hält 12,9% der Anteile. 6,5% der Einlage hat Erkner gezeichnet, kleinere Anteile von je 3,2% entfallen jeweils auf Spreenhagen und die Ämter Steinhöfel/Heinersdorf und Tauche. In der OWF sind zum Untersuchungszeitpunkt einschließlich des Geschäftsführers insgesamt 4 Mitarbeiter beschäftigt. Die OWF hat ihren ursprünglichen Sitz in der Stadt Fürstenwalde (und damit im engeren Verflechtungsraum um Berlin) beibehalten und ist nicht in die Kreisstadt Beeskow übergesiedelt. Als Begründung wird auf die Vorteile der Nähe zu Berlin und damit zur ortsansässigen Wirtschaft hingewiesen:

> *"Damals ist das hier entstanden und ich habe mich immer dafür eingesetzt, dass wir hier bleiben: aufgrund der Berlinnähe, aufgrund der besseren Infrastruktur zu Berlin und ich sehe nun überhaupt keinen Grund, warum das nun nicht mehr der Fall sein sollte."*

Die OWF folgt damit nicht dem Beispiel der Verwaltungspolitik, die den Kreissitz nach den Vorgaben des raumordnerischen Leitbildes der dezentralen Konzentration eher berlinfern gewählt hat, sondern behält bewusst nach dem Kriterium der wirtschaftlichen Lagegunst seinen Standort in der Nähe Berlins.

Die OWF definiert ihren Auftrag sehr umfassend: "Gegenstand des Unternehmens ist die Stärkung der Wirtschaftskraft in der Region Ostbrandenburg, insbesondere im Landkreis Oder-Spree. Die Gesellschaft arbeitet mit dem Ministerium für Wirtschaft, Mittelstand und Technologie eng zusammen und ist vor Ort für alle Fragen zu wirtschaftsfördernden Maßnahmen Ansprechpartner."[42] Konkret bildet die Vermarktung von Gewerbeflächen im Kreisgebiet den Schwerpunkt in der Arbeit der OWF. Für die Marketingaktivitäten der OWF spielt es dabei keine Rolle, wer Eigentümer der Gewerbegrundstücke ist. Die OWF selbst betreibt kein Gewerbegebiet als Eigentümer, noch ist sie für die Vermarktung einer bestimmten Fläche explizit zuständig. Die OWF kann allgemeines Flächenmarketing betreiben. Aufgrund von negativen Erfahrungen in der Vergangenheit verzichtet die OWF dabei bewusst auf allgemeine Imagebroschüren als Werbemittel. Statt dessen setzt die OWF auf kleinformatige Fließtextanzeigen auf den Immobilienseiten der regionalen und überregionalen Tageszeitungen, in denen jeweils eine konkrete Fläche angeboten wird. Die OWF

42 Ostbrandenburgische Wirtschaftsförderungsgesellschaft mbH, Manuskript, o.J. (1997), S. 2.

bietet Interessenten je nach deren Anforderungsprofil verschiedene Grundstükke im Kreisgebiet an. Erst nachdem sich das Interesse des Investors nach einer Vorauswahl auf ein bestimmtes Grundstück eingeengt hat, zieht die OWF die Gemeinde, den Entwickler oder die Betreibergesellschaft für die eigentlichen Verkaufsverhandlungen hinzu. Mit Blick auf Gewerbegebiete im Kreis, die nicht bedarfsgerecht geplant wurden und die deshalb nur schwer zu vermarkten sind, wurde von der OWF die Erfahrung gemacht, dass allein politischer Wille für die wirtschaftliche Entwicklung insbesondere der berlinfernen Regionen des Kreisgebiets nicht ausreichend ist.

> *"Wenn irgend etwas möglich ist, dann werden wir auch da (für wenig nachgefragte Gewerbegebiete, J.W.) was tun. Ich kann aber ein Unternehmen nirgendwo hin zwingen. Ich kann ihm das Angebot machen, das machen wir auch, und die Entscheidung liegt irgendwo anders, wo wir keinen Einfluss drauf nehmen können. Wir bieten alles an."*

Neben der Grundstücksvermittlung bietet die OWF Fördermittelberatungen an. Teilweise ist die OWF für Existenzgründer schon so weit gegangen, dass sie neben der Fördermittelberatung die jungen Unternehmen zu den Gesprächen über die Finanzierung mit den ortsansässigen Banken oder der Sparkasse begleitet hat. Als Dienstleistung vermittelt die OWF auf Anfrage von Unternehmen auch Kontakte zu anderen Unternehmen, z.B. Bauunternehmen oder mögliche Zulieferer. Bestandssicherung wird als Aufgabe von der OWF nur insofern wahrgenommen, als die auf örtlicher Ebene bestehenden Wirtschaftsfördervereine bzw. Mittelstandsvereine auf das Dienstleistungsangebot der OWF aufmerksam gemacht werden. Im Einzelfall werden der OWF vom Landratsamt Unternehmen genannt, die sich in wirtschaftlichen Schwierigkeiten befinden. Die OWF versucht in diesen Fällen, durch ihre Kontakte zu ortsansässigen Banken eine Lösung zu vermitteln.

In der Zusammenarbeit mit dem Amt für Liegenschaften und Wirtschaftsentwicklung des Landkreises praktiziert die OWF eine klare Aufgabenteilung.

> *"Der Landkreis kann sich das auch gar nicht leisten, ein Amt und eine Gesellschaft unkoordiniert durch die Gegend laufen zu lassen."*

Der Landkreis koordiniert die Bereitstellung von notwendigen Stellungnahmen für Fördermittelanträge und Finanzierungen zwischen den Ämtern der Kreisverwaltung, der IHK, der Arbeitsämter usw. Der Landkreis führt desweiteren auch die Investitionsvorrangverfahren für Grundstücke durch, die aufgrund eines Restitutionsanspruchs unter die Verfügungssperre des Vermögensgesetzes fallen, wenngleich sich auch die Zahl dieser Verfahren stark rückläufig entwikkelt hat. Im Landratsamt werden zudem alle Statistiken betreut, die den Wirtschaftsbereich betreffen. Daneben ist der Kreis zuständig für die Erstellung von

Entwicklungsplanungen und –konzepten, aktuell z.B. die Entwicklung eines Tourismuskonzepts. Im Gegensatz dazu, ist die OWF für die konkrete operative Umsetzung zuständig.

> *"Bei uns steht immer als oberste Überschrift: Vermarktung des Landkreises, also nach außen Verkaufen. [...] Es ist so, uns liegt daran, dass Unternehmen hier herkommen, nicht in den Nachbarkreis oder ganz woanders hin."*

Die Verwaltungsferne der OWF als GmbH wird dabei nicht als Nachteil gesehen. Bei der Erteilung von Baugenehmigungen für Unternehmen macht die OWF auf der Ebene persönlicher Bekanntschaft mit den Entscheidern im Kreis ihren Einfluss in den Fällen von "vorrangigen Investitionen im Kreis" geltend.

> *"Da gibt es mittlerweile enge Verflechtungen und Kontakte."*

Gleichzeitig sieht man sich in der OWF in der Zusammenarbeit mit ansiedlungswilligen oder ortsansässigen Unternehmen "arbeitsmäßig und mental im Vorteil". Begründet wird dieser Vorteil mit der Flexibilität, mit der die OWF auf Kundenwünsche reagieren kann.

> *"Also wir sind so weit gegangen, dass wir einem Unternehmen hier einen Schreibtisch angeboten haben. Dass er also hier sitzen kann, wenn er irgend etwas macht, dass er auch mal telefonieren kann. Und das würde bestimmt kein Wirtschaftsförderungsamt machen."*

Umgekehrt berichtet die OWF z.B. der regionalen Planungsgemeinschaft die Beurteilung der betreuten Unternehmen über die Qualität der Region als Wirtschaftsstandort.

> *"Und dort will man natürlich wissen, wie das Echo aus der Wirtschaft heraus so ist. Da wurde auch oft gefragt: Wie ist die Meinung derjenigen, die jetzt von außen hier herein kommen?"*

Bei ihrer Ausrichtung der Kernaufgaben auf die Akquisition von Investoren für die Gewerbegebiete im Kreis und auf die Fördermittelberatung hat sich die OWF von "traditionellen Vorstellungen über Wirtschaftsförderung in den Altbundesländern" leiten lassen. Ursprünglich hat die OWF ihre Kosten vollständig aus Landeszuschüssen decken können. Bis 1995 ist der Landesanteil kontinuierlich gesunken und lag zuletzt bei 30%. Die Finanzierungsanteile der Gesellschafter sind im gleichen Maße gestiegen wie sich das Land aus der Finanzierung zurückgezogen hat. Seit Jahresbeginn 1997 wird die OWF nur noch durch ihre Gesellschafter finanziert. Landesmittel stehen nicht mehr zur Verfügung. Angesichts des sich langfristig abzeichnenden Rückzugs des Landes aus der Finanzierung plante der Landkreis als Hauptgesellschafter der OWF bereits seit 1994 die Finanzierungslücke durch selbst erwirtschaftete Erträge der Wirtschaftsförderung auszugleichen. Im Jahr 1995 wurde daraufhin durch Kreistagsbeschluss die Entwicklungsgesellschaft Oder-Spree mbH ins Leben gerufen. Anders als die OWF operiert die Entwicklungsgesellschaft nicht steuerbegünstigt und ist daher keinen Beschränkungen in ihrer Geschäftstätigkeit unterworfen. Aufgabe dieser Gesellschaft ist es, im Auftrag von Kommunen deren Grundstücke zu entwickeln, die zuvor an Dritte vergeben wurden. Die daraus erzielten Überschüsse werden für die Finanzierung der OWF eingesetzt. Mittelfristig wird zur Entlastung der Gesellschafter der OWF die vollständige Eigenfinanzierung durch eine entsprechende Erhöhung der Erträge angestrebt. In diesem Zusammenhang ist auch geplant, das Grundkapital der OWF auf 100.000 DM zu erhöhen, indem die örtliche Sparkasse in den Kreis der Gesellschafter eintritt und als öffentlich-rechtliches Kreditinstitut verstärkt in die Verantwortung für die wirtschaftliche Entwicklung für die Region eingebunden wird.

D. Schlussfolgerungen und Empfehlungen

Die Befunde über die kommunale Wirtschaftsförderung der Kreise und kreisfreien Städte im Land Brandenburg sind das Ausgangsmaterial, um daraus Perspektiven für eine neue regionale Handlungsfähigkeit abzuleiten.

Ausgangspunkt dieser Arbeit waren Konzepte des kooperativen Verwaltungshandelns und des kooperativen Staates. Kooperatives Verwaltungshandeln wird unter politik- und verwaltungswissenschaftlichen wie unter rechtswissenschaftlichen Aspekten diskutiert. Die Fragen der Politik- und Verwaltungswissenschaft richten sich schwerpunktmäßig auf mögliche Konsequenzen kooperativen Verwaltungshandelns für den Steuerungsanspruch des Staates. Von kooperativen Handlungsformen versprechen sich die Befürworter vor allem Effizienzvorteile und betonen den Zugewinn an Legitimität durch konsensorientierte Verwaltungsentscheidungen. Kritiker befürchten hingegen einen Souveränitätsverlust des Staates. Für die rechtswissenschaftliche Diskussion spielt die Frage nach der Rechtsstaatlichkeit kooperativer Handlungsformen eine herausgehobene Rolle. Als Problemfelder kooperativen Verwaltungshandelns werden die Nicht-Beteiligung betroffener Dritter, Gefahren für die Unabhängigkeit der Verwaltung, die Einheitlichkeit der Rechtsanwendung und die Rechtssicherheit genannt.

Die Diskussion des kooperativen Verwaltungshandelns sowohl in der Politik- und Verwaltungswissenschaft als auch in der Rechtswissenschaft nimmt ausschließlich die einseitig-hoheitlich handelnde Vollzugsverwaltung in Blick. Auf die kommunale Wirtschaftsförderung können die bislang erzielten Forschungsergebnisse zum kooperativen Verwaltungshandeln deshalb nicht angewandt werden. Die Ämter für Wirtschaftsförderung vollziehen nicht. Sie können zur Durchsetzung ihrer Steuerungsanliegen keinen hoheitlichen Zwang anwenden. Investitions- und Standortentscheidungen der Wirtschaft können von staatlichen Stellen nicht angeordnet werden. Die Analyse des kooperativen Staates am Beispiel der kommunalen Wirtschaftsförderung muss daher unter einer veränderten Fragestellung erfolgen. Für die Analyse der kommunalen Wirtschaftsförderung steht nicht die Frage nach den Konsequenzen kooperativer Handlungsformen für den Anspruch auf staatliche Steuerung und für das Prinzip der Rechtsstaatlichkeit im Vordergrund. Vielmehr ist zu fragen, inwieweit es in der kommunalen Wirtschaftsförderung in den Landkreisen in Brandenburg gelungen ist, regionale Handlungsfähigkeit herzustellen. Die regionale Entwicklung in Brandenburg kann dabei nicht unabhängig von globalen Veränderungsprozessen betrachtet werden, welche die wirtschaftlichen und politischen Rahmenbedingungen gegenwärtig nachhaltig verändern. Mit dem Schlagwort Globalisierung verbinden sich dabei mindestens genauso viele Hoffnungen wie Befürchtungen.

Globalisierung ist ein schillernder Begriff. Schlagwortartig wird damit ein Prozess bezeichnet, der zwar als unausweichlich angesehen wird, dessen genaue Konturen sich derzeit aber erst unscharf zu erkennen geben. Auch über die zu erwartenden Folgen der Globalisierung herrscht keine Klarheit. Als typische Merkmale für den Prozess der Globalisierung lassen sich drei Kernaspekte identifizieren:

- Die Erweiterung von Kommunikations- und Entscheidungshorizonten,
- ein weltweit vernetztes Marktgeschehen innerhalb einer internationalisierten Ökonomie sowie
- die Herausforderungen, die diese Prozesse für den Anspruch auf staatliche Steuerung bedeuten.

Die Erweiterung von Kommunikations- und Entscheidungshorizonten ist sowohl die Voraussetzung wie auch eine Folge der Globalisierung. Moderne Kommunikationstechniken und die zunehmende Mobilität tragen zur Ausdehnung der kommunikativen Möglichkeiten bei. In der Folge nehmen die Zahl und die Unterschiedlichkeit der erreichbaren Kommunikationspartner sowie die realisierbaren Handlungsalternativen signifikant zu. Die Erweiterung der Möglichkeiten bewirkt dabei einen Wandel der vertrauten Handlungsalternativen.[1] Für die Wahl von Handlungsalternativen spielt das Prinzip der räumliche Nähe eine immer geringere Rolle. Die Konsequenzen aus den erweiterten Kommunikations- und Entscheidungsmöglichkeiten werden derzeit anhand der Veränderungen hin zu einer globalisierten Wirtschaft erkennbar. Technische Möglichkeiten und die Liberalisierung transnationaler Wirtschaftsbeziehungen ermöglichen raumübergreifende Kooperationen und global-arbeitsteilige Produktionsabläufe. Traditionelle Standortvorteile sind im Laufe der letzten Jahrzehnte dagegen sinkenden Transportkosten zum Opfer gefallen. Differenzen im Raum stellen so gut wie keine Hindernisse mehr dar. In diesem Prozess sind "symbolverarbeitende Dienstleistungen" wie Ideenkreation, Entwicklung, Consulting, Dokumentation, Marketing, Controlling usw. immer wichtiger geworden. Deren Funktion besteht darin, die verstreuten Aktivitäten zu koordinieren und zu steu-

1 Vgl. *Wiesenthal, Helmut:* Globalisierung. Soziologische und politikwissenschaftliche Koordinaten eines unbekannten Terrains. In: Berliner Debatte 5/1996, S. 38.

ern. Gleichzeitig ist umgekehrt vom Bedeutungsverlust der "subalternen, territorial definierten und sozialpolitisch privilegierten Arbeitnehmerrolle" auszugehen.[2] Während Egalisierungstendenzen und das Szenario einer möglichen Erosion der sozialen Sicherungssysteme unter dem Druck der Universalisierung sozialer Standards bereits fester Bestandteil in der politischen Diskussion um die Folgen der Globalisierung geworden sind, sind die regionalen Konsequenzen der Globalisierung erklärungsbedürftig.

Naheliegend ist die Beobachtung, dass der "Raum", in dem sich Verkäufer und Käufer von Waren begegnen, in Folge der Globalisierung durch die neu hinzugekommenen "entfernten" Optionen größer geworden ist. Allerdings umfasst das nicht das gesamte Marktgeschehen, sondern nur bestimmte Teilmärkte. Global geworden ist z.B. die Marktumwelt für die Automobilindustrie, nicht aber die für Backwaren.[3] Trotzdem bleiben auch die Akteure auf lokalen Märkten von den Folgen der globalisierten Ökonomie nicht verschont. "Indem qualitativ neue und wirtschaftlich günstigere (Fern-) Alternativen routinemäßig Beachtung finden (können), wandeln sich die Kalkulationen auch solcher Akteure, die weiterhin ihre Geschäfte an lokalen Märkten tätigen."[4] Die Marktumwelt, die sich im globalen Wettbewerb an dessen Effizienz- und Innovationsstandards orientiert, hat Rückwirkungen auch auf ausschließlich regional ausgerichtete Unternehmen. Für lokale Teilmärkte gelten nicht mehr ausschließlich lokale Konditionen, sondern sie werden zunehmend von universalen globalen Bedingungen beeinflusst. "Um sich 'vor Ort' zu behaupten, müssen Unternehmen den Offerten aus der Ferne gewachsen sein; auch die lokale Wirtschaft muss sich also im globalen Wettbewerb bewähren."[5] Insofern wirkt sich die Zunahme der ökonomischen Möglichkeiten im globalen Marktgeschehen auch auf die Backstube des Bäckers im Stadtviertel aus, wenn sich dieser elektronisch gesteuerte Produktionsmittel anschafft, um mit der Produktivitäts- und Lohnentwicklung in anderen Sektoren, z.B. der Automobilindustrie, mitzuhalten.

Die nationalstaatliche Ebene verliert im Prozess der Globalisierung zunehmend an Bedeutung. Wirtschaftliches Handeln entzieht sich unter den Möglichkeiten des freien Austausches von Kapital, Waren, Dienstleistungen und Informationen im Rahmen von globalen Wirtschaftsbeziehungen zunehmend dem Zugriff nationalstaatlicher Steuerungsversuche. Wirtschaftliche Interdependenzen un-

2 Vgl. ebd., S. 38 f.
3 Vgl. ebd., S. 40 f.
4 Ebd., S. 40.
5 Ebd., S. 41.

tergraben das Problemlösungspotential nationalstaatlicher Politik. Nationale Regierungen sind immer weniger in der Lage, die wirtschaftlichen Bedingungen und die Folgen wirtschaftlicher Tätigkeit innerhalb ihres Staatsgebiets wirksam zu beeinflussen und zu steuern. "Der staatsrechtliche Souveränitätsbegriff [...] ist im Begriff, seine ökonomischen Voraussetzungen einzubüßen."[6] Es ist keine Institution in Sicht, die in der Lage wäre, im universalen Weltmarkt die Funktionen des Nationalstaates zu substituieren, um wirkungsvoll für einen sozialen oder ökonomischen Risikoausgleich zu sorgen oder wenigstens die Lösung gewaltsamer Konflikte zu bewirken. Ein möglicher Ausweg zur Wiederherstellung von Steuerungsressourcen kann immerhin darin bestehen, bisher von Nationalstaaten wahrgenommene Befugnisse auf supranationale Institutionen zu übertragen. Eine andere Strategie ist der Versuch, die Regelungslücke, die sich aus dem Verlust nationalstaatlicher Steuerungskompetenz ergibt, auf regionaler Ebene zu schließen.[7] Regionen sollen alle Bereiche wirksam aktiv gestalten, die sie selber wirksam beeinflussen können. Lokale und regionale Politik wird durch den Prozess der Globalisierung nicht bedeutungslos, vielmehr gewinnt sie an relativer Relevanz.[8]

Angesichts der offenen Märkte für den globalen Austausch von Waren und Dienstleistungen erscheinen die engen geographischen Begrenzungen und die Grenzverläufe zwischen den Nationalstaaten als "accident of history".[9] Nationalstaaten waren noch nie einheitliche Wirtschaftsgebiete. Jeder Nationalstaat ist vielmehr als äußere Hülle für wirtschaftlich sehr unterschiedlich entwickelte und strukturierte Regionen aufzufassen. Regionen ("region states"[10]) orientieren sich nicht an politischen Grenzen. Für eine Region konstituierend ist vielmehr die enge Verknüpfung vielfältiger wirtschaftlicher Aktivitäten. "Region states are natural economic zones."[11] Eine Region muss klein und übersichtlich genug sein, um kohärente Marktbedingungen und Konsumgewohnheiten aufweisen zu können aber gleichzeitig groß genug für eine hinreichende Infrastrukturausstattung an Kommunikations- und Verkehrswegen für die enge Vernetzung mit anderen Regionen.

6 Ebd.

7 *Voelzkow, Helmut:* Der Zug in die Regionen. Politische Regionalisierung als Antwort auf die Globalisierung der Ökonomie. In: Berliner Debatte 5/1996, S. 70.

8 Vgl. *Kleger, Heinz:* Regionale Handlungsfähigkeit nach der gescheiterten Fusion? In: Berliner Debatte 8, 1997, S. 122.

9 *Ohmae, Kenichi:* The Rise of Regional State. In: Foreign Affairs 72, 1992/93, S. 79.

10 Ebd., S. 78.

11 Ebd.

Wirtschaftliches Handeln hat auch unter den Bedingungen der Globalisierung immer einen Raumbezug, wenngleich dieser im Unterschied zu früher quasi global entgrenzt ist. Die Standort- und Investitionsentscheidungen von weltweit agierenden Großunternehmen sind unter den neuen Bedingungen nicht mehr regional begrenzt. Der Wettbewerbsvorteil der "global player" besteht ja gerade in der globalen Reichweite. "Weltprodukte" spielen durch größere Absatzchancen in globalen Märkten Investitionen viel schneller ein und sparen so Kosten und Zeit. Über den Zugriff auf Talentpools in den neuen Märkten lässt sich zudem das Wissenspotential vergrößern. Dennoch agieren Großkonzerne nicht ortlos in ihrer globalen Netzwerkarbeit. Statt dessen wird von einer erkennbaren nationalen Rückbindung nahezu aller Großkonzerne gesprochen.[12] Daraus auf eine Aufwertung "nationalkapitalistischer Systeme"[13] zu schließen, widerspricht allerdings der Entwicklungslogik der Globalisierung. Nicht der Nationalstaat gewinnt an Handlungschancen, sondern die Regionen. Das globale Marktgeschehen funktioniert eigengesetzlich. Marktteilnehmer sind lediglich Mitspieler ("global player"), ohne den Markt wirksam beeinflussen bzw. diesem die eigenen Regeln aufdrängen zu können. Allein auf die konkreten lokalen (Standort-) Gegebenheiten können Unternehmen und die an einer positiven Wirtschaftsentwicklung Interessierten ihren Einfluss ausüben.[14] Die regionale Ebene hat deshalb relativ günstige Einflusspositionen bei insgesamt verringertem Steuerungspotential. Als Paradebeispiel für eine solche regionale Entwicklung gelten Erfahrungen mit räumlichen Clusterbildungen von innovativen und ertragreichen Unternehmen. Zwar ist ausgesprochen unklar, welche ökonomischen Einflussfaktoren in den Boomregionen am Werke sind und wie diese politisch zur Bewältigung von Strukturkrisen verfügbar gemacht werden können. Dennoch kann man immerhin sagen, dass "Unternehmen [...] bei räumlicher Nähe und kommunikativer Dichte von diversen nicht-marktförmigen Interaktionen [profitieren], die es in günstigen Fällen ermöglichen, Risiken zu begrenzen und Kosten einzusparen."[15] Als weiterer Erfolgsfaktor für eine Region wird genannt, wenn Betriebe eine Diversifizierung ihrer Produktion erreichen, indem kundennah und kundengerecht eine enge Zusammenarbeit zwischen Kunden und Herstellern praktiziert wird.[16] Das gibt einen Hinweis darauf, dass für die wirtschaftliche Prosperität die spezifische Produktivität von Netzwerken von Bedeutung ist. Voraussetzung der Entwicklung lokaler und regionaler Potentiale

12 *Mayer, Tilman:* Globalisierung als Bedrohung des Nationalstaats? In: Voigt, Rüdiger (Hrsg.): Der neue Nationalstaat, Baden-Baden 1998, S. 288.

13 Ebd., S. 291.

14 *Wiesenthal* (Fn. 1), S. 43.

15 Ebd., S. 44.

16 *Voelzkow* (Fn. 7), S. 70.

ist aber, dass der lokalen bzw. regionalen Ebene die notwendigen Handlungsressourcen zur Verfügung stehen. Im europäischen Vergleich zeigt sich, dass viele Regionen noch nicht über ein ausreichendes Instrumentarium verfügen, um die regionalen Verhältnisse selbst zu gestalten.[17] Für die Bundesrepublik ist hingegen aufgrund des föderalen Systems und der kommunalen Selbstverwaltung die Chance zur wirksamen Herstellung von regionaler Handlungsfähigkeit zweifellos vorhanden.

Die vorliegende Untersuchung beschäftigt sich mit der kommunalen Wirtschaftsförderung in den Kreisen und kreisfreien Städten im Land Brandenburg. Es ist zu fragen, ob Landkreise und kreisfreie Städte als Region im oben beschriebenen Sinne verstanden werden können. Regionen sind überkommunale Einheiten, die über eigne Handlungsressourcen verfügen und unterhalb der nationalen Ebene angesiedelt sind. Im föderativen Aufbau der Bundesrepublik lässt sich der Begriff Region nicht mit einer bestimmten Gebietskörperschaft identifizieren. Die Merkmale der Region treffen sowohl auf die Bundesländer als auch auf Landkreise und kreisfreie Städte zu. Entscheidend für eine Region ist nicht ein territorialer Zuschnitt, noch ist sie zwingend identisch mit einer kommunalen Gebietskörperschaft. Die Region ist der soziale Kontext für die Gestaltung einer Politik der Regionalisierung.[18]

Bislang werden die Chancen für die Handlungsfähigkeit regionaler Politik in der Gesamtregion Berlin-Brandenburg eher zurückhaltend eingeschätzt: "Wenn wir davon ausgehen, dass im Zuge dieser Globalisierung Städte und Regionen die Chance haben, durch eine aktive Politik der Bündelung von endogenen Potentialen und exogenen Ressourcen eine selbsttragende wirtschaftliche Entwicklung einzuleiten, welche die wachsende Ortsungebundenheit wirtschaftlicher Aktivitäten auf den eigenen Raum refokussiert, dann sollten diese Regionen eine bestimmte Minimalausstattung mit Ressourcen aufweisen. Brandenburg vor allem, aber auch Berlin liegen nach allen Erkenntnissen unterhalb dieser Schwelle."[19] Anhand der Befunde der vorliegenden Studie kann am Beispiel der kommunalen Wirtschaftsförderung der Landkreise und kreisfreien Städte in Brandenburg gezeigt werden, dass diese negative Einschätzung zumindest differenziert werden muss.

17 Vgl. die Beiträge in *Krämer, Raimund (Hrsg.):* Regionen in der Europäischen Union. Beiträge zur Debatte, Berlin 1998.

18 Vgl. *Benz, Arthur/Dietrich Fürst/Heiderose Kilper/Dieter Rehfeld:* Regionalisierung, Theorie-Praxis-Perspektiven, Opladen 1999, S. 11 ff.

19 *Kleger, Heinz:* Metropolitane Transformation durch urbane Regime. Berlin-Brandenburg auf dem Weg zu regionaler Handlungsfähigkeit, Amsterdam 1996, S. 127.

Wirtschaftliche Rahmenbedingungen

Die Wirtschaftsstruktur Brandenburgs ist gekennzeichnet durch eine teilweise extrem ausgeprägte Strukturschwäche. Die Bevölkerungsdichte liegt weit unterhalb des Bundesdurchschnitts. Wanderungsbewegungen führten in den letzten Jahren zu einem weiteren Bevölkerungsrückgang im äußeren Entwicklungsraum, während Gemeinden im engeren Verflechtungsraum um Berlin teilweise deutliche Einwohnerzuwächse zu verzeichnen hatten. Besonders für die peripheren Teilräume spielt nach wie vor die Landwirtschaft eine wichtige Rolle. Die Industrie ist auf wenige unzusammenhängende Standorte verteilt und weist überdies teilweise eine ausgeprägt Monostruktur auf. Die Arbeitslosigkeit im Land liegt dauerhaft über dem Durchschnitt der neuen Bundesländer. Der erstmals seit Jahren verzeichnete Rückgang der Arbeitslosigkeit im letzten Quartal 1998 ist einseitig auf die Ausdehnung von Maßnahmen im zweiten Arbeitsmarkt zurückzuführen und ist nicht als Signal für eine beginnende wirtschaftliche Erholung zu werten.

Die Überwindung der enormen räumlichen Disparitäten innerhalb des Landes Brandenburg ist eine zentrale Herausforderung für die Landespolitik. Um einen Entwicklungsausgleich zwischen Berlin, dem wachstums- und bevölkerungsstarken engeren Verflechtungsraum und dem äußeren Entwicklungsraum zu ermöglichen, wurde das raumordnerische Leitbild der dezentralen Konzentration entwickelt. Das Leitbild setzt auf die Beeinflussung der Marktkräfte mit dem Ziel, wirtschaftliche Aktivitäten im Raum zu verteilen. Als Instrument setzt das Leitbild dabei auf regional abgestufte Fördersätze. Das Leitbild ist in seiner derzeitigen Form als gescheitert zu betrachten. Für die Jahre bis 1994 spricht selbst das Wirtschaftsministerium des Landes Brandenburg in bezug auf die Förderpolitik von einer "Gießkannen-Föderung". Erst in den Jahren danach wurde eine Bündelung der Mittel nach den Prioritäten der dezentralen Konzentration angestrebt. Betrachtet man die Entwicklung des wirtschaftlichen Wachstums, so liegt dessen Schwerpunkt in den Jahren vor 1995. Danach nimmt das Wachstum stark ab. In den wachstumsstarken Jahren hat der ausgleichsorientierte Ansatz der dezentralen Konzentration also keine Rolle gespielt. In dieser Zeit wurden jedoch wirtschaftliche Strukturen grundgelegt, die für Brandenburg noch lange Zeit prägend sein werden. Weil das Leitbild einseitig auf die Umlenkung wirtschaftlichen Wachstums setzt, konnten aufgrund der ausgeprägten Wachstumsschwäche seit Mitte der 90er Jahre damit keine nennenswerten Effekte erzielt werden. Zusätzlich werden die Ausgleichsziele des Leitbilds durch eine Vielzahl von Ausnahmeentscheidungen für nicht leitbildgerechte Fördervorhaben unterhöhlt. Vielleicht die größte Schwäche des Leitbilds liegt in dessen ausgeprägter Ignoranz gegenüber der marktwirtschaftlichen Entwicklungslogik und der Überschätzung von gestaffelten Fördersätzen für Standort- und Investitionsentscheidungen. Die Illusion, wirtschaftliche Wachstumspotentiale wirksam umlenken zu können und die peripheren Teilräume damit quasi automatisch in den Genuss von externen wirtschaftlichen Potentialen zu bringen, hat die peripheren Regionen in einer Position des passiven Abwartens verharren lassen und Eigeninitiative tendenziell behindert. Zur Bestandsaufnahme über das Leitbild der dezentralen Konzentration gehört auch, dass es trotz der bislang ausgebliebenen Effekte nicht einmal Ansatzpunkte für eine konsensfähige Alternative zur dezentralen Konzentration gibt. Insofern muss der Landesentwicklung und der Wirtschaftspolitik im Land Brandenburg derzeit eine ausgeprägte Perspektivlosigkeit attestiert werden.

Regionale Handlungsfähigkeit in der kommunalen Wirtschaftsförderung

Anhand der Befunde aus den Kreisen und kreisfreien Städten im Land Brandenburg ist zu fragen, inwieweit es dort gelungen ist, in der kommunalen Wirtschaftsförderung regionale Handlungsfähigkeit herzustellen. Als Kriterien dienen dazu die oben hergeleiteten Merkmalsdimensionen der regionalen Handlungsfähigkeit unter den Bedingungen einer globalisierten Wirtschaft:

- Bezug auf den regionalen Raum,
- Fähigkeit zur Mobilisierung von regionalen Handlungsressourcen und zur Entwicklung regionaler Ziele und Handlungsprioritäten in der Aufgabenwahrnehmung und
- Anpassungsfähigkeit von bestehenden Organisationen und Strukturen an wechselnde Problemlagen und Herausforderungen.

Die kommunale Wirtschaftsförderung ist auf indirekte Instrumente verwiesen. Alle Maßnahmen der direkten Wirtschaftsförderung, also Zuschüsse, Kredite usw., werden direkt von der Investitionsbank des Landes Brandenburg im Auftrag des Landes geprüft und vergeben. Die Wirtschaftsförderämter der Landkreise und kreisfreien Städte werden in diesen Verfahren lediglich zur Stellungnahme aufgefordert. Auf die Entscheidungen zur Fördermittelvergabe haben sie keinen direkten Einfluss. Weder auf die Zuordnung des Kreisgebiets zu einer Förderregion mit den entsprechenden Fördersätzen haben die Landkreise und kreisfreien Städte Einfluss, noch können sie direkte finanzielle Anreize aus eigenen Haushaltsmitteln offerieren.

Obwohl die kommunale Wirtschaftsförderung auf indirekte Instrumente zurückgeworfen ist, spielt sowohl für die Wirtschaftsförderämter in den Stadt- und Kreisverwaltungen wie auch für die Wirtschaftsfördergesellschaften und –vereine das Thema Fördergelder und Subventionen eine dominierende Rolle. Beratungsleistungen über die verfügbaren finanziellen Fördermöglichkeiten sind unbestritten ein grundlegendes Instrument in der kommunalen Wirtschaftsförderung. Die Effekte, die durch den Einsatz von Fördermitteln realistischerweise zu erzielen sind, sollten hingegen nicht überschätzt werden. Die Akteure in der kommunalen Wirtschaftsförderung versprechen sich von finanziellen Anreizen hingegen spürbare Effekte für die regionale Entwicklung. Diese Erwartungshaltung wird nicht zuletzt auch durch das raumordnerische Leitbild bestärkt. Durch das starke Gewicht, das der Vergabe von Fördermitteln eingeräumt wird, besteht jedoch die Gefahr, dass dadurch der Blick für alternative Handlungsformen oder Arbeitsbereiche kommunaler Wirtschaftsförderung verstellt wird. Über weite Strecken macht die kommunale Wirtschaftsförderung in den Kreisen und kreisfreien Städten den Eindruck, als könnte eine Wirtschaftsförderung nach der Devise "je mehr Fördergelder, desto mehr wirtschaftliche Entwicklung" zum Erfolg führen. Nur selten werden in der kommunalen Wirtschaftsförderung die Nachteile von direkten Förderinstrumenten für die wirtschaftliche Entwicklung im Landkreis bzw. der Stadtentwicklung reflektiert. In einem Wirtschaftsförderungsamt wurde die Einschätzung gegeben, dass Fördergelder eher kurzfristige, konsumtive Ausgaben der Unternehmen begünstigen, während für die Förderung einer langfristigen Standortbindung von Unternehmen im Kreis, z.B. durch die günstige oder kostenlose Überlassung von Grundstükken, keine rechtlich zulässigen Möglichkeiten bestehen. Aufgrund der flächendeckenden Förderung in den neuen Bundesländern bestehen für die einzelnen Landkreise durch den Hinweis auf Fördermöglichkeiten zudem keine Möglichkeiten, sich vom Nachbarkreis oder von anderen Regionen in den neuen Bundesländern abzuheben. Insofern ist davon auszugehen, dass durch die Gewährung von Fördermitteln allein kein entscheidender Beitrag zur Entwicklung von Potentialen vor Ort zu erwarten ist. Durch die Verschaffung von Subventionen, die in der Praxis sowohl von den einheimischen Betrieben als auch von auswärtigen Investoren ohnehin als Selbstverständlichkeit angesehen wird, können deshalb allenfalls Mitnahmeeffekte optimiert werden. Die Fixierung der regionalen Akteure auf die Bereitstellung von Fördermitteln, auf deren Vergabe die regionalen Akteure nicht einmal direkten Einfluss nehmen können, geraten eigene regionale Initiativen leicht in eine Randlage. Diese erscheinen den Akteuren vor Ort klein und unbedeutend im Gegensatz zu den erheblichen Mitteln, die als Subventionen bereitgestellt werden. Die kommunale Wirtschaftsförderung in den Kreisen und kreisfreien Städten im Land Brandenburg ist noch zu sehr darauf fixiert, kurzfristig erhebliche Effekte erzielen zu wollen. Nur zögerlich werden Strategien und Initiativen entwickelt, denen eine langfristig angelegte regionale Entwicklungsperspektive zugrunde liegt und die auf die Mobilisierung regionaler und lokaler Potentiale und Entwicklungskräfte setzen wie dies beispielsweise mit dem Runden Tisch ("Arbeitskreis Wirtschaft") in Neuruppin oder der Entwicklungsgesellschaft Cottbus versucht wird.

In der Wahl ihrer Ziele orientiert sich die kommunale Wirtschaftsförderung in den Landkreisen und kreisfreien Städten in Brandenburg verbreitet noch nicht an spezifisch regionalen und lokalen Problemlagen und Prioritäten. Statt dessen werden die sehr allgemein formulierten wirtschaftspolitischen Zielstellungen der Akteure auf übergeordneten staatlichen Ebenen (Bund und Land) von den Akteuren auf der regionalen Ebene lediglich reproduziert. Die Ziele, die sich die kommunale Wirtschaftsförderung vorgenommen hat, sind zu abstrakt ("Schaffung und Sicherung von Arbeitsplätzen") und für die regionale Ebene nicht operationalisierbar. Es fehlt der kommunalen Wirtschaftsförderung an umsetzungsorientierten Zielvorgaben und an (aktuellen) regionalspezifischen Handlungskonzepten und Maßnahmenplänen für die regionale Wirtschaftsentwicklung. Erfolge aber auch auftretende Defizite in der Arbeit der kommunalen Wirtschaftsförderung sind deshalb nicht klar identifizierbar.

Den Wirtschaftsförderern in den Landkreisen liegen verbreitet nur Daten über die Lage am örtlichen Arbeitsmarkt vor, während vielerorts offensichtlich ein Mangel an Informationen über die regionale Wirtschaftsstruktur und ihren aktuellen Entwicklungstrends besteht. Die lückenhafte Wissensbasis steht in Kontrast zum häufig genannten Ziel, mit Maßnahmen der kommunalen Wirtschaftsförderung zur Entwicklung der regionalen Wirtschafts- und Infrastruktur einen Beitrag leisten zu wollen. Daraus ist der Schluss zu ziehen, dass die kommunale Wirtschaftsförderung in den Landkreisen noch zu wenig auf eine langfristig angelegte Regionalentwicklung hin ausgelegt ist, und statt dessen der Tätigkeitsschwerpunkt auf die operative Bearbeitung von Einzelfällen gelegt wird.

Für eine Verknüpfung mit anderen Initiativen, z.B. mit Beschäftigungsgesellschaften, Ausbildungsprogrammen u.ä., im Sinne einer integrierten Strategie für die Regionalentwicklung finden sich in den Landkreisen keine Anhaltspunkte. Unter diesen Voraussetzungen bilden die Zahl der neu angesiedelten Unternehmen und die Auslastung der Gewerbegebiete im Zuständigkeitsgebiet die einzigen messbaren Erfolgskriterien für die kommunale Wirtschaftsförderung. Die einseitige Fixierung auf Gewerbeansiedlungen führt in der Konsequenz aber zu einer erbitterten Konkurrenzsituation zwischen den Kreisen aber auch zwischen einzelnen Kommunen innerhalb der Kreise sowie der lokalen und regionalen Ebene mit der Wirtschaftsförderungsagentur des Landes um die wenigen ansiedlungswilligen Investoren. Für eine langfristig angelegte Strategie der regionalen Strukturentwicklung bleibt unter diesen Voraussetzungen kein Raum. Der unkoordinierte und planlose Einsatz von Maßnahmen zur Standortwerbung kann auch als Alibi für ausbleibende Ansiedlungserfolge interpretiert werden.

Typisch für die Organisation der kommunalen Wirtschaftsförderung in den Kreisen im Land Brandenburg ist eine komplementäre Struktur. In allen untersuchten Landratsämtern und den Stadtverwaltungen der kreisfreien Städte ist eine eigene Stelle für Wirtschaftsförderung eingerichtet, die je nach Landkreis entweder als Amt, Sachgebiet oder als Stabstelle in die Verwaltungsorganisation eingebunden ist. In jedem der untersuchten Landkreise ist zudem (oder war zumindest ursprünglich) eine Wirtschaftsförderungsgesellschaft oder ein Wirtschaftsförderungsverein eingerichtet. In den kreisfreien Städten ist die komplementäre Struktur in der Wirtschaftsförderung hingegen nicht grundgelegt worden. Wirtschaftsförderungsgesellschaften und Wirtschaftsförderungsvereine in den Landkreisen weisen einen signifikanten Strukturunterschied auf. In Wirtschaftsförderungsgesellschaften treten die Landkreise entweder als Alleingesellschafter auf oder halten zumindest den Großteil der Anteile. Weitere Gesellschafter sind andere öffentlich-rechtliche Akteure, z.B. die Sparkassen. Die Mitgliederstruktur von Wirtschaftsförderungsvereinen ist demgegenüber breiter angelegt und kann z.B. neben dem Kreis, kreisangehörigen Kommunen und Verbänden auch Einzelpersonen mit umfassen.

Die Schaffung einer flächendeckenden komplementären Struktur in der kommunalen Wirtschaftsförderung auf Landkreisebene in Brandenburg war eine Reaktion auf die Kleinräumigkeit der Verwaltungsgliederung vor der Kreisgebietsreform. Auf Anregung des Landes haben die Landkreise am Beginn der 90er Jahre Wirtschaftsförderungsgesellschaften gegründet. Voraussetzung für eine finanzielle Unterstützung durch das Land war, dass mindestens zwei Landkreise bei Gründung und Betrieb einer Wirtschaftsförderungsgesellschaft kooperieren. Absicht des Wirtschaftsministeriums war es, durch die Schaffung dieser komplementären Struktur in der kommunalen Wirtschaftsförderung der Kreise die damals bestehende unübersichtliche Verwaltungsstruktur schon vor einer Kreisneugliederung zu überwinden. Das Land hat sein finanzielles Engagement für die Wirtschaftsförderungsgesellschaften von Anfang an als Anschubfinanzierung verstanden und hat die Zahlung von Zuschüssen inzwischen ganz eingestellt. Dort, wo die komplementäre Struktur in der kommunalen Wirtschaftsförderung auch nach dem Wegfall der Landesförderung weiter besteht, stehen insbesondere die Wirtschaftsförderungsgesellschaften nun vor einem doppelten Dilemma. Nach der Kreisreform und der Bildung der Großkreise ist die ursprüngliche funktionale Notwendigkeit für die Wirtschaftsförderungsgesellschaften entfallen. Zudem ist mit dem Wegfall der Landesförderung den meisten Gesellschaften das finanzielle Fundament weggebrochen, ohne dass der neue Großkreis, der i.d.R. als Rechtsnachfolger der Altkreise neuer (Allein-) Gesellschafter der Wirtschaftsförderungsgesellschaft geworden ist, die Finanzierungslücke ohne weiteres decken kann (oder will). So kommt zur Notwendigkeit der inhaltlichen Neuausrichtung der Zwang zur Akquisition zusätzlicher Mittel, um die Existenz der Gesellschaft dauerhaft zu sichern. In dieser Situation wird schnell klar, dass man "nur" mit Wirtschaftsförderung kein Geld verdienen kann. Auf der Suche nach möglichen Einnahmequellen werden von den

Wirtschaftsförderungsgesellschaften auch Geschäftsfelder aufgeschlossen, die nur entfernt mit den ursprünglichen Aufgaben der Wirtschaftsförderung in Bezug stehen. So betätigen sich inzwischen Wirtschaftsförderungsgesellschaften z.B. als Projektentwickler für Gewerbegebiete oder im Wohnungsbau.

Für Wirtschaftsförderungsvereine gilt die Entwicklung der Wirtschaftsfördergesellschaften nicht analog. Wirtschaftsförderungsvereine können ihren Finanzbedarf über Beiträge der Vereinsmitglieder decken und sind nicht in dem Ausmaß wie Wirtschaftsförderungsgesellschaft auf nur einen einzigen Hauptgeldgeber angewiesen. Die Vereinsmitglieder nehmen zudem stärker auf die Ziele und Aufgaben des Vereins Einfluss. Somit stellt sich die Frage nach Daseinberechtigung und Funktion weniger häufig. Es gibt aber auch den Fall, dass sich Wirtschaftsförderungsvereine aufgelöst haben, als sich die Rahmenbedingungen verändert haben, so z.B. im Landkreis Ostprignitz-Ruppin.

Wo Wirtschaftsförderungsdienststellen innerhalb der Kreis- und Stadtverwaltungen nicht mit der Vermarktung von Gewerbeflächen betraut sind, beschränken sie ihre Tätigkeit i.d.R. auf Aufgaben im öffentlichen Bereich wie z.B. Stellungnahmen für die ILB, Investitionsvorrangverfahren oder die Beschleunigung von Grundbucheintragungen. Formen kooperativen Verwaltungshandelns (Arrangement, Agreement, öffentlich-rechtlicher Vertrag) werden von den Wirtschaftsförderern in den Landratsämtern nicht grundsätzlich abgelehnt, aber eher zurückhaltend beurteilt. Verhandlungen gehören dagegen zum festen Instrumentarium der Verwaltung. Von kooperativem Verwaltungsvollzug kann in bezug auf die kommunale Wirtschaftsförderung hingegen nicht gesprochen werden. Der Verwaltung fehlen die Ressourcen, um Kooperationsbeziehungen zu motivieren. Sie verfügt weder über öffentliche Mittel, noch über Zuständigkeiten. Auch repräsentiert sie weder eine öffentliche Nachfrage, noch kann die Angebote machen. Dennoch kann in bezug auf die kommunale Wirtschaftsförderung in Brandenburg von einer neuen Handlungsfähigkeit gesprochen werden.

Neue Handlungsfähigkeit in der Wirtschaftsförderung

Hinter der sich im Umbruch befindenden komplementären Struktur in der kommunalen Wirtschaftsförderung in den brandenburgischen Landkreisen werden die Umrisse einer zweiten Entwicklungsphase sichtbar. Die Organisations- und Handlungsformen folgen keinem einheitlichen Muster wie dies bei der ursprünglichen komplementären Struktur der Fall war. Vielmehr ist es ein spezifisches Merkmal dieser neuen Organisationsformen in der kommunalen Wirtschaftsförderung, dass sie konkret auf die Lösung von spezifischen Fragen und

Problemlagen in der jeweiligen Region bezogen sind. Rechtsform, Aufgaben, Kooperationspartner und Handlungsformen richten sich ausschließlich nach den regionalen Prioritäten. In der Uneinheitlichkeit der Erscheinungsformen spiegeln sich die unterschiedlichen regionalen Problemlagen und Prioritäten der regionalen Akteure. Trotzdem handelt es sich bei den neuen Organisations- und Handlungsformen um eine durchgängige Entwicklung, die nicht auf einzelne Regionen beschränkt ist. Die beschriebenen Fallbeispiele stammen aus allen Landesteilen Brandenburgs.

Auch in den Organisationsformen zur Herstellung einer neuen Handlungsfähigkeit in der kommunalen Wirtschaftsförderung in Brandenburg spielen die kreisfreien Städte und die Landkreise bzw. andere öffentlich-rechtlichen Akteure, z.B. die IHK, eine dominierende Rolle als Träger, Ideengeber oder Gesellschafter. Anders als noch in der komplementären Struktur aus Wirtschaftsförderungsämtern und Wirtschaftsförderungsgesellschaften fungieren die öffentlichrechtlichen Akteure aber im Rahmen der neuen Handlungsfähigkeit nicht mehr als alleiniger Träger. Kennzeichen der neuen Struktur in der Wirtschaftsförderung ist vielmehr, dass es sich um Initiativen zur kooperativen Problembewältigung zusammen mit Banken und Sparkassen, der Wirtschaft und dem wirtschaftsnahen Bereich (Kammern, Verbände usw.) handelt. Kennzeichen ist immer ein konkreter entwicklungs- und strukturpolitischer Bezug.

Durchgängiges Handlungsmuster zur Herstellung einer neuen Handlungsfähigkeit in der kommunalen Wirtschaftsförderung sind verschiedene Formen der Public Private Partnership.

Der von der IHK-Außenstelle Neuruppin initiierte "Arbeitskreis Wirtschaft" im Landkreis Ostprignitz-Ruppin trägt wichtige Merkmale einer verhandlungsbasierten Public Private Partnership. Es geht den Initiatoren dieser Initiative vordergründig darum, über das gemeinsame Gespräch zwischen bestandsgefährdeten Unternehmen, der Verwaltung, der IHK und vor allem den Banken ein Bewusstsein für die gemeinsame Verantwortung gegenüber den einheimischen Betrieben zu erzeugen. Der "Arbeitskreis Wirtschaft" setzt darauf, dass sich die Rationalität der Kreditvergabe der Banken verändern lassen kann, wenn es gelingt, Finanzierungsinstrumente in einen größeren Zusammenhang zu stellen, um damit die Kreditinstitute an ihre Verantwortung für die Entwicklung einer tragfähigen Wirtschaftsstruktur im Kreis zu erinnern. Dies geschieht aber nicht in erster Linie durch moralische Appelle, sondern durch den Hinweis an die Banken, dass das Kreditgewerbe im Kreis nur unter der Voraussetzung einer florierenden Wirtschaft wachsen kann, zu deren Entwicklung die Banken selbst zuerst einen Beitrag leisten müssen. Umgekehrt geht die Frage an die hilfesuchenden Unternehmen, welche Ursachen ihrer Existenzgefährdung zugrunde liegen und ob bereits alle zur Verfügung stehenden Mittel ausgeschöpft sind.

Das Hauptziel im "Arbeitskreis Wirtschaft" liegt in der Mobilisierung unterschiedlicher Ressourcen. Auf eine verhandlungsbasierte Public Private Partnership weisen auch Organisation und Instrumente des "Arbeitskreises Wirtschaft" hin. Problemlösungen werden im Rahmen eines Verhandlungssystems gesucht. Der "Arbeitskreis Wirtschaft" zielt mit seiner Arbeit auf eine Problemlösung im konkreten Einzelfall, indem die spezifischen Problemlösungsressourcen der beteiligten Akteure im Sinne des gemeinsamen Ziels mobilisiert werden. Im "Arbeitskreis Wirtschaft" wird Legitimität und Konsens erzeugt, um damit einen Beitrag zur Stabilisierung der regionalen Wirtschaft zu leisten.

Die dargestellten Initiativen in der kreisfreien Stadt Cottbus, im Landkreis Oberhavel sowie im Landkreis Oder-Spree tragen jeweils wichtige Merkmale einer vertragsbasierten Public Private Partnership. Vertragsbasierte Public Private Partnerships sind auf die Herstellung, den Betrieb oder die Durchführung öffentlicher Aufgaben innerhalb von gemischtwirtschaftlichen Unternehmen bezogen. In den dargestellten Fallbeispielen bedient sich die öffentliche Verwaltung zur Lösung von spezifischen Aufgaben im öffentlichen Interesse einer von ihr geschaffenen und auch mehrheitlich getragenen Institution in Privatrechtsform. Jede dieser Institutionen ist jeweils speziell für ein festgelegtes Geschäftsziel ins Leben gerufen worden. Es handelt sich also in keinem der dargestellten Fälle um eine Privatisierung im üblichen Sinne. Geht es im Falle der Entwicklungsgesellschaft Cottbus mbH und der Entwicklungsgesellschaft Oder-Spree mbH speziell um die Entwicklung und Bereitstellung von Grundstücken für Gewerbezwecke, so wurde der Oberhavel Holding GmbH im Landkreis Oberhavel ein ganzes Bündel öffentlicher Aufgaben zur Lösung übertragen: von der Bewirtschaftung der Siedlungsabfalldeponien, über den öffentlichen Personennahverkehr bis hin zur Wirtschaftsförderung und der Verwaltung der kreiseigenen Wohnungen. Vertreter der öffentlichen Hand wirken in allen dargestellten Fallbeispielen jeweils über Aufsichtsgremien oder Beiräte auf die Geschäftspolitik ein.

Hauptakteure in der kommunalen Wirtschaftsförderung sind nach wie vor die Kreise und kreisfreien Städte sowie andere öffentlich-rechtliche Körperschaften, z.B. die Kammern. Wirtschaftsförderung bleibt also eine öffentliche Aufgabe. Nachdem der bereits Anfang der 90er Jahre aufgebauten komplementären Struktur in der kommunalen Wirtschaftsförderung auf Kreisebene durch das Auslaufen der finanziellen Förderung durch das Land Brandenburg das finanzielle Fundament entzogen worden ist, bemühen sich die Landkreise und kreisfreien Städte in Brandenburg um die Herstellung einer neuen regionalen Handlungsfähigkeit. Im Rahmen verschiedener Formen der Public Private Partnership wird an der Lösung von spezifisch regionalen Aufgaben- und Zielstellungen gearbeitet. Die dazu eingesetzten Formen der Institutionalisierung, die Wahl der Instrumente und Mittel sowie die Prioritäten in der Aufgabenbewältigung richten sich dabei ausschließlich nach regionalen Bedürfnissen und den regional verfügbaren Ressourcen. Die Chancen, dass damit nachhaltig eine neue regionale Handlungsfähigkeit in der kommunalen Wirtschaftsförderung in den brandenburgischen Kreisen erreicht werden kann, stehen nicht schlecht.

Empfehlungen

Die wichtigsten Schlussfolgerungen aus den empirischen Erhebungen und der Interpretation der Ergebnisse unter dem Aspekt der regionalen Handlungsfähigkeit lassen sich in folgenden Thesen und Empfehlungen zusammenfassen:

1. Die Länder Brandenburg und Berlin bilden einen gemeinsamen Wirtschaftsraum. Während in den Bereichen Raumordnung und Landesplanung z.B. durch die Errichtung der Gemeinsamen Landesplanungsabteilung schon konkrete Schritte unternommen worden sind, fehlen im Bereich der Wirtschaftspolitik bislang gemeinsame Initiativen. Nach dem Beispiel der gemeinsamen Landesplanung sollte zukünftig auch die Förderpolitik gemeinsam gestaltet und von einer gemeinsamen Institution administriert werden. Nur so kann Berlin wirksam in die Entwicklung der peripheren Teilräume in Brandenburg eingebunden werden. Zudem könnte dadurch die faktisch gegebene Förderkonkurrenz im engeren Verflechtungsraum aufgehoben werden.

2. Das derzeitige raumordnerische Leitbild der dezentralen Konzentration ist zugunsten eines realistischen und ehrlichen Ansatzes zu modifizieren. Die Hoffnung auf Umverteilungseffekte aus den wirtschaftlich stärker entwikkelten Regionen in die Peripherie haben sich bislang nicht erfüllt. Zahlreiche Ausnahmeentscheidungen entgegen den Förderschwerpunkten untergraben die Steuerungskraft des Leitbildes zusätzlich. Die Landesregierung sollte die Akteuren in der Peripherie nicht weiter in dem Glauben lassen, als könnte man dort bald ohne eigenes Zutun ohne eigenes Zutun mit externen Entwicklungsimpulsen rechnen. Die Akteure im äußeren Entwicklungsraum müssen statt dessen befähigt werden, unabhängig von externen Zuflüssen aus den bestehenden (schwachen) Potentialen heraus eine eigene wirtschaftliche Entwicklung in Gang zu setzen. Einzelne Initiativen wie der "Arbeitskreis Wirtschaft" im Landkreis Ostprignitz-Ruppin haben hier Vorbildcharakter. Als erster Schritt müssen in den Teilregionen die Akteure vor Ort identifiziert und zusammengeführt werden. Sodann sind von oder zusammen mit den Akteuren vor Ort die vorhandenen Potentiale zu identifizieren und zu bewerten. Danach sollten regionale Handlungskonzepte mit zeitnaher Umsetzungsplanung entworfen werden. Ein landesübergreifendes

Leitbild darf nicht den Eindruck erwecken, als könne dadurch auf regionale und lokale Initiativen vor Ort verzichtet werden. Vielmehr könnte einem landesweiten Leitbild die Funktion zufallen, aus den regionalen Handlungskonzepten Konsequenzen für die Landespolitik abzuleiten.

3. Fördergelder sind, statt sie als Subventionen einzelnen Betrieben zukommen zu lassen, verstärkt auf den Ausbau der öffentlichen Infrastruktur zu konzentrieren. Für die Förderung von (gewerblichen) Wirtschaftsbetrieben vor Ort sind Instrumente zu entwickeln, die einen stärkeren Anreiz für ein längerfristiges Engagement am regionalen und lokalen Standort geben können.

4. Die Kreise und Kommunen als Träger der kommunalen Wirtschaftsförderung müssen über die weitere Existenz von bestehenden Wirtschaftsförderungsgesellschaften und Wirtschaftsfördervereinen entscheiden. Sofern die komplementäre Struktur in der kommunalen Wirtschaftsförderung in den Kreisen weiter bestehen bleiben soll, müssen Wirtschaftsförderämter und die privatrechtlichen Wirtschaftsförderungsinstitutionen innerhalb einer sinnvollen Gesamtstruktur in ihrer Aufgabenwahrnehmung aufeinander abgestimmt werden. Dies kann nur auf der Basis von regionalspezifischen Handlungskonzepten und Maßnahmenplänen bewerkstelligt werden.

5. Alle Maßnahmen, mit denen auf regionaler und kommunaler Ebene versucht wird auf die Strukturentwicklung Einfluss zu nehmen, sind im Rahmen eines integrierten regionalen Ansatzes aufeinander abzustimmen und zu vernetzen. Dies umfasst z.B. die bestehenden regionalen und lokalen Initiativen der Wirtschaftsförderung, Maßnahmen zur Qualifizierung von Arbeitskräften oder die regionalen Ansätze zur interkommunalen Zusammenarbeit in Städtenetzwerken.

6. Anhand von Fallbeispielen aus der kreisfreien Stadt Cottbus und den Landkreisen Ostprignitz-Ruppin, Oberhavel und Oder-Spree konnte gezeigt werden, wie vor Ort in den Regionen mit flexiblen Organisationsformen im Rahmen von Public Private Partnerships versucht wird, eine neue regionale Handlungsfähigkeit zu erschließen. Aufgabe des Landes Brandenburg muss es sein, solche Initiativen vor Ort zu ermutigen, aber auch die damit verbundenen Chancen und Risiken transparent zu machen. Dazu muss in einem ersten Schritt ein Forum für einen interregionalen Erfahrungsaustausch innerhalb des Landes geschaffen werden. Im Land Brandenburg muss auf allen Handlungsebenen die Einsicht einkehren, dass Wirtschaftsförderung mehr ist als Investorenwerbung und die Vergabe von Fördermitteln.

ANHANG

1. Verzeichnis der Interviews

1.1 Überregionale Akteure

Dr. Andreas Thieme, Abteilungsleiter Systemtechnik, Information, Organisation, Wirtschaftsförderung Sachsen GmbH, Dresden, interviewt am 1.11.1996 in Berlin.

Dr. Frank Nägele, Referent beim Ministerium der Justiz und für Bundes- und Europaangelegenheiten des Landes Brandenburg, Bonn, telefonisch interviewt am 18.11.1996.

Dr. Rudi Eckstein, Projektleiter Grundsatzfragen und Controlling, Wirtschaftsförderung Brandenburg GmbH, Neu Fahrland, interviewt am 9.7.1996 in Neu Fahrland.

Eugen Müller, Referent für Wirtschaftsmarketing, Wirtschaftsforum Pro Ravensburg, Ravensburg, interviewt am 5.9.1996 in Ravensburg, Baden-Württemberg.

Frau Nippel, Öffentlichkeitsarbeit, Landesentwicklungsgesellschaft Brandenburg GmbH, Groß Glienicke, telefonisch interviewt am 25.5.1996.

Herr Schütt, Leiter der Abteilung Industrie und Verkehr, Industrie- und Handelskammer Potsdam, interviewt am 2.5.1996 in Potsdam.

Herr Baumgartl, Bereichsleiter EDV, Wirtschaftsförderung Brandenburg GmbH, Neu Fahrland, interviewt am 16.7.1996 in Neu Fahrland.

Michael Reinboth, Leiter des Referats Finanzierung, Wirtschaftsförderung, Ministerium für Wirtschaft, Mittelstand und Technologie, Potsdam, interviewt am 26.6.1996 in Potsdam.

1.2 Kommunale Wirtschaftsförderung

Eckard Twieg, Projektführer, Wirtschaftsförderungsgesellschaft Potsdam-Mittelmark e.V., Werder/Havel, interviewt am 16.10.1996 in Werder/Havel.

Herr Jahn, Abteilungsleiter Wirtschaftsförderung, Stadtverwaltung Cottbus, interviewt am 18.8.1997 in Cottbus.

Dr. Hansjochen Scheffter, Leiter der IHK-Außenstelle Neuruppin, Industrie- und Handelskammer Potsdam, interviewt am 28.8.1997 in Neuruppin.

Herr Christoph, Sachgebietsleiter Wirtschaftsförderung, Kreisverwaltung Ostprignitz-Ruppin, interviewt am 18.8.1997 in Neuruppin.

Herr Rechtziegel, Mitarbeiter Wirtschaftsförderung, Kreisverwaltung Ostprignitz-Ruppin, interviewt am 18.8.1997 in Neuruppin.

Frau Uta Kupsch, Mitarbeiterin Marketing, Oberhavel Holding GmbH, interviewt am 11.9.1997 in Germendorf bei Oranienburg.

Herr Ruckdäschel, Wirtschaftsförderungsgesellschaft Oberhavel mbH, interviewt am 11.9.1997 in Germendorf bei Oranienburg.

Frau Schleising, Amtsleiterin, Amt für Wirtschaft, Landkreis Oberhavel, interviewt am 11.9.1997 in Oranienburg.

Herr J. Müller, Geschäftsführer, Ostbrandenburgische Wirtschaftsförderungsgesellschaft mbH, interviewt am 25.9.1997 in Fürstenwalde.

2. Verzeichnis der amtlichen und nichtamtlichen Quellen und Dokumente

2.1 Rechtsgrundlagen

Gemeinsamer Landesentwicklungsplan für den engeren Verflechtungsraum Brandenburg/ Berlin (LEP eV), Entwurf, Stand: 4. April 1995.

Gemeinsames Landesentwicklungsprogramm Berlin/ Brandenburg (LEPro), Entwurf, Stand: 4. April 1995.

Gesetz zur Neugliederung der Kreise und kreisfreien Städte sowie zur Änderung weiterer Gesetze (Kreis- und Gerichtsneugliederungsgesetz - KGNGBbg) vom 24. Dezember 1992, GVBl.Bbg I, S. 546.

Grundgesetz für die Bundesrepublik Deutschland vom 23. Mai 1949.

Kommunalverfassung des Landes Brandenburg vom 15. Oktober 1993, GVBl. I, S. 398.

Landesentwicklungsplan Brandenburg (LEP I) – Zentralörtliche Gliederung – vom 4. Juli 1995.

Vertrag über die Aufgaben und Trägerschaft sowie Grundlagen und Verfahren der gemeinsamen Landesplanung zwischen den Ländern Berlin und Brandenburg (Landesplanungsvertrag) vom 6. April 1995, GVBl.Bbg I, S. 214.

2.2 Unterlagen und Broschüren zu Förderprogrammen

Bekanntmachung des MWMT vom 19. Mai 1998: Änderung der Richtlinie des Ministeriums für Wirtschaft, Mittelstand und Technologie des Landes Brandenburg zur Förderung der gewerblichen Wirtschaft im Rahmen der Gemeinschaftsaufgabe "Verbesserung der regionalen Wirtschaftsstruktur" – GA – vom 20. Juni 1996.

Bundesministerium für Wirtschaft (Hrsg.): EU-Förderprogramme für die neuen Bundesländer und Berlin (Ost). Programme, Schwerpunkte und Ansprechpartner, Bonn 1995.

Bundesministerium für Wirtschaft: Die ERP Programme 1995/96, Bonn 1995.

Bundesministerium für Wirtschaft: Wirtschaftliche Förderung in den neuen Bundesländern, Bonn 1996.

Europäische Kommission: Deutschland - Neue Länder. Gemeinschaftliches Förderkonzept 1994-1999. Ziel 1: Förderung der Entwicklung und der strukturellen Anpassung der Regionen mit Entwicklungsrückstand, Luxemburg 1996.

Europäische Kommission: Die Strukturfonds in 1994 - Sechster Jahresbericht, Luxemburg 1996.

Europäische Kommission: Europäischer Fonds für regionale Entwicklung – Europäischer Sozialfonds, Deutschland/ Brandenburg: Operationelles Programm, Ziel 1, 1994 – 1999, Potsdam 1994 (Manuskript).

Minister für Wirtschaft, Mittelstand und Technologie des Landes Brandenburg (Hrsg.): Förderprogramme der Europäischen Union für das Land Brandenburg, Potsdam 1995.

Minister für Wirtschaft, Mittelstand und Technologie des Landes Brandenburg: Die Förderprogramme im Überblick, Potsdam 1995.

Senatsverwaltung für Wirtschaft und Betriebe des Landes Berlin: Förderfibel 1996. Wegweiser durch die Berliner Förderlandschaft, 6. Aufl., Berlin 1996.

2.3 Berichte, Gutachten, behördliche Veröffentlichungen

Brandenburgisches Wirtschaftsinstitut (Hrsg.): Wirtschaftsatlas Brandenburg regional, Karten, Übersichten, Tabellen, Adressen, Teltow 1995.

Bundesministerium für Wirtschaft: Wirtschaftsdaten Neue Länder, Bonn (erscheint monatlich).

Deutsches Institut für Wirtschaftsforschung: Brandenburg 2000: Entwicklungsstrategie für die Wirtschaftsregion Brandenburg, Gutachten im Auftrag des Ministeriums für Wirtschaft, Mittelstand und Technologie des Landes Brandenburg, Berlin 1996.

Investitionsbank des Landes Brandenburg: Geschäftsbericht 1995, Potsdam 1996.

Investitionsbank des Landes Brandenburg: Geschäftsbericht 1996, Potsdam 1997.

Investitionsbank des Landes Brandenburg: Geschäftsbericht 1997, Potsdam 1998.

Kienbaum Unternehmensberatung GmbH: Gutachten zu Organisation und Finanzbedarf einer gemeinsamen Bund/neue Länder-Gesellschaft (GmbH) zur Investorenwerbung, Gutachten im Auftrage des Bundesministeriums für Wirtschaft, Berlin 1996.

Landesamt für Datenverarbeitung und Statistik Brandenburg: Statistisches Jahrbuch 1997, Potsdam 1997.

Minister für Wirtschaft, Mittelstand und Technologie des Landes Brandenburg: Brandenburger Wirtschaftsreport. Aktuelle Berichte und Statistiken, Potsdam (erscheint halbjährlich).

Minister für Wirtschaft, Mittelstand und Technologie des Landes Brandenburg: Jahreswirtschaftsbericht Brandenburg 1998, Potsdam 1998.

Minister für Wirtschaft, Mittelstand und Technologie des Landes Brandenburg: Jahreswirtschaftsbericht Brandenburg 1997, Potsdam 1997.

Minister für Wirtschaft, Mittelstand und Technologie des Landes Brandenburg: Jahreswirtschaftsbericht Brandenburg 1996, Potsdam 1996.

Minister für Wirtschaft, Mittelstand und Technologie des Landes Brandenburg: Jahreswirtschaftsbericht Brandenburg 1995, Potsdam 1995.

Ministerium der Justiz und für Bundes- und Europaangelegenheiten: Wirtschaftsinformationen aus dem Land Brandenburg, Bonn (erscheint monatlich).

Ministerium für Umwelt, Naturschutz und Raumordnung des Landes Brandenburg/ Senatsverwaltung für Stadtentwicklung, Umweltschutz und Technologie des Landes Berlin (Hrsg.): Raumordnungsbericht 1998, Potsdam 1998.

Prognos GmbH Berlin/Verlag Der Tagesspiegel (Hrsg.): Wirtschaftsregion Berlin und Brandenburg, Daten, Analysen und Prognosen, Berlin 1997.

Stellungnahme der Innenministerkonferenz zur Frage der kommunalen Wirtschaftsförderung vom 12.3.1981.

Wirtschaftsförderung Brandenburg GmbH: Jahresbericht 1995, Neu Fahrland 1996.

Wirtschaftsförderung Brandenburg GmbH: Jahresbericht 1997, Neu Fahrland 1998.

3. Literaturverzeichnis

Ameln, Ralf v.: Planung, Organisation und Instrumente kommunaler Wirtschaftsförderung. In: Ehlers, Dirk (Hrsg.): Kommunale Wirtschaftsförderung, Köln 1990, S. 19 ff.

Arnold, Peter: Die Arbeit mit öffentlich-rechtlichen Verträgen im Umweltschutz beim Regierungspräsidium Stuttgart. In: Verwaltungsarchiv 80, 1989, S. 125 ff.

Arnold, Peter: Kooperatives Handeln der nicht-hoheitlichen Verwaltung. In: Dose, Nicolai/ Rüdiger Voigt (Hrsg.): Kooperatives Recht, Baden-Baden 1995, S. 211 ff.

Bauer, Hartmut: Informelles Verwaltungshandeln im öffentlichen Wirtschaftsrecht. In: Verwaltungsarchiv 78, 1987, S. 241 ff.

Behrendt, Dietmar: Aufgaben und Möglichkeiten der Mittelstandsförderung - am Beispiel von Mittelstädten, insbesondere der Stadt Suhl/Thüringen, Speyer 1994.

Benz, Arthur/Dietrich Fürst/Heiderose Kilper/Dieter Rehfeld: Regionalisierung, Theorie-Praxis-Perspektiven, Opladen 1999

Benz, Arthur/Fritz W. Scharpf/Reinhard Zintl: Horizontale Politikverflechtung. Zur Theorie von Verhandlungssystemen, Frankfurt/ New York 1992.

Benz, Arthur/Klaus König (Hrsg.): Der Aufbau einer Region. Planung und Verwaltung im Verdichtungsraum Berlin/Brandenburg, Baden-Baden 1995.

Benz, Arthur: Kooperation zwischen Bundesländern - eine Alternative zur Neugliederung des Bundesgebiets? In: Ellwein, Thomas/Joachim Jens Hesse/Renate Mayntz/Fritz W. Scharpf (Hrsg.): Jahrbuch zur Staats- und Verwaltungswissenschaft, Band 5, Baden-Baden 1991, S. 127 ff.

Benz, Arthur: Kooperative Verwaltung. Funktion, Voraussetzungen und Folgen, Baden-Baden 1994.

Benz, Arthur: Kooperativer Staat? Gesellschaftliche Einflussnahme auf staatliche Steuerung. In: Klein, Ansgar/ Rainer Schmalz-Bruns (Hrsg.): Politische Beteiligung und Bürgerengagement in Deutschland. Möglichkeiten und Grenzen, Baden-Baden 1997, S. 88 ff.

Benz, Arthur: Neue Formen der Zusammenarbeit zwischen Ländern. In: Die Öffentliche Verwaltung 46, 1993, S. 85 ff.

Benz, Arthur: Normanpassung und Normverletzung im Verwaltungshandeln. In: Benz, Arthur/Wolfgang Seibel (Hrsg): Zwischen Kooperation und Korruption. Abweichendes Verhalten in der Verwaltung, Baden-Baden 1992, S. 31 ff.

Benz, Arthur: Reformillusionen und Eigendynamik des Verwaltungsaufbaus in Ostdeutschland. Das Beispiel der Länderneugliederung im Raum Berlin/Brandenburg. In: Die Verwaltung 26, 1993, S. 329 ff.

Benz, Arthur: Verhandlungen, Verträge und Absprachen mit der öffentlichen Verwaltung. In: Die Verwaltung 23, 1990, S. 83 ff.

Benz, Arthur: Verhandlungssysteme und Mehrebenen-Verflechtung im kooperativen Staat. In: Seibel, Wolfgang/Arthur Benz (Hrsg.): Regierungssystem und Verwaltungspolitik. Beiträge zu Ehren von Thomas Ellwein, Opladen 1995, S. 83 ff.

Berg, Frank/Bärbel Möller/Rolf Reisig: Regionale Akteursnetze. Wirtschaftsförderung in einem ostdeutschen Landkreis, Baden-Baden 1998.

Beyme, Klaus v.: Das politische System der Bundesrepublik Deutschland nach der Vereinigung, 6. Aufl., München/Zürich 1991.

Birk, Florian/Katrin Kanzler/Jörg Maier/Gabi Troeger-Weiß: Regionale und kommunale Wirtschaftspolitik in Großbritannien und in der Bundesrepublik Deutschland, Bayreuth 1992.

Birnstiel, Detlev: Public Private Partnership in der Wirtschaftsförderung. In: Ridinger, Rudolf/Manfred Steinröx (Hrsg.): Regionale Wirtschaftsförderung in der Praxis, Köln 1995, S. 225 ff.

Böckenförde, Ernst-Wolfgang: Recht, Staat, Freiheit. Studien zur Rechtsphilosophie, Staatstheorie und Verfassungsgeschichte, Frankfurt/Main 1991.

Bohne, Eberhard: Der informale Rechtsstaat. Eine empirische und rechtliche Untersuchung zum Gesetzesvollzug unter besonderer Berücksichtigung des Immissionsschutzes, Berlin 1981.

Bohne, Eberhard: Informales Verwaltungs- und Regierungshandeln als Instrument des Umweltschutzes. Alternativen zu Rechtsnorm, Vertrag, Verwaltungsakt und anderen rechtlich geregelten Handlungsformen? In: Verwaltungs-Archiv 75, 1984, S. 343 ff.

Bulling, Manfred: Kooperatives Verwaltungshandeln (Vorverhandlungen, Arrangements, Agreements und Verträge) in der Verwaltungspraxis. In: Die Öffentliche Verwaltung 42, 1989, S. 277 ff.

Bulling, Manfred: Umweltschutz und Wirtschaftsüberwachung. In: Hill, Hermann (Hrsg.): Verwaltungshandeln durch Verträge und Absprachen, Baden-Baden 1990, S. 147 ff.

Burberg, Paul-Helmuth/Thomas Multhaup/Michael Wolf: Aktionsprogramm Kommunale Wirtschaftsförderung für die Region Ludwigslust-Hagenow, Münster (Selbstverlag des Instituts für Siedlungs- und Wohnungswesen und des Zentralinstituts für Raumplanung der Universität Münster) o.J.

Bussfeld, Klaus: Informales Verwaltungshandeln - Chancen und Gefahren. In: Hill, Hermann (Hrsg.): Verwaltungshandeln durch Verträge und Absprachen, Baden-Baden 1990, S. 39 ff.

Dietrich, Michael/Kristine Dreyer/Uwe Kühnert: Neue Arbeitsplätze und "industrielle Kerne" in der Region, Zwischenbilanz der Probleme und Entwicklungen industrieller Schwerpunktstandorte in Brandenburg, Düsseldorf 1997.

Döring, Thomas/Kurt Geppert, Manfred Horn/Eckhard Kutter/Dieter Vesper: Wirtschaftliche Aspekte einer Vereinigung der Länder Brandenburg und Berlin, Berlin 1995.

Dose, Nicolai/Rüdiger Voigt (Hrsg.): Kooperatives Recht, Baden-Baden 1995.

Dose, Nicolai/Rüdiger Voigt: Kooperatives Recht: Norm und Praxis. In: dies. (Hrsg.): :Kooperatives Recht, Baden-Baden 1995, S. 11 ff.

Dose, Nicolai: Kooperatives Recht. Defizite einer steuerungsorientierten Forschung zum kooperativen Verwaltungshandeln. In: Die Verwaltung 27, 1994, S. 91 ff.

Dose, Nicolai: Normanpassung durch Verhandlungen mit der Ordnungsverwaltung. In: Benz, Arthur/Wolfgang Seibel (Hrsg): Zwischen Kooperation und Korruption. Abweichendes Verhalten in der Verwaltung, Baden-Baden 1992, S. 87 ff.

Dose, Nicolai: Verhandlungen mit der öffentlichen Verwaltung. Herausforderung des Rechtsstaats, Möglichkeit zur Effizienzsteigerung oder eine ganz normale Erscheinung?, PoSt-Diskussions-Papiere: Post-Politische Steuerung moderner Industriegesellschaften, Neubiberg o.J. (1992).

Dreier, Horst: Hierarchische Verwaltung im demokratischen Staat. Genese, aktuelle Bedeutung und funktionale Grenzen eines Bauprinzips der Exekutive, Tübingen 1991.

Eberle, Carl-Eugen: Arrangements im Verwaltungsverfahren. In: Die Verwaltung 17, 1984, S. 439 ff.

Eberstein, Hans Hermann/Helmut Karl (Hrsg.): Handbuch der regionalen Wirtschaftsförderung, 3. Aufl., Köln 1996.

Ehlers, Dirk: Kommunale Wirtschaftsförderung und kommunale Selbstverwaltung. In: ders. (Hrsg.): Kommunale Wirtschaftsförderung, Köln 1990, S. 103 ff.

Eichhorn, Peter: Public Private Partnership. Praxis, Probleme, Perspektiven. In: Neumann, Lothar F./Frank Schulz-Nieswandt (Hrsg.): Sozialpolitik und öffentliche Wirtschaft. In memoriam Theo Thiemeyer, Berlin 1995, S. 173 ff.

Ellwein, Thomas: Staatlichkeit im Wandel. Das Staatsmodell des 19. Jahrhunderts als Verständnisbarriere. In: Kohler-Koch, Beate (Hrsg.): Staat und Demokratie in Europa, Opladen 1992, S. 73 ff.

Ellwein, Thomas: Über Verwaltungskunst. Oder: Grenzen der Verwaltungsführung und der Verwaltungswissenschaft. In: Staatswissenschaften und Staatspraxis 1, 1990, S. 89 ff.

Eser, Thiemo W.: Städtenetze – ein Instrument zur Bewältigung neuer öffentlicher Aufgaben der Regionalentwicklung? In: Staatswissenschaften und Staatspraxis 8, 1997, S. 355 ff.

Faber, Angela: Europarechtliche Grenzen kommunaler Wirtschaftsförderung. Die Bedeutung der Art. 92-94 EWGV für die kommunale Selbstverwaltung, Köln 1992.

Fach, Wolfgang: Die Sehnen der Macht. Zur Physiognomik des 'schlanken Staates'. In: Blätter für deutsche und internationale Politik, Nr. 2/1997, S. 222 ff.

Frenzel, Albrecht: Die Eigendynamik ostdeutscher Kreisgebietsreformen. Eine Untersuchung landesspezifischer Verlaufsmuster in Brandenburg und Sachsen, Baden-Baden 1995

Fürst, Dietrich: Die Neubelebung der Staatsdiskussion: Veränderte Anforderungen an Regierung und Verwaltung in westlichen Industriegesellschaften. In: Ellwein, Thomas/Joachim Jens Hesse/Renate Mayntz/Fritz W. Scharpf (Hrsg.): Jahrbuch zur Staats- und Verwaltungswissenschaft, Band 1, Baden-Baden 1987, S. 261 ff.

Ganseforth, Heinrich: Regionale Strukturpolitik in Verdichtungsräumen. In: Hesse, Joachim Jens/Heinrich Ganseforth/Dietrich Fürst/Ernst-Hasso Ritter (Hrsg.): Staat und Gemeinden zwischen Konflikt und Kooperation, Baden-Baden 1983, S. 183 ff.

Gesellschaft für Wirtschaftsförderung Nordrhein-Westfalen mbH: Thema: Wirtschaftsförderung. Rechtliche Aspekte der Gründung einer GmbH in der Wirtschaftsförderung, Düsseldorf o.J.

Gessner, Volkmar/Gerd Winter (Hrsg.): Rechtsformen der Verflechtung von Staat und Wirtschaft, Opladen 1982.

Göb, Rüdiger: Kommunale Wirtschaftspolitik. In: Archiv für Kommunalwissenschaften 26, 1987, S. 66 ff.

Gottschalk, Wolf: Private-Public-Partnership in der Versorgungswirtschaft. Praktische Erfahrungen und Probleme. In: Der Städtetag 49, 1996, S. 553 ff.

Grande, Edgar: Regieren in verflochtenen Verhandlungssystemen. In: Mayntz, Renate/ Fritz W. Scharpf (Hrsg.): Gesellschaftliche Selbstregulierung und politische Steuerung, Frankfurt/ Main 1995, S. 327 ff.

Grimm, Dieter: Der Staat in der kontinentaleuropäischen Tradition. In: Voigt, Rüdiger (Hrsg.): Abschied vom Staat - Rückkehr zum Staat?, Baden-Baden 1993, S. 27 ff.

Grimm, Dieter: Die Zukunft der Verfassung, 2. Aufl., Frankfurt/Main 1994.

große Siemer, Stephan: Die kommunale Wirtschaftsförderung und die Regionalpolitik der Europäischen Gemeinschaften. Eine Untersuchung der Stellung der Kommunen in der Regionalpolitik der Europäischen Gemeinschaft und der Grenzen der kommunalen Wirtschaftsförderung, Köln/ Berlin/ Bonn/ München 1993.

Hartmann, Petra: Beziehungen zwischen Staat und Wirtschaft. Unter besonderer Berücksichtigung neuartiger Kooperationsformen im Bereich der regionalen und kommunalen Wirtschaftspolitik, Baden-Baden 1994.

Hartwich, Hans-Hermann: Die Suche nach einer wirklichkeitsnahen Lehre vom Staat. In: Aus Politik und Zeitgeschichte, B46-47, 1987, S. 3 ff.

Hegele, Dorothea: Aufbaubeschleunigung in Sachsen. In: Die Öffentliche Verwaltung 48, 1995, S. 231 ff.

Heinz, Werner: Wesentliche Merkmale von Partnerschaftsansätzen bei der Stadtentwicklung und Stadterneuerung. In: ders. (Hrsg.): Public private partnership - ein neuer Weg zur Stadtentwicklung?, Stuttgart 1993, S. 483 ff.

Hesse, Joachim Jens/Angelika Benz/Arthur Benz/Holger Backhaus-Maul: Regionalisierte Wirtschaftspolitik. Das Beispiel 'Zukunftsinitiative Montanregionen', Baden-Baden 1991.

Hesse, Joachim Jens: Aufgaben einer Staatslehre heute. In: Ellwein, Thomas/Joachim Jens Hesse/Renate Mayntz/Fritz W. Scharpf (Hrsg.): Jahrbuch zur Staats- und Verwaltungswissenschaft, Band 1, Baden-Baden 1987, S. 55 ff.

Heuer, Ernst: Privatwirtschaftliche Modelle zu einem modernen (anderen?) Staat. Kritische Überlegungen zu Veränderungen in den staatlichen Strukturen aus Sicht der Finanzkontrolle. In: Die Öffentliche Verwaltung 48, 1995, S. 85 ff.

Heuer, Hans: Instrumente kommunaler Gewerbepolitik: Ergebnisse empirischer Erhebungen, Stuttgart 1985.

Hollbach-Grömig, Beate: Kommunale Wirtschaftsförderung in den 90er Jahren. Ergebnisse einer Umfrage, Berlin 1996.

Icks, Annette (unter Mitarbeit von Gunter Kayser): Kommunale Wirtschaftspolitik in den neuen Bundesländern unter besonderer Berücksichtigung des Gewerbeflächenmarktes, Stuttgart 1994.

Iglhaut, Josef (Hrsg.): Wirtschaftsstandort Deutschland mit Zukunft. Erfordernisse einer aktiven und zielorientierten Wirtschaftsförderung, Wiesbaden 1994.

John, Herbert: Kommunale Wirtschaftsförderung in Ostdeutschland: Keine Alternative zum 'Supermarkt auf der grünen Wiese'? In: Der Landkreis 64, 1994, S. 62 ff.

Kistenmacher, Hans/Thomas Geyer/Petra Hartmann: Regionalisierung in der kommunalen Wirtschaftsförderung, Köln 1994.

Klages, Karl Dieter/Karl Günther Lichtblau: Kommunale Wirtschaftsförderung – eine unternehmerische Aufgabe für Städte und Gemeinden. In: Städte- und Gemeindebund 44, 1989, S. 115 ff.

Kleger, Heinz/Armin Kühne/Erwin Rüegg: Regionale Handlungsfähigkeit? Gemeinsame Landesplanung Berlin-Brandenburg. In: Stadtforum Berlin Journal, Nr. 21 (Oktober 1995).

Kleger, Heinz: Kooperativer Staat - kooperative Stadt. In: Kleger, Heinz/ Andreas Fiedler/ Holger Kuhle (Hrsg.): Vom Stadtforum zum Forum der Stadt. Entwicklung und Perspektiven des Stadtforums Berlin, Amsterdam 1996, S. 9 ff.

Kleger, Heinz: Metropolitane Transformation durch urbane Regime. Berlin-Brandenburg auf dem Weg zu regionaler Handlungsfähigkeit, Amsterdam 1996.

Kleger, Heinz: Regionale Handlungsfähigkeit nach der gescheiterten Fusion? In: Berliner Debatte 8, 1997, S. 122 ff.

Kleger, Heinz: Verhandlungsdemokratie: Zur alten und neuen Theorie des kooperativen Staates. In: Voigt, Rüdiger (Hrsg.): Der kooperative Staat. Krisenbewältigung durch Verhandlung? Baden-Baden 1995, S. 93 ff.

Knemeyer, Franz-Ludwig/Barbara Rost-Haigis: Kommunale Wirtschaftsförderung. In: Deutsches Verwaltungsblatt 96, 1981, S. 241 ff.

Koch, Horst Heinrich/Hans-Peter Steinmetz: Wirtschaftsförderung in den Landkreisen. Eine empirische Auswertung kommunaler Wirtschaftsförderungsprogramme. In: Der Landkreis 51, 1981, S. 468 ff.

Kohler-Koch, Beate (Hrsg.): Regionen in Westeuropa. Regionale Akteure im Netzwerk, Berlin 1996.

Kohler-Koch, Beate (Hrsg.): Staat und Demokratie in Europa, Opladen 1992.

Kommunale Gemeinschaftsstelle für Verwaltungsvereinfachung (Hrsg.): Organisation der Wirtschaftsförderung, Köln 1990 (Bearbeitung des Gutachtens: Heinrich Siepmann).

König, Klaus: "Neue" Verwaltung oder Verwaltungsmodernisierung: Verwaltungspolitik in den 90er Jahren. In: Die Öffentliche Verwaltung 48, 1995, S. 349 ff.

König, Klaus: Unternehmerisches oder exekutives Management - die Perspektive der klassischen öffentlichen Verwaltung. In: Verwaltungs-Archiv 87, 1996, S. 19 ff.

Kooiman, Jan (Hrsg.): Modern Governance. New Government – Society Interactions, London/Newbury Park/New Delhi 1993.

Kostka, Dieter: Umgang mit komplexen Verwaltungsaufgaben in der Wirtschaftsförderung. Typische Verlaufsmuster und Wege zur Erweiterung persönlichen Handlungsspielraums, Opladen 1992.

Kouwenhoven, Vincent: The Rise of the Public Private Partnership: A Model for the Management of Public-Private Cooperation. In: Kooiman, Jan (Hrsg.): Modern Governance. New Government – Society Interactions, London/ Newbury Park/ New Delhi 1993, S. 119 ff.

Krämer, Raimund (Hrsg.): Regionen in der europäischen Union. Beiträge zur Debatte, Berlin 1998.

Krämer, Raimund: Die Europäisierung des Ostens – Die ostdeutschen Länder in der Europäischen Union. In: Ders. (Hrsg.): Regionen in der Europäischen Union. Beiträge zur Debatte, Berlin 1998, S. 260 ff.

Krieg, Johann-Georg: Eigene Zuständigkeit der Kreise zur kommunalen Wirtschaftsförderung. In: Der Landkreis 52, 1982, S. 319 ff.

Kröll, Joachim: Kooperative Strategie der Wirtschaftsförderung als Antwort auf veränderte Rahmenbedingungen. Dargestellt am Beispiel der Gesellschaft für Wirtschaftsförderung mbH im Kreis Warendorf. In: Der Landkreis 52, 1982, S. 171 ff.

Kruzewicz, Michael/Wilgart Schuchardt: Public-Private-Partnership - neue Formen lokaler Kooperation in industrialisierten Verdichtungsräumen. In: Der Städtetag 42, 1989, S. 761 ff.

Kruzewicz, Michael: Lokale Kooperationen in NRW. Public-Private Partnership auf kommunaler Ebene, Duisburg 1993.

Kühn, Gerd/Holger Floeting: Kommunale Wirtschaftsförderung in Ostdeutschland, Berlin 1995.

Lehmbruch, Gerhard: Administrative Interessenvermittlung. In: Windhoff-Heritiér, Adrienne (Hrsg.): Verwaltung und ihre Umwelt, Opladen 1987, S. 11 ff.

Linde, Jürgen: Der Neuaufbau eines Landes: das Beispiel Brandenburg. In: Staatswissenschaft und Staatspraxis 2, 1991, S. 282 ff.

Lüder, Klaus: Triumpf des Marktes im öffentlichen Sektor? Einige Anmerkungen zur aktuellen Verwaltungsreformdiskussion. In: Die Öffentliche Verwaltung 49, 1996, S. 93 ff.

Mader, Hans-Joachim: Raumordnungspolitik in Brandenburg – Was machen wir anders? In: Ministerium für Umwelt, Naturschutz und Raumordnung des Landes Brandenburg: Brandenburger Umweltjournal, Nr. 6-7/1992, S. 3.

Maurer, Hartmut: Der Verwaltungsvertrag - Probleme und Möglichkeiten. In: Hill, Hermann (Hrsg.): Verwaltungshandeln durch Verträge und Absprachen, Baden-Baden 1990, S. 15 ff.

Mayer, Tilman: Globalisierung als Bedrohung des Nationalstaats? In: Voigt, Rüdiger (Hrsg.): Der neue Nationalstaat, Baden-Baden 1998, S. 285 ff.

Mayntz, Renate: Politische Steuerung und gesellschaftliche Steuerungsprobleme - Anmerkungen zu einem theoretischen Paradigma. In:, Thomas/ Joachim Jens Hesse/Renate Mayntz/Fritz W. Scharpf (Hrsg.): Jahrbuch zur Staats- und Verwaltungswissenschaft, Band 1, Baden-Baden 1987, S. 89 ff.

McGovern, Karsten: Wirtschaftsförderung und Kommunalpolitik. Koordination und Kooperation, Opladen 1997.

Milbradt, Georg H.: Ziele kommunaler Wirtschaftsförderung. In: Ehlers, Dirk: Kommunale Wirtschaftsförderung, Köln 1990, S. 3 ff.

Miller, Manfred: Der Zusammenhang von Aufgabe und Organisation. Dargestellt am Beispiel der baden-württembergischen Wirtschaftsförderung. In: Die Verwaltung 25, 1992, S. 401 ff.

Naßmacher, Karl-Heinz: Kommunale Wirtschaftspolitik. In: Blanke, Bernhard (Hrsg.): Staat und Stadt. Systematische, vergleichende und problemorientierte Analysen 'dezentraler' Politik, Opladen 1991, S. 440 ff.

Offe, Claus: Die Staatstheorie auf der Suche nach ihrem Gegenstand. Beobachtungen zur aktuellen Diskussion. In: Ellwein, Thomas/Joachim Jens Hesse/Renate Mayntz/Fritz W. Scharpf (Hrsg.): Jahrbuch zur Staats- und Verwaltungswissenschaft, Band 1, Baden-Baden 1987, S. 309 ff.

Ohmae, Kenichi: The Rise of Regional State. In: Foreign Affairs 72, 1992/93, S. 78 ff.

Prittwitz, Volker von (Hrsg.): Verhandeln und Argumentieren. Dialog, Interessen und Macht in der Umweltpolitik, Opladen 1996.

Pröhl, Marga (Hrsg.): Kommunale Wirtschaftsförderung. Internationale Recherchen und Fallbeispiele, Gütersloh 1998.

Ridley, F.F.: Die Wiedererfindung des Staates - Reinventing British Government. Das Modell einer Skelett-Verwaltung. In: Die Öffentliche Verwaltung 48, 1995, S. 569 ff.

Ritter, Ernst-Hasso: Das Recht als Steuermedium im kooperativen Staat. In: Grimm, Dieter (Hrsg.): Wachsende Staatsaufgaben - sinkende Steuerungsfähigkeit des Rechts, Baden-Baden 1990, S. 69 ff.

Ritter, Ernst-Hasso: Der kooperative Staat. Bemerkungen zum Verhältnis von Staat und Wirtschaft. In: Archiv des öffentlichen Rechts 104, 1979, S. 389 ff.

Robert Bosch Stiftung GmbH (Hrsg.): Gewerbeflächenentwicklung und Gewerbepolitik in der Großstadtregion, Gerlingen 1987.

Rudzio, Wolfgang: Das politische System der Bundesrepublik Deutschland. Eine Einführung, 3. Aufl., Opladen 1991

Sachse, Detlev: Kriterien unternehmerischer Standortwahl. In: Ehlers, Dirk: Kommunale Wirtschaftsförderung, Köln 1990, S. 39 ff.

Saretzki, Thomas: Wie unterscheiden sich Argumentieren und Verhandeln? Definitionsprobleme, funktionale Bezüge und strukturelle Differenzen von zwei verschiedenen Kommunikationsmodi. In: Prittwitz, Volker von (Hrsg.): Verhandeln und Argumentieren. Dialog, Interessen und Macht in der Umweltpolitik, Opladen 1996.

Scharnhoop, Hermann: Die Kooperation von Bund und Ländern beim Aufbau der Verwaltung in den neuen Bundesländern. In: Die Verwaltung 25, 1992, S. 75 ff.

Scharpf, Fritz W./Bernd Reissert/Fritz Schnabel (Hrsg.): Politikverflechtung II. Kritik und Berichte aus der Praxis, Kronberg/Ts. 1977.

Scharpf, Fritz W./Bernd Reissert/Fritz Schnabel: Politikverflechtung. Theorie und Empirie des kooperativen Föderalismus in der Bundesrepublik, Kronberg/Ts. 1976.

Scharpf, Fritz W.: Die Handlungsfähigkeit des Staates am Ende des zwanzigsten Jahrhunderts. In: Politische Vierteljahresschrift 32, 1991, S. 621 ff.

Scharpf, Fritz W.: Versuch über Demokratie im verhandelnden Staat. In: Czada, Roland/ Manfred G. Schmidt (Hrsg.): Verhandlungsdemokratie, Interessenvermittlung, Regierbarkeit. Festschrift für Gerhard Lehmbruch, Opladen 1993, S. 25 ff.

Schiefer, Bernd: Kommunale Wirtschaftsfördergesellschaften. Entwicklung, Praxis und rechtliche Problematik, Köln/Berlin/Bonn/München 1989.

Schlecht, Otto: Regionale Wirtschaftsförderung spielt eine zentrale Rolle. In: Der Landkreis 61, 1991, S. 7 ff.

Schlieper, Andreas: Wirtschafts- und Industriepolitik. In: Ellwein, Thomas/Joachim Jens Hesse/Renate Mayntz/Fritz W. Scharpf (Hrsg.): Jahrbuch zur Staats- und Verwaltungswissenschaft, Band 2, Baden-Baden 1988, S. 389 ff.

Schneider, Jens-Peter: Kooperative Verwaltungsverfahren - Problemebenen der Kooperation in multilateralen Interessenstrukturen, aufgezeigt am Beispiel von Nachvollziehender Amtsermittlung, Vorhaben- und Erschließungsplan sowie Konfliktmittlung. In: Verwaltungs-Archiv 87, 1996, S. 38 ff.

Schoch, Friedrich: Aufgaben und Funktionen der Landkreise. Funktionsgefährdungen im kreisangehörigen Raum und Aufgabenverlust in der Region. In: ders. (Hrsg.): Selbstverwaltung der Kreise in Deutschland. Bestand und Perspektiven der kreislichen Selbstverwaltung, Köln/Berlin/Bonn/München 1996, S. 25 ff.

Schoch, Friedrich: Privatisierung von Verwaltungsaufgaben. In: Deutsches Verwaltungsblatt 109, 1994, S. 962 ff.

Schulze-Fielitz, Helmuth: Informales oder illegales Verwaltungshandeln? In: Benz, Arthur/Wolfgang Seibel (Hrsg): Zwischen Kooperation und Korruption. Abweichendes Verhalten in der Verwaltung, Baden-Baden 1992, S. 233 ff.

Schulze-Fielitz, Helmuth: Kooperatives Recht im Spannungsfeld von Rechtsstaatsprinzip und Verfahrensökonomie. In: Dose, Nicolai/ Rüdiger Voigt (Hrsg.): Kooperatives Recht, Baden-Baden 1995, S. 225 ff.

Schuppert, Gunnar Folke: Die Privatisierungsdiskussion in der deutschen Staatsrechtslehre. In: Ellwein, Thomas/Dieter Grimm/Joachim Jens Hesse/Gunnar Folke Schuppert (Hrsg.): Jahrbuch für Staats- und Verwaltungswissenschaft, Band 8, Baden-Baden 1996, S. 325 ff.

Schuppert, Gunnar Folke: Rückzug des Staates? Zur Rolle des Staates zwischen Legitimationskrise und politischer Neubestimmung. In: Die Öffentliche Verwaltung 48, 1995, S. 761 ff.

Seitz, Helmut: Migration, Arbeitsmarkt, Wirtschaft und öffentliche Finanzen in Brandenburg und den anderen ostdeutschen Ländern, Diskussion-Paper der Europa-Universität Viadrina, Juni 1998 (überarbeitete Version).

Sinz, Gerhard Benedikt: Die staatliche Wirtschaftsförderung im Gebiet der neuen Bundesländer. Rechtsgrundlagen und Praxis unter besonderer Berücksichtigung des EG-Beihilferechts, München 1993.

Smyrl, Marc E.: Does European Community Regional Policy Empower the Regions? In: Governance 10, 1997, S. 287 ff.

Spannowsky, Willy: Die Leistungsfähigkeit von Effizienzkontrollen am Beispiel der regionalen Wirtschaftsförderung. In: Die Öffentliche Verwaltung 48, 1995, S. 41 ff.

Steinmetz, Hans-Peter: Wirtschaftsfördergesellschaften in der Bundesrepublik. In: Eberstein, Hans-Hermann/Helmut Karl (Hrsg.): Handbuch der regionalen Wirtschaftsförderung, 3. Aufl., Bd. 1, Köln 1996.

Stember, Jürgen: Kommunale Wirtschaftsförderung im ländlichen Raum. Grundlagen und Aufgaben einer innovationsorientierten Wirtschaftsförderung im Kreis Soest als Beispiel für einen ländlich geprägten Flächenkreis, Münster/ Hamburg 1992.

Treutner, Erhard: Ausprägung und Grenzen informales Verwaltungshandelns. In: Benz, Arthur/Wolfgang Seibel (Hrsg.): Zwischen Kooperation und Korruption. Abweichendes Verhalten in der Verwaltung, Baden-Baden 1992, S. 65 ff.

Troje, Hans: Gestaltung einer 'schlanken' und effizienten Wirtschaftsförderung. Herausforderung für die Landkreise der neuen Bundesländer nach der Gebietsreform. In: Der Landkreis 64, 1994, S. 57 ff.

Voelzkow, Helmut: Der Zug in die Regionen. Politische Regionalisierung als Antwort auf die Globalisierung der Ökonomie. In: Berliner Debatte 5/ 1996, S. 68 ff.

Voigt, Rüdiger (Hrsg.): Abschied vom Staat - Rückkehr zum Staat?, Baden-Baden 1993.

Voigt, Rüdiger (Hrsg.): Der kooperative Staat. Krisenbewältigung durch Verhandlung?, Baden-Baden 1995.

Voigt, Rüdiger (Hrsg.): Der neue Nationalstaat, Baden-Baden 1998.

von der Heide, Hans-Jürgen/Werner Cholewa: Stellung und Aufgaben der kommunalen Gebietskörperschaften. In: Eberstein, Hans-Hermann/ Helmut Karl (Hrsg.): Handbuch der regionalen Wirtschaftsförderung, 3. Aufl., Bd. 1, Köln 1996.

Wegner, Manfred: Subventionsrecht und Wirtschaftsförderung. In: Hill, Hermann (Hrsg.): Verwaltungshandeln durch Verträge und Absprachen, Baden-Baden 1990, S. 132 ff.

Wiesenthal, Helmut: Globalisierung. Soziologische und politikwissenschaftliche Koordinaten eines unbekannten Terrains. In: Berliner Debatte 5/1996, S. 37 ff.

Wild, Klaus-Peter/Manfred Pfeifer: Stellung und Aufgaben der Länder. In: Eberstein, Hans-Hermann/Helmut Karl (Hrsg.): Handbuch der regionalen Wirtschaftsförderung, 3. Aufl., Bd. 1, Köln 1996.

Willke, Helmut: Ironie des Staates. Grundlinien einer Staatstheorie polyzentrischer Gesellschaft, Frankfurt/Main 1992.

Windhoff-Héritier, Adrienne (Hrsg.): Verwaltung und ihre Umwelt. Festschrift für Thomas Ellwein, Opladen 1987.

Zöllner, Christian: Kreis als Motor kommunaler Wirtschaftsförderung. In: Der Landkreis 64, 1994, S. 60 ff.